꿈꾸는 사람들의 도시를 위한 관광 정책

꿈꾸는 사람들의 도시를 위한 관광 정책

박복재·문영수 지음

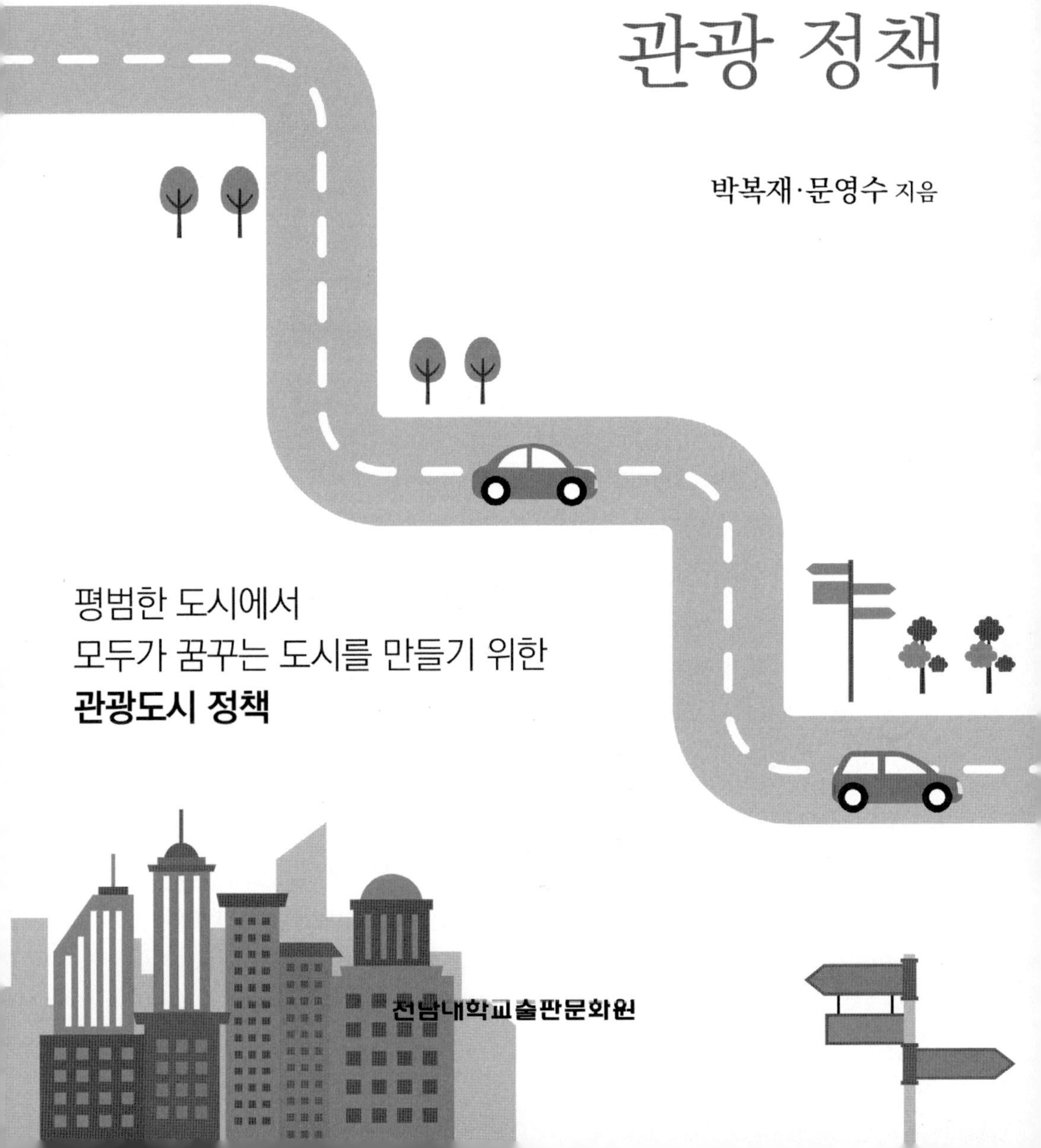

평범한 도시에서
모두가 꿈꾸는 도시를 만들기 위한
관광도시 정책

전남대학교출판문화원

■ 서 문

도시는 다양한 계층의 사람들에 의해 정치, 경제, 교육, 문화 등 수 많은 기능이 수행되는 공간이다. 권력, 지식, 자본, 노동, 커뮤니케이션이 집적되는 지역인 도시는 경제 환경에서 뒤처지지 않기 위해 주거, 산업, 환경, 문화적 기반을 확충하고 도시이미지를 향상시키기 위해 치열하게 경쟁하고 있다.

UN의 인간주거계획 분석(2018년)에 의하면 세계의 도시인구는 앞으로도 꾸준히 증가해서 2030년에는 전체 인구의 60%, 2050년에는 66%가 도심 및 도시권에 거주하게 될 것이다. 이러한 도시는 삶에 필요한 기능을 중심으로 발전해 왔다. 지금까지 도시는 교통·주택 등과 같이 생활에 필수적인 영역들의 성장과 관리가 중요한 요소였다. 그러나 생활수준이 향상되고 삶의 양식이 변화하면서 이러한 필수 영역 이외에도 관심을 가지기 시작했다. 특히 관광과 같이 개인의 시간적 여유를 가치 있게 소비하고자 하는 욕구가 높아지면서 도시는 이에 적극적으로 대응하기 시작했다. 이에 따라 도시는 그동안의 제조업과 같은 전통적인 산업 기반에서 새로운 경제적 기반인 관광 목적지로서 도시를 주목하기 시작하였다.

도시가 지닌 중심지로서의 기능과 독특한 문화적 매력은 많은 사람들이 다양한 목적으로 도시를 방문하도록 이끌었으며, 이것은 도시관광으로 발전하게 되었다. 짧아진 주중근무와 유연해진 근무 스케줄로 인해 도시의 관광 및 레저 수요가 증가되었다. 이에 세계 각 도시들은 복합문화시설 개발, 도시브랜드 개발 등을 통해 도시 경제 활성화에 기여하고 있다. 우리나라의 각 도시들도 축제 개최, 문화관광 공간 정비, 관광객의 편의서비스 개선 등으로 관광객 유치에 많은 관심을 기울이고 있다. 관광산업이 도시경제에 미치는 높은 파급효과는 지자체가 도시관광에 더더욱 집중하게 만들었다. 도시관광 산업은 타산업과 기능적으로 연계되어 도시경제에 시너지 효과를 가져 온다.

도시관광은 다양한 경제적인 파급효과를 가져다 줄 뿐만 아니라 경제를 구성하는 기업이나 개인의 공간적 이동을 유발하여 도시의 물리적 환경을 변화 시킨다. 도시관광에 의한 공간적 재구조화는 도시를 좀 더 독특하고 흥미 있는 장소로 만들며, 도시를 다양성이 공존하는 장소로 변화시킨다. 특히, 도시를 재개발하는 과정에서 관광객과 도시민이 많이 찾는 시내 주요 핵심부들이 변신함에 따라, 관광목적을 위한 도시의 매력은 더욱 증가된다. 이러한 도시의 변화는 도시의 이미지를 제고시켜 투자를 이끌어내고 도시재개발을 통하여 도시의 재활성화에 긍정적인 영향을 미친다.

그러나 도시의 일부 지역에만 관광객이 집중되면 상업지역이 활성화됨에 따라 지가상승과 함께 부동산 투기, 교통 혼잡 등의 사회적 비용이 발생한다. 그리고 도시관광 지역에 매력적인 시설과 상업시설이 공급되어 인구와 도시관광객의 이동이 발생하면, 기존 지역은 새로운 수요 창출의 한계로 인해 상대적으로 쇠퇴를 가져온다. 또한 도시관광 개발의 이익이 부동산업자나 개발회사 등에게 집적되어 지역주민에게는 별다른 과실이 분배되지 않을 위험이 있다. 이로 인해 도시공간의 차별성이 양극화 현상을 가져오기도 한다. 따라서 도시관광 정책은 이러한 쟁점들을 어떻게 잘 조율하고 해결해 나가는가에 따라 장기적인 성패의 여부가 달려 있다.

기존의 관광도시에 대한 연구는 다각적인 분석보다는 각 연구목적에 따라 특정 주제에 대한 심층적인 연구가 이루어져 왔다. 이에 본서는 관광도시로의 성장을 위한 다양한 주제를 일반인들이 이해하기 쉽도록 정리하였다. 본서의 주요 내용은 관광도시의 탄생배경, 구성요소, 관광도시 마케팅에 대한 다양한 사례와 관광도시의 성장을 위한 정책개발을 다루고 있다. 또한 도시의 성장에 따라 발생하는 젠트리피케이션과 오버투어리즘 등 관광도시의 명암에 대해 다루었다. 그리고 각 도시가 추진하고 있는 관광 컨텐츠 개발과 성공 사례 및 관광도시의 경쟁력 요인에 대한 분석을 하고 있다.

본서를 통해 경쟁력 있는 관광도시를 만들기에 여념이 없는 지자체 공무원 그리고 관광도시에 대해 관심 있는 대학생 및 일반인들까지 '평범한 도시에서 모두가 꿈꾸는 도시를 만들기 위한 도시관광 정책'을 이해하고 실천하는데 작은 도움이라도 되었으면 하는 바람이다.

2020년 2월

저자 씀

■ 목 차

제1부 관광도시의 탄생

제2부 관광도시의 성장과 컨텐츠

제3부 관광도시의 명암

제4부 관광도시의 경쟁력

제1부

관광도시의 탄생

제1장
관광도시는 어떻게 탄생하는가?

01. 도시관광의 중요성
02. 도시관광이 구성 요소
03. 관광이 도시에 미치는 영향
04. 관광도시 추진 사례

2018년 발표한 UN의 인간 주거계획(UN Human Settlements Programme) 분석에 의하면 세계 도시인구는 앞으로도 꾸준히 증가해서 2030년에는 전체 인구의 60%, 2050년에는 66%가 도심 및 도시권에 거주하게 될 것이라고 하였다. 이러한 도시는 다양한 계층의 사람들에 의해 정치, 경제, 교육, 문화 등 수많은 기능이 수행되는 공간이다. 또한 권력, 지식, 자본, 노동, 커뮤니케이션이 집적되는 지역인 도시는 경제 환경에서 뒤처지지 않기 위해 주거, 산업, 환경, 문화적 기반을 확충하고 도시이미지를 향상시키기 위해 치열하게 경쟁하고 있다.

과거의 도시는 삶의 필요적 기능을 중심으로 발전해 왔다. 교통·주택 등과 같이 생활을 영위하기 위한 필수 영역들의 성장과 관리가 중요한 요소였다. 그러나 생활수준이 향상되고 삶의 양식이 변화하면서 이러한 필요적 영역 이외에 관심을 가지기 시작했다. 특히 관광과 같이 개인의 시간적 여유를 가치 있게 소비하고자 하는 욕구와 관련된 기능의 중요성이 더해지면서 이에 적극적으로 대응할 필요성이 높아졌다.

도시는 각자의 역사를 바탕으로 저마다의 전통, 가치, 유산을 가지고 있으며 이러한 자산은 도시 사람들에 의해 창조, 계승, 재창조의 과정을 반복하며 그 도시만의 고유의 매력을 만들어 왔다. 따라서 도시가 지닌 중심지로서의 기능과 독특한 문화적 매력은 많은 사람들이 여러 가지 목적으로 도시를 방문하도록 이끌었으며, 이러한 과정은 도시관광으로 발전하게 되었다. 그리고 짧아진 주중근무와 유연해진 근무 스케줄로 인해 도시에서의 관광 및 레저 수요를 증가시키게 되었다. 관광객의 수요 증가로 인해 도시관광 중요성은 더 증가하게 되었다. 관광산업에 의한 도시경제의 파급효과는 각 지자체가 도시관광에 집중하게 하였다. 도시관광의 경제적 효과는 소득창출, 새로운 고용기회, 경제활동의 구조개선과 균형, 기업 활력 등이다. 특히 도시관광산업이 타산업과 기능적으로 연계되어 도시경제에 시너지 효과를 가져 온다. 이러한 도시경제 효과는 관광산업이 도시를 경제적으로 재활성화 시키는 중요한 역할을 한다.

01.

도시관광의 중요성

도시관광은 도시라는 공간이 갖고 있는 본질적인 특징에서 비롯되는 경우가 많고, 높은 밀도의 인구, 기능, 구조와 사회 문화적 이질성, 경제적 다기능성, 지역의 물리적 중심성 등의 특징을 갖는다. 도시를 방문하는 사람들이 도시를 찾는 이유는 업무, 상업, 교육, 회의, 쇼핑, 친지방문 등 매우 다양하며 그 비중은 도시마다 다르지만 관광이 주된 목적이 아닌 경우가 많다. 그러나 도시를 방문하는 사람들은 도시관광객으로 분류할 수 있는데, 방문객 대다수가 일정 정도의 도시관광을 추구하고 실제로 참여하기 때문이다. 예를 들어 업무 목적으로 도시를 방문한 비즈니스 방문객의 경우에도 업무 이후 여가시간을 활용하여 도시의 랜드마크를 찾거나 도시가 제공하는 다양한 컨텐츠를 활용한다.

도시는 국가적, 지역적 중심지이기 때문에 도시 이외의 지역에 비해 국제적, 상업적 영향을 더욱 강하게 받는다. 도시는 지역의 물리적 중심지에서 산업적, 문화적 중심지로 그 역할을 확대하고 있다. 다국적 기업의 등장, 외국 자본의 투입, 외국인 거주의 증가, 서구 브랜드의 유입 등으로 도시 경관은 물론 도시문화가 빠르게 변화하고 있다. 최근 들어 많은 도시공간들이 수익을 목적의 민간 기업에 의해 개발되면서 도시 공간의 상업화는 더 빠르게 진전되고 있다. 도시를 방문한 관광객들의 소비지출은 타 산업을 비롯한 도시경제에 적지 않은 영향을 미치게 되며, 그들의 관광 경험은 도시 이미지 형성에도 중요한 영향을 끼친다. 이에 따라 대도시 및 지방

중소도시를 가릴 것 없이 관광산업을 도시의 경제적 성장을 위한 핵심 산업 가운데 하나로 집중적인 정책적 지원을 하고 있다.

도시관광은 경제를 구성하는 기업이나 개인의 공간적 이동을 유발하여 도시의 물리적 환경을 변화시킨다. 관광이 도시에 미치는 영향을 크게 다섯 가지로 볼 수 있다[1]. 첫째, 도시환경 변화(산업 및 농업 토지이용의 감소), 둘째, 가시적 변화(건물 면적의 팽창, 새로운 건축 양식의 효과 등), 셋째, 기반시설의 변화(기반시설에 대한 이용과 개발의 과부하, 새로운 기반시설의 제공 등), 넷째, 도시내부 형태의 변화(거주지 토지이용의 상업적 변화, 보행자 체계에서 교통 관리 체계로의 도시 내부 구조 변화, 관광 토지이용과 거주지 토지이용의 질적 대조 등), 다섯째, 도시환경의 복원(잉여 건물의 재이용, 역사적 건물 및 입지의 부활 및 보전 등)이다.

특히, 관광에 의한 도시의 물리적 환경 변화 중 가장 주목할 것은 기존의 전통적인 산업기능을 담당하던 공간이 구조적으로 변모되는 경우이다. 전통적인 산업 공간은 도시화 과정에서 그 기능들을 상실하게 되면서 쇠퇴한 공간으로 남아있게 된다. 이러한 공간이 도시관광을 위한 재개발 과정을 통해 관광도시로의 변모를 위한 핵심 공간으로 활용되며, 이에 따라 전통적인 산업 공간들은 도시의 신 기능주의적 요소로 변모하게 된다. 이렇듯 도시관광에 의한 공간적 재구조화는 도시를 독특하고 흥미 있는 장소로 만들며, 다양성이 공존하는 장소로 변화시킨다. 특히 도시를 재개발하는 과정에서 관광객과 도시민이 많이 찾는 시내 중심부들의 변화가 뚜렷해짐에 따라, 관광 목적을 위한 도시의 매력은 더욱 증가하게 된다.

1 Green, H & Hunter, C, "The Environmental impact Assessment of tourism development", 『Perspectives on Tourism Policy』 Mansell, 1992.

02.

도시관광의 구성 요소

관광목적지로서 도시에 대한 성격을 이해하기 위해서는 도시관광의 요소들을 분류하는 것이 필요하다. 도시관광 요소의 분류는 공급적 측면과 수요적 측면으로 나누어 볼 수 있다.

공급적 측면에서 도시관광의 영역구분은 도시가 관광객을 위해 어떤 관광자원과 시설들을 공급해야 하는지에 대한 것이고, 수요적 측면에서 도시관광의 영역구분은 도시관광객이 도시에서 어떤 관광 활동을 원하는지에 대한 것이다.

공급적 측면에서는 도시환경 그 자체를 여가 상품으로 보면서 도시 내 관광요소를 활동적 장소(activity place), 여가적 구조물(leisure setting), 조건적 요소(Conditional elements) 3가지로 구분할 수 있다[2]. 활동적 장소와 여가적 구조물은 1차적 요소(Primary elements)이며, 조건적 요소는 2차적 요소(Secondary elements)로 다시 구분된다. 활동적 장소는 문화시설, 엔터테인먼트시설, 축제와 이벤트, 전람회 등을 말하며, 여가적 구조물은 자연적·사회문화적 성격의 다양한 관광자원이라 할 수 있다. 그리고 2차적 요소는 음식 제공이나 쇼핑 등의 편의시설을 말하며, 조건적 요소는 주차시설이나 관광 관련 인프라 등이다. 여기서 쇼핑시설 및 레스토랑이 단순히 편의시설 역할을 하는 것이 아니라 그 자체가 중요한 관광 매력물이 될 수 있다[3].

2 Jansen-Verbeke, M, "Inner-city tourism: Resources, Tourists and Promoters", Annals of Tourism Research, 13(1): 79-100, 1986.

수요적 측면에서 관광객들이 도시를 방문하는 목적은 관광의 목적에 따라 다양하게 나타나는데, Page(1995)는 방문동기에 따라 도시 방문객을 9가지[4]로 유형화 하였다[5]. 그리고 방문객의 관광 활동에 따라 비즈니스관광, 쇼핑관광, 이벤트관광(컨벤션관광), 문화관광, 자연(생태)관광, 위락 및 휴양관광 등 유형으로 구분해 볼 수 있으며, 이러한 유형은 방문객의 특성에 따라 지속적으로 변화하고 있다.

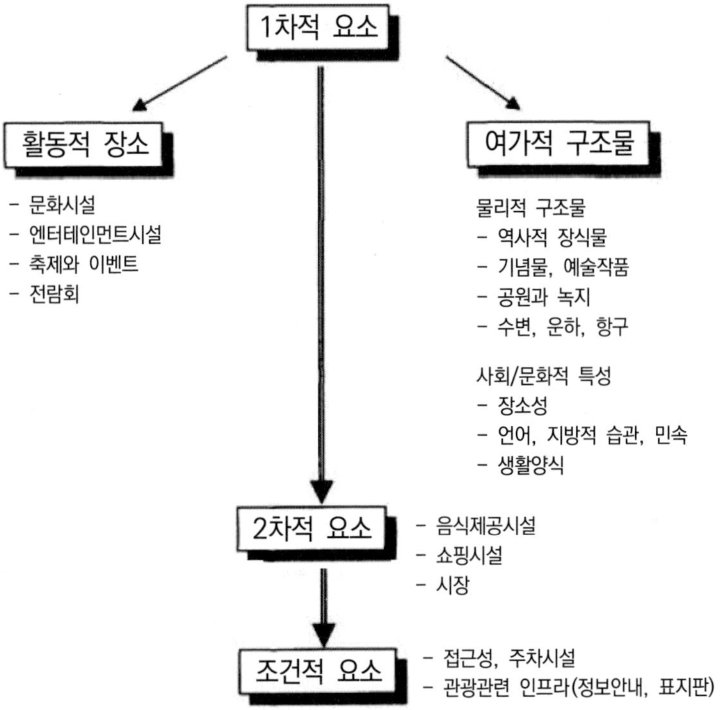

| 그림 1-1 | Jansen-Verbeke의 공급적 측면에서의 도시관광 요소 분류

3 파리시의 샹젤리제 거리에 즐비하게 들어서 있는 많은 노천카페들은 단지 음식물을 제공하는 장소보다는 파리시의 분위기를 느낄 수 있도록 상징화된 관광명소의 역할을 하고 있다.

4 ① 친구 및 친지 방문자, ② 비즈니스 방문자, ③ 회의 및 전시회 참가자, ④ 교육적 목적의 방문자, ⑤ 문화 및 역사적 유산 관광객, ⑥ 종교적 여행자(순례자), ⑦ 축제 및 이벤트 방문객, ⑧ 여가 쇼핑객, ⑨ 일일 방문객

5 Page, S. J, Urban Tourism, London and New York, 1995.

그리고 Burtenshaw et.(1991)는 관광객이 이용하는 도시의 관광자원에 따라 관광도시를 [그림 1-2]와 같이 분류하였다[6]. 관광도시는 도시관광의 기능적 영역인 역사적 기념물, 박물관, 화랑, 극장, 콘서트홀, 야간 위락활동, 음식점, 쇼핑시설, 사무실 중 어떤 영역을 주로 포함하고 있는지에 따라 구분된다.

역사적 기념물	박물관, 화랑	극장, 콘서트홀	야간 위락활동	카페, 레스토랑	쇼핑 시설	사무실
역사도시(The historic city)						
	문화도시(The culture city)					
		야간 위락활동의 도시(The night-life city)				
				쇼핑도시(The shopping city)		
관광도시(The Tourist City)						

▎그림 1-2▎ Burtenshaw et.의 수요 측면에서 도시관광 요소 분류

또한 수요적 측면에서 관광객에게 매력 있는 도시관광의 영역은 4개 그룹으로 분류 할 수 있다[7]. 첫 번째는 특별하고 흥미로운 것으로서 많은 볼거리 및 할거리, 흥미로운 장소, 특별한 휴가경험 등이며, 두 번째는 오락적 요소로서 흥미로운 야간생활, 일류급 쇼핑, 생음악, 극장과 예술, 축제와 이벤트 등이다. 세번째는 음식과 숙박시설로서 일류급 호텔, 세련된 식당, 특별한 음식과 요리, 일류 리조트

---

6 Burtenshaw, D., Bateman, M., Ashworth, G, The European City: a Western Perspectives, London: David Fulton, 1991.

7 Denver Convention and Visitors Bureau Annual Report, "Why people visit cities?", in Law, C. M (eds) Urban Tourism: Attracting Visitors to Large Cities. London: Mansell, 1991.

등이며, 네 번째는 문화적인 흡인요소와 관광요소로서 잘 알려진 사건, 건축물, 박물관, 미술관, 지역의 풍습과 전통 등을 들 고 있다.

이외에도 도시관광객의 여행 동기 중에는 문화적인 동기와 사업적인 동기가 대부분으로, 특히 도시가 국제회의(International Conference)의 장소로 각광받고 있어 비즈니스에 의한 국제적인 이동이 단순히 비즈니스로 끝나는 것이 아니라 비즈니스 여행객으로 하여금 단기간이기는 하지만 도시관광객의 역할을 하도록 만들고 있다는 주장도 있다.

03.

관광이 도시에 미치는 영향

■ 도시의 경제적 수입 증가 및 고용 확대

도시관광이 도시를 방문하는 관광객들의 소비로 인해서 경제적 수입을 증가시키고 숙박업 및 편의시설 등의 관광 산업 부문의 고용을 창출한다. 또한 관광 산업이 타산업과 기능적으로 연계되어 도시경제 전체에 시너지 효과를 가져온다. 도시경제에 파급효과를 가지는 관광산업은 도시를 경제적으로 재활성화(regeneration) 시키는 역할을 한다. 따라서 국내외 주요 도시들은 경제 활성화를 위해 1980년대부터 관광산업을 집중 육성하고 있다.

■ 도시 경제에서 관광은 비용과 편익 두 측면으로 작용

관광산업이 도시지역에 미치는 경제적 영향을 비용과 편익으로 나눌 수 있으며 경제적 비용으로는 경제활동에 대한 과도한 집중의 우려, 인플레이션, 지가상승, 생산·서비스·노동력의 수입 체제 심화, 지역경제로부터 관광소비의 유출 등을 들 수 있다. 그리고 경제적 편익으로는 도시경제의 소득창출, 새로운 고용기회 마련, 경제활동의 구조개선과 균형, 기업 활동 장려 등이다.

■ 도시관광이 도시의 공간 재구조화에 영향

도시관광은 다양한 경제적 파급효과 뿐만 아니

라 경제를 구성하는 기업이나 개인의 공간적 이동을 유발하여 도시의 물리적 환경을 변화시키기도 한다. 즉 도시관광은 도시의 공간적 재구조화(restructuring)에 영향을 미친다.

■ 도시의 매력성 강화 및 이미지 제고

도시관광에 의한 공간적 재구조화는 도시를 좀 더 독특하고 흥미 있는 장소로 만들며, 훨씬 다양성이 공존하는 장소로 변화시킨다. 특히, 도시를 재개발하는 과정에서 관광객과 도시민이 많이 찾는 시내 주요 핵심부들이 변신함에 따라, 관광목적을 위한 도시의 매력은 더욱 증가된다. 도시의 변화는 도시의 이미지를 제고시켜 투자를 이끌어내고 도시재개발을 통하여 도시의 재활성화에 긍정적인 영향을 미친다.

■ 부동산 투기, 교통혼잡 등 사회적 비용 지출

도시의 일부 지역에 관광객이 집중되면 상업지역이 활성화됨에 따라 지가상승과 함께 부동산 투기, 교통 혼잡 등의 사회적 비용이 발생한다. 그리고 관광 특구 지역에 매력적인 시설과 상업시설이 공급됨에 따라 인구와 도시관광객의 이동이 발생하면, 기존 지역은 새로운 수요 창출의 한계로 인해 상대적으로 쇠퇴를 가져올 수 있다. 또한 도시관광 개발의 이익이 부동산업자나 개발회사 등에게 집적되어 지역주민에게는 별다른 과실이 분배되지 않을 위험이 있다.

■ 특정계층을 위해 소비되는 공간 개발

관광도시로의 전환은 도시의 환경을 세련되게

만들지만, 개발의 직접적 효과를 보는 공간은 특정 관광지역으로 한정된다. 이에 따라 자칫 공간의 차별성이 양극화 현상을 가져오기도 한다. 그리고 관광객의 소비행위를 유도하기 위하여 대규모 쇼핑센터나 휴양공간이 들어서면서 이것이 특정계층에만 개방되는 이른바 도심 속의 섬으로 전락해버릴 위험도 있다.

■ 지역정체성과 무관한 획일적인 관광 개발

관광개발이 규모와 외형적 모습에 집착해 자칫 그 도시가 가지고 있는 장소성이나 지역 정체성과 무관한 형태의 개발이 이루어질 위험이 있다. 따라서 도시관광은 이러한 쟁점들을 어떻게 잘 조율하고 해결해 나가는가에 따라 장기적인 성패의 여부가 달려 있다. 그리고 도시관광 개발 붐은 도시의 획일성의 문제로 나타날 수 있다. 또한 관광도시 개발이 인근 다른 도시에 급속하게 확산되는 경향이 발생한다. 이로 인해 모든 도시가 천편일률적이 관광개발이 이루어지기도 한다. 따라서 도시는 독특하고 그 장소의 역사 또는 테마에 근거해서 발전해야 한다.

■ 과도한 개발 유도

방문객에게 볼거리와 유인 요소를 제공하는 과정에서 과도한 개발을 일으킬 수 있다. 상대적으로 볼거리가 많고 흥미로운 요소를 갖춘 도시가 관광객 유치를 위한 경쟁에서 승자가 됨에 따라 도시가 관광 측면 중심으로 개발이 진행될 수 있다. 이로 인해 도시의 원주민 생활을 향상을 위한 도시 개발에 역행되는 문제가 발생할 수 있다.

04.

관광도시 추진 사례

■ 축제의 도시 프랑스-망통(Menton)

망통은 인구 3만 명에 불과한 프랑스 남부 지중해에 자리한 해안 도시로 겨울에도 따뜻한 기후로 인해 과일이 많이 나는데, 과일 중 레몬이 대량 생산되어 도시의 상징이 되었다. 지형조건으로 인해 당도 높은 오렌지와 강렬한 신맛의 레몬을 생산하고 있으며, 이브가 낙원에서 레몬을 하나 훔쳐 심은 곳이 망통이라 할 만큼 레몬 재배에 적지로 자리 잡고 있다.

망통은 축제 및 상품생산으로 향토자원을 활용하고 있는데 지역주민인 호텔 업주가 1929년 꽃과 감귤류를 이용한 전시회를 착안하여 이를 실행에 옮긴 아이디어에서 시작되었다. 축제의 착안이 지역의 특색 있는 자원의 활용에 있었듯이 축제의 개최시기도 매년 2월에 축제를 개최한다. 따듯한 지중해성 기후로 인해 피한객들을 불러 모을 수 있는 겨울 휴양지로서의 지역적 장점이 있으며, 2월 개최로 인해 프랑스 코뜨다쥐 해변의 2대 축제 중 하나인 니스 카니발을 구경 온 사람들을 연계하여 모으고 있다. 축제의 주제는 망통시를 포함하여 축제 전문가, 지역주민, 망통 관광소 등이 참여하여 선정하며, 주제 선정은 가능한 많은 사람이 알고 있고 어린이들이 좋아하는 주제에 무게를 두어 자연스럽게 가족관광이 가능토록 운영하고 있다.

| 그림 1-3 | 프랑스 망통의 레몬축제에 등장한 작품

| 그림 1-4 | 오덴세 뮌터가르덴 박물관

■문화예술 도시 덴마크-오덴세(Odense)

오덴세는 덴마크에서 세 번째로 큰 도시이며, 북유럽에서 가장 오랜 역사를 가진 도시로서 전형적 유럽의 여유로움을 간직한 도시이다. 덴마크의 가장 큰 철강산업 도시였던 오덴세는 시대의 흐름을 재빠르게 읽은 리더와 지역주민들에 의해 1990년대 중반 도시발전 기본전략 수립 과정에서 '대형 프로젝트(시설물) 중심의 문화도시'를 거부하고 '주민들이 실제 접하는 생활문화 중심의 문화도시'를 선택하였다.

동화작가인 크리스찬 안데르센이 태어난 오덴세는 그를 중심으로 도시마케팅을 하여 도시 이미지화에 성공하였다. 한스 안데르센 기념관을 포함한 7개의 다양한 박물관들이 클러스터를 구축하여 운영하고 있으며, 박물관들은 단순히 전시 기능만 제공하는 것이 아니라 지역주민들에게 취업과 교육의 기회를 주고, 관광객들에게는 지난 세기를 직접 경험할 수 있는 기회 제공한다.

오덴세에서 박물관은 문화적 측면에서 뿐만 아니라 일자리 창출효과, 교육·문화향유 기회제공, 방문객 유인효과, 살기 좋은 도시라는 이미지를 확산시킴으로 인해서 인구유입 효과 등 도시발전에 있어 중요한 부분을 차지하고 있다. 박물관은 한스 크리스찬 안드레센 박물관을 비롯하여 7개의 중소규모의 박물관이 박물관시립클러스터 OCM(Odense City Museums)시스템을 통해 시정부와 다른 박물관들과 네트워크를 구축하고 있다. 오덴세는 진정한 문화도시는 보여주는 것이 아니라 체험하는 것이라는 결론과 함께 소규모의 다양한 프로젝트를 진행하고 있다.

■ 휴양·리조트 도시 일본-벳부(別府)

❙그림 1-5❙ 일본 벳부시의 도심 온천 야경

벳부시는 인구 12만명의 도시로서 온천이 시내 각지에서 용출되며, 용출량이 일본 1위인 온천 도시로서 알려져 있다. 벳부 시민의 생활에 밀착한 공중목욕탕이나 골목이 도시의 매력이며, 온천 용출지가 보는 관광지로 주목 받고 있다.

벳부 지고쿠메구리(別府地獄めぐり: 일명 지옥순례)는 1200년의 역사를 자랑하는 벳부의 자랑거리로 자리 잡고 있으며, 지옥순례의 지옥이란 지하 250~300m에서 100℃정도의 열탕과 분연이 분출되는 모습이 마치 지옥을 연상케 한다고 불려진 이름이다. 그리고 풍부한 온천 자원을 활용하여 온천요법이나 요리(온천달걀, 지옥찜 요리 등), 탕 꽃 등 입욕제 제조, 화훼 재배, 지열발전 등 다방면에서의 시도가 이뤄지고 있다.

벳부시에서는 시민에 의한 개개의 관광 마을 만들기 활동을

'ONSEN 투어리즘'이라고 이름 짓고, 온천을 중심으로 '역사 풍토를 살린 마을 만들기'를 기본으로 하여 종합산업으로서의 투어리즘을 산학관의 협동으로 추진해 오고 있다. 2008년 도시 재생 사업을 추진하였으며, 도시 노년층을 대상으로 농촌 체험 등 체험형 관광 계획과 장애인과 고령자가 접근하기 쉽게 하는 관광 계획 등 관광객의 저변을 넓히는 새로운 관광 계획을 수립하여 관광 산업 활성화나 고용 창출을 도모하고 있다.

■ 슬로시티 이탈리아 - 오르비에토(ORVIETO)

슬로시티는 느림의 삶을 지향하는 것으로 이탈리아어인 '칫타슬로(cittaslow)'의 영어식 표현이다.

1999년 이탈리아에서 시작된 슬로 푸드(slow food)운동과 함께 당시 이탈리아의 소도시 '그레베 인 키안티'의 시장 파올로 사투르니니가 느림의 철학을 바탕으로 세계를 향해 '느리게 살자'고 호소한 데서 비롯되었다.

오르비에토는 이탈리아 움브리아주의 산악도시로 백포도주 생산지로 알려져 있으며 연철, 도자기 등의 수공업이 성행했던 곳으로 중세 로마의 유물이 관광자원으로 각광을 받기도 하였다. 그러나 오르비에토는 관광객 유치, 첨단화 등을 버리고 '인간다운 마을'을 추구하며 슬로시티를 선언, 도시의 변화를 꾀하였는데 오히려 이러한 변화로 인해 오르비에토는 연간 200만 명이 넘는 관광객을 불러 모으며 국제적 명성의 도시로 자리잡게 되었다.

오르비에토가 슬로시티를 표방하던 시기에는 마을 건물과 도로가 수백년 전 모습 그대로였기 때문에 오래된 성곽도시로서의 전

❙그림 1-6❙ 슬로시티의 본산, 오르비에토

통적 도시미관 보호를 위해 네온사인 설치를 제한하고 모든 소음유발을 법으로 제한하기도 하였다. 시정부의 주도로 시작되었지만 지역주민들의 생활방식과 부합하여 시민들의 높은 호응을 얻게 되었다. 도시 내 광장들과 레스토랑을 통하여 친환경 슬로푸드 지원 및 지역공동체 활동을 활성화 하였다. 결국 새로운 삶의 방식의 도입과 관광객의 증가라는 두 가지 목표를 모두 성취하게 되었다.

오르비에토의 슬로시티 운동이 인근 지역은 물론, 유럽과 전 세계에 퍼져나가면서 도시 자체가 상징성을 가지게 되었다. 슬로시티 운동은 시정부의 주도로 시작되었지만 주민자치 문화운동이 되었고 지역공동체의 활성화를 불러왔다. 오르비에토는 도시재생과 같은 사업을 별도로 추진하지 않고 예전 그대로의 모습을 유지하고 있어 관광객들이 매력을 느낄 수 있게 만들고 오르비에토의 가치를 더 높이게 되었다.

오르비에토는 다른 도시들의 취했던 정책이나 사업과는 다르게 고유의 자연 환경과 슬로시티에 알맞은 주민들의 정신적 풍요로움과 여유 등을 브랜드화하여 성공을 거둔 도시이다.

제2장

도시 마케팅

01. 도시 마케팅의 해석
02. 도시 마케팅의 시작
03. 도시 마케팅의 유형
04. 도시 브랜드 마케팅

21세기는 흔히 국가 경쟁 시대가 아닌 도시경쟁 시대라고 하며, 이는 이미 잘 알려진 사실이다. 같은 맥락에서 '도시(City)'를 '마케팅(Marketing)' 한다는 개념 역시 우리에게 더 이상 낯설지가 않다. 도시 경쟁 시대를 겪고 있는 세계의 도시들은 저마다 경쟁력을 갖추기 위해 도시 마케팅 전쟁이 한창이다. 그렇다면 현재 우리가 살고 있는 도시를 보다 가치 있고 매력 있는 공간으로 만들어 주는 수단으로서 각광을 받고 있는 이 도시 마케팅(city marketing)은 언제 어떠한 배경을 통해 등장했으며 어떠한 형태로 진행되고 있는가?

01. 도시 마케팅의 해석

도시 마케팅은 학자에 따라 다양하게 정의되고 있으며 City Marketing, Place Marketing으로 구분되어 쓰이기도 하고 때로는 혼용되어 쓰이기도 한다. 도시 마케팅은 원래 도시가 마케팅의 대상으로 인식되기 시작하면서 등장한 개념으로서 우선 미국마케팅학회(AMA: American Marketing Association)의 마케팅 정의를 살펴볼 필요가 있다. 마케팅 환경의 변화에 따라 미국마케팅 학회에서는 2004년 마케팅 정의를 다음과 같이 새롭게 규정하였다.

"마케팅은 조직적인 기능이며 조직과 이해관계자에게 혜택을 주는 방법으로 고객에게 가치를 창조하고, 커뮤니케이션하고, 전달하기 위한 일련의 과정이며, 고객관계를 관리하는 조직의 기능이며 일련의 과정이다."[8]

2004년에 내려진 이 같은 AMA의 정의는 관계마케팅이 강조되는 특징을 가지고 있다. 즉 마케팅의 목표는 고객가치를 창출하고, 수익성이 있으면서 강력한 고객관계를 구축하는 것으로 보고 있다는 것이다. 한편 코틀러는 마케팅관리를 다음과 같이 정의하고 있는데, 2004년 AMA의 마케팅 정의와 일맥상통함을 알 수 있다. "마케팅관리란 표적시장을 선택하고, 우월한 고객가치의 창조, 전

8 "Marketing is an organization function and a set of processes for creating, communicating and delivering value to customers and for managing customer relationship in ways that the organization and it's stake holders."(AMA, 2004)

달 및 알림을 통해 고객을 획득, 유지, 확대하는 기술과 과학을 말한다."[9]

이러한 맥락에서 도시 마케팅은 도시에 이러한 마케팅의 개념을 적용한 것으로서 고객에게 도시와 관련한 가치를 창출하고 커뮤니케이션하고 전달하는 일련의 과정이라고 규정지을 수 있을 것이다.

9 Philip Kotler & Kevin Lane Keller, Marketing Management, 12th ed., Pearson Prentice Hall, 2006.

02. 도시 마케팅의 시작

도시 마케팅이 본격적으로 등장한 시기는 1970~80년대로 서구 공업도시들이 도시의 경기침체를 극복하고 범죄가 성행하는 위험한 도시의 이미지를 개선하기 위한 목적으로 시작되었다. 특히 1975년 뉴욕시가 수억 달러의 적자로 경제적 위기에 봉착하면서 도시의 이미지 쇄신과 경기부흥 정책으로서 관광객을 끌어들이는 관광마케팅 전략을 도입한 것이 도시 마케팅의 시초로 여겨지고 있다.

이를 시작으로 유럽의 공업도시들도 하나같이 도시 마케팅을 도시의 생존을 위한 수단으로 적용하기 시작하였다. 아시아에서는 1979년 일본의 오이타현에서 시작된 일촌일품(一村一品)운동이 도시 마케팅의 시초로 들고 있다. 오이타현은 천연자원도 부족하고 접근성도 좋지 않은 상황에서 지역경제 활성화를 위해 밤과 매실을 특산품으로 육성하여 고소득을 얻는 결과를 낳은 바 있다. 이와 같이 도시마케팅 개념이 본격적으로 지방행정에 도입되게 된 시기는 1970년대 이후에 들어서였다.

외국에서 1970년대에 시작된 도시마케팅 전략이 우리나라에 도입된 것은 지방자치제도가 뿌리를 내린 1990년대 중반 이후부터다. 1995년부터 지방자치단체장을 직접선거로 선출하면서 경제적 발전을 목표로 하는 도시 간 경쟁이 격화되기 시작하였고, 이에 따라 해당도시의 경제적 수준과 삶의 질 수준의 척도는 자치단체장의 리더십(leadership)을 평가하는 잣대로 작용하게 되었다. 다시 말해 자치단체장은 도시와 주민의 지속적 발전을 위해 중요한 의사 결정의 책임을 맡는 최고경영자(CEO)와 같은 존재로 인식되고 있다는 것이다.

2000년대 참여정부에 들어 자립형 지방화, 지역 차별화를 통한 혁신도시 개념과 기업가적 정부 모형을 강조하게 되었으며, 도시 마케팅에 대한 교육도 공무원을 대상으로 실시되었다. 국내에서 도시 마케팅은 해외의 도시 마케팅 성공사례를 벤치마킹하는 경우가 많았고, 도시 마케팅에 대한 올바른 이해로 도시 경쟁력 갖추기에 적용된 사례도 있지만 대부분은 따라 하기 식의 잘못된 도시 마케팅을 진행하여, 현재 시행착오를 겪고 있는 과정에 있다고 볼 수 있다.

이처럼 세계적으로 도시의 경쟁구도 하에서 각국의 도시들은 자신의 경쟁적 지휘를 향상시키기 위한 전략의 일환으로 도시 마케팅을 통한 도시이미지 향상과 차별화 전략을 추진하게 된 것이다.

03.

도시 마케팅의 유형

지구촌 모든 도시들은 도시 마케팅을 도시 생존 전략의 수단으로서 활용하게 되었고 이러한 도시 마케팅에 성공하지 못한 도시는 경제침체와 쇠퇴에 직면할 수밖에 없는 실정이다. 경쟁력 있는 도시, 매력적인 도시는 내부역량과 외부환경의 정확한 판단과 그에 따른 차별적 전략 여부에 따라 결정된다.

내가 속한 도시는 어떠한 자원을 가지고 있고 우리는 무엇을 잘할 수 있는가?(내부역량 파악)

세계도시들은 어떠한 문제점을 가지고 있고 또 그것을 함께 해결하기 위해 우리는 무엇을 해야 하나?(외부환경 파악)

이러한 기본사항들을 파악했다면, 이를 바탕으로 도시를 대표하는 차별화된 상품을 선정하여야 하며, 이를 동일하고 일관된 메시지로 타깃에게 전달해야 하는 것이다.

도시를 대표하는 차별화된 상품으로 선정될 수 있는 자원은 도시가 본래 갖추고 있는 자원뿐만 아니라, 그 도시에는 없을지라도 시장분석을 통해 경쟁력이 있을 것으로 파악되는 자원까지도 포함한다. 구체적으로는 도시 브랜딩(City Branding), 상징조형물(Landmark)이나 건축물, 거리 및 광장 등 도시경관 조성, 옥외광고물 정비 그리고 대형축제와 박람회를 포함한 메가 이벤트(Mega Event)와 MICE산업까지 그 실천유형은 매우 다양하다. 환경이 변하고 사람들의 가치가 변함에 따라 도시 마케팅의 실천 유형 또한 다양하게 변하기 때문이다. 이들 도시 마케팅의 실천유형들은 어느 하나가 독립적으로 존재하는 것이 아니라 서로 연계되어 상호보완 하는 순환 고리를 형성하고 있다. 어느 것을 우선적으로 실시할 것이냐는 해당 도시의 여건에 따라 달라질 것이다.

무엇보다 중요한 것은 겉만 떠들썩하게 요란한 도시 마케팅이 성공하는 것이 아니라 실질적으로 시민들이 계속해서 도시에 거주하도록 하고 기업의 투자와 외부 관광객이 지속적으로 방문하고 머물도록 하기 위해서는 살기 좋은 도시를 만드는 과정이 함께 병행되어야 한다.

■ 도시 브랜딩(city branding)

도시 브랜딩은 기업과 상품의 마케팅에서 활용되는 브랜드를 도시에 적용한 것으로, 도시의 긍정적 이미지를 강화하고 차별성과 매력도를 높일 수 있는 가장 강력한 수단이다. 협의의 의미에서 도시 브랜딩은 도시의 시각적·언어적 브랜드 아이덴티티 즉, 로고, 슬로건, 마스코트 등을 개발하고 그것을 통해서 효과적으로 커뮤니케이션을 하는 활동을 의미한다. 이러한 의미에서 도시 브랜드를 단순히 로고와 심벌의 의미로 한정하여 인식하고 있는 것이 일반적이라고 할 수 있다. 경쟁력 있는 도시가 되기 위해 타 도시와 구별되는 로고와 심벌, 브랜드마크가 중요한 도시 브랜드의 요소임에는 분명하지만 이러한 의미로만 도시 브랜드를 설명하기엔 부족하다. 도시 브랜드는 더 포괄적인 의미와 실행의 형태를 가지고 있다. 즉, 도시가 가지는 다양한 환경과 기능, 도시 인프라 그리고 서비스 등에 의해 다른 도시와 구별되고 나아가 차별화되는 상태를 의미한다.

도시 브랜드는 해당 도시에 대한 간접적, 직접적 경험을 통해 도시를 인지하고 마음속에 해당 도시에 대한 이미지를 형성하면서 다른 도시들과 구별하여 인식하게 된다. 이러한 이유로 도시정부는 도시 브랜드사업을 통해 그 도시가 추구하는 경영이념이나 상품으로서 도시의 가치를 함축시킨 로고와 슬로건을 개발한다. 도시정부가 지향하는 방향으로 도시를 인식하고 긍정적인 도시의 이미지가 형성되길 바라는 대로 말이다. 이러한 도시 브랜드와 활동이 바로 도시 브랜딩이다.

따라서 도시 브랜딩은 도시의 차별적 이미지를 심벌과 슬로건으로 압축하고, 도시 마케팅 전략에 입각하여 이를 지속적이고 효과적으로 타깃에게 전달해야 한다. 그리고 이를 도시의 물리적 계획과 연동함으로써 도시 브랜드가 더욱 강화되는 효과를 볼 수 있다. 단, 여기서 유의해야 할 점은 브랜딩이라고 하면 단순히 시각디자인 요소로 단정 지어 생각하는 경우가 많은데, 이는 옳지 못한 생각이다. 브랜드라는 것이 고객이 브랜드와 관련하여 갖게 되는 모든 경험이 총체적 경험에서 비롯된 만큼 도시 브랜딩을 도시 마케팅의 핵심전략으로 이해해야 맞다. 다시 말해 도시 브랜딩은 도시의 양적측면에서의 경쟁력뿐만 아니라 문화적 영향력과 도시의 이미지 등 질적인 경쟁력까지 요구하고 있는 글로컬 시대의 세계무대에서 경쟁력 있는 도시를 만들 수 있는 도시 마케팅의 핵심전략이라고 할 수 있다.

우리나라에서는 2000년대 초 새천년의 시작과 함께 월드컵, 아셈(ASEM)회의 등의 개최를 통해 '국가브랜드'의 개념이 나타나기 시작하였고, '브랜드'가 이슈화되면서 국가브랜드에서 도시브랜드로 발전하기 시작하였다.

도시의 대표상징물(landmark)

도시 간 경쟁이 나날이 심화되고 있는 상황에서 도시 고유의 이미지와 브랜드 형성의 핵심수단이 되는 도시의 상징 또는 상징물의 필요성은 나날이 커지고 있다. 랜드마크는 도시 내에 매력적인 공간을 조성하거나 대표 상징물을 세움으로써 도시마다 고유한 이미지를 구축하는 것으로 건축물, 상징조형물, 거리조성, 광장, 야간경관, 옥외광고물 등 다양한 방법들을 예로 들 수 있다.

랜드마크는 원래 탐험가나 여행자가 특정지역을 돌아다니던 중에 원래 있던 장소로 돌아올 수 있도록 표식을 해둔 것을 가리키는 말이었다. 하지만 오늘날 랜드마크는 그 뜻이 건물이나 상징물, 조형물 등이 어떤 곳을 상징적으로 대표하는 의미로 사용되고 있다. 도시마다 그 도시를 연상하게 되면 바로 떠오르는 랜드마크가 있다. 이러한 랜드마크에 대한 효과는 기대이상이다. 무형적 측면에서는 시민들로 하여금 생활기반 지역에 대한 정체성을 갖게 하고 그들의 자긍심을 고취시킨다. 대외적으로는 외국인들에게 도시의 이미지를 각인시키는 도시 브랜딩 효과를 불러오고, 유형적 측면에서는 브랜드화된 도시이미지를 통해 관광수익 증대와 다양한 문화산업 활성화 등으로 경제적·문화적 부가가치를 창출할 수 있다.

세계적으로 도시상징과 상징물을 활용한 성공사례는 뉴욕, 도쿄, 홍콩, 덴마크 그리고 싱가포르와 독일 베를린을 꼽을 수 있다. 사자머리에 물고기 몸통을 하고 있는 싱가포르의 상징물 '머라이언(Merlion)'은 이미 싱가포르를 기억하게 하는 대표 아이콘으로 자리매김했으며, 독일 베를린의 상징물인 '버디베어(Buddy Bear)'도 독일인의 지혜로움과 우직한 성향을 반영한 도시 상징물로 도시

마케팅에 큰 효과를 발휘하고 있다. '상하이'를 떠올리면 '와이탄'이, '와이탄' 하면 '상하이'가 떠오른다. 베이징의 고궁은 전통적인 명청(明淸)시대 풍격으로 해내외(海內外)에 널리 알려진 세계적으로 규모가 가장 크고 가장 완전하게 보존된 고대 목조 건축물이다. 과거 베이징을 대표하는 건물에서 나아가 현재 중국을 대표하는 건물로 인식되고 있다. 역사가 살아 숨 쉬는 도시 로마의 랜드마크는 콜로세움이다. 콜로세움은 서기 72년 베스파시아누스 황제가 짓기 시작해 80년 그의 아들 티투스 황제가 연 4만 명의 인원을 투입시켜 완성시킨 원형 경기장이다. 이처럼 도시마다 대표상징물을 통해 도시가 가진 고유의 이미지를 뿜어내고 도시를 보는 사람들의 마음속에 새기게 되어 특정 도시를 떠올리는 연상이미지로 작용하게 된다.

■ 메가 이벤트와 MICE산업

마지막으로 글로벌 도시마케팅의 효과적인 수단으로서 메가 이벤트 및 MICE산업[10]을 들 수 있는데, 도시의 매력을 시각적·감각적으로 활기차고 압축적으로 보여주며, 특정 기간에 많은 방문객을 유치할 수 있기 때문이다. 메가 이벤트의 경우에는 국내에서 활발하게 시도되고 있는 소규모 지역축제를 의미하기보다는 기획과 규모에 있어서 세계적인 공감을 끌어 낼 수 있는 박람회나 올림픽, 월드컵과 같은 국제적 규모의 대형 스포츠 대회를 의미한다. 이에 덧붙여 MICE산업 또한 최근 관광산업보다 훨씬 큰 경제적 효과(관광객보다 체류기간이 2배, 현지 소비 3배)를 볼

10 MICE산업 : Meeting, Incentive, Convention, Exhibition의 약자로, 회의산업, 인센티브투어, 컨벤션, 전시회산업을 의미함

수 있는 글로벌 도시마케팅의 최적수단으로 주목을 받고 있다. 이처럼 메가 이벤트와 MICE산업의 경우는 해당 도시의 매력을 기간 내 압축적으로 보여줄 수 있고 많은 방문객을 유치할 수 있다는 장점을 가지고 있다. MICE산업이 가장 활발하게 진행되고 있는 국가로 독일을 들 수 있는데, 독일의 경우 이러한 컨벤션사업이 거의 국가산업으로 추진되고 있으며, 다양한 분야의 컨벤션을 매년 개최하고 있다. 1979년부터 지금까지 9천개 이상의 회의를 개최한 바 있으며 전 세계로부터 440 만 명의 회의 참가자를 비롯해 4,000 만 명의 방문객들이 찾았으며 1998년에는 세계은행과 국제금융기구(lMF)의 연차총회를 개최하여 11,000여 명의 경제지도자를 초청한 바 있다. 이처럼 독일의 경우처럼 매년 대형 국제행사를 개최함으로써 연간 약 30조 원의 수익을 창출하며 국가와 개최 도시의 이미지를 제고시키고 있는 것은 컨벤션사업이 해당 국가와 도시에 미치는 영향력이 얼마나 대단한지를 보여주는 좋은 예라고 할 수 있다.

2010년 서울시에서 개최한 G20 정상회의를 계기로 우리나라를 알게 됐다는 응답자가 3.6% 포인트 늘어났다고 한다. 국가 인지도를 1%포인트 높이는데 5천억 원이 필요하다는 기준에 의하면 서울 G20 정상회의로 1조 8,000억 원에 달하는 대한민국 홍보 효과가 발생한 셈이다. 또한 지난 2010년 38.7%에 불과했던 한국에 대한 호감도는 G20 정상회의 이후 55.3%로 높아졌고 선진국이라고 생각하는 비율도 한해 전보다 10%포인트 이상 증가한 53.2%의 결과로 나타났다. 또, 응답자의 88.1%는 한국이 의장국 역할을 잘 수행했다고 답했고 80.7%는 한국 제품 구매 의향이 있다고 답해 G20 정상회의가 우리나라의 경제적 위상과 국가위상을 높인 것으로 나타났다. 이처럼 MICE산업은 소비수준을 높이는 특성을 갖고 있다. 개최도시의 경제개발 수준, 도시교통, 상업 네트워크, 관광지, 도시환경 등이 포함된다. 스페인의 경우, 1997년 27개의 도시에서 약 4,000건의 회의를 개최하였는데 MICE와 관련된 경제 수익은 44억불에 달하였으며 2002년 상반기 중국 상하이의 푸동지역에서 개최된 회의 건수는 407회로 7,340,000명이 참가하여 총 15억 위안의 수익을 창출하였다. MICE산업은 완벽한 인프라 시설, 서비스 시설, 현대화된 경영기법, 서비스 수준, 아름다운 도시경관 등을 통하여 개최지의 이미지 구축에 기여한다.

또한 MICE산업은 회의 참가자를 위한 높은 수준의 서비스를 제공하기 위하여, 교통 서비스, 컨설팅, 광고 등과 같은 산업을 파생시켜 고용기회를 증가시키기도 한다. 또한 국제사회에서 국가의 이미지 제고를 통해 국가 차원의 홍보효과를 누릴 수 있으며 민간외교에 기여할 수 있게 된다. 국제적 영향력이 증대되어 국가 간 친선을 도모할 수 있게 된다. 큰 국제회의나 전시회가 열리는 곳으로 오는 관광객들은 평균 관광객들보다 세배 가량의 소비를 한다. MICE산업은 양질의 관광객을 유치하고 성수기가 아닌 연간 상시로 관광객을 유치하며, 개최도시 이미지를 크게 제고하고 국가의 관광 마케팅에 크게 기여하게 된다. 많은 효과와 장점들로 인해 신성장동력으로서 MICE산업에 대한 앞으로의 발전가능성에 큰 기대를 모으고 있으며 국내 또한 산업구조상 서비스 산업에 많이 의존을 하고 있기 때문에 MICE 산업의 성공적인 유치와 발전을 통해 국가의 위상을 크게 높일 수 있을 것으로 기대하고 있다.

지금까지 도시 마케팅의 다양한 유형들에 대해 살펴보았다. 세계적인 트렌드 발산지 뉴욕의 매력적인 삶과 문화를 세계인들이

동경하는 이유는 뉴욕이라는 도시가 가진 강력한 현대적인 이미지와 이를 신뢰하게 만드는 실체들이 결합된 도시 브랜딩의 성공 때문이며, 미술관 하나가 매년 세계에서 수백만 명의 관광객을 끌어 모으는 빌바오 구겐하임 미술관은 도시는 이미지로 그 이미지는 랜드마크로 집중되고 그것은 곧 브랜드가 된다는 것을 증명해 보이는 좋은 예라고 할 수 있다.

세계최고의 축제라는 타이틀을 달고 있는 에든버러 축제로 '축제의 도시'로 거듭난 에든버러 시를 보면서 많은 도시들이 앞 다투어 축제를 개최하기 시작하였고, 중국이 북경올림픽을 치루면서 꿈꾼 경제적 도약이 얼마나 현실화될지에 관심을 모으고 있다. 다만 이들 도시들의 글로벌 도시마케팅의 수단은 어느 하나가 독립적으로 존재하는 것이 아니라 서로 연계되어 하나의 순환 고리를 형성하고 있다는 것에 주목할 필요가 있다. 따라서 어떠한 방법을 우선적으로 실시할 것이냐는 각각의 도시가 갖고 있는 역량과 여건에 따라 달라질 것이기 때문이다. 도시민, 기업, 관광객이 지속적으로 거주하고 방문하도록 하기 위해서 경쟁력 있는 도시를 만드는 것이 글로벌 도시마케팅의 목표라고 한다면 이들 효과적인 수단을 실시할 때 반드시 살기 좋은 도시를 만드는 과정이 병행되어야 하는 것이 무엇보다 중요하다.

04.

도시 브랜드 마케팅

도시 마케팅(city marketing)의 가장 효율적인 방법에는 어떤 것이 있을까? 그것은 아마도 도시 이미지 마케팅의 대표적 수단인 도시브랜딩(city branding)일 것이다.

일반적으로 가장 많이 쓰고 있는 도시 마케팅과 굳이 구별하여 사용하려고 하는 이유를 말하기 전에, 먼저 브랜드(brand)와 브랜딩(branding)이라는 말의 의미를 짚어보려고 한다.

브랜드의 우리말 해석으로는 상표라고들 흔히 말하고 있으며, 기업의 제품과 서비스를 식별하고 경쟁자의 제품 및 서비스와 차별화하여 고객에게 고유한 가치를 부여하는 이름, 상징, 엠블럼 등 이를 상징화하는 유형·무형적인 요소들의 집합체를 의미하는 것이 바로 '브랜드'이다. 하지만 실제 브랜드라는 것은 그 정의처럼 단순하지 않을 뿐만 아니라 기능적인 가치평가로는 무한한 힘을 발휘할 수 있는 잠재력을 가진 단어라고 할 수 있다.

고대 이집트의 유적에서 발굴된 벽돌에 새겨진 상형 문자를 해독한 결과, 책임소재를 분명히 하기 위해 벽돌 제조공의 이름을 각인한 것을 통해 브랜드의 기원은 매우 오래됐음을 알 수 있다. 이후 브랜드는 16세기 위스키 제조업자들이 생산자 명으로 위스키 병에 이름을 새기는 형태로 활용되었으며, 미국과 유럽의 기업은 브랜드를 제품 구성요소의 일부분으로 인식하게 되었다.

'브랜딩'이라는 개념 또한 단순히 '무엇을 브랜드화 하는 것'으로 정의내리기 보다는 '대상을 접하는 고객의 머리와 가슴에 새기고 남기는 것'으로 의미를 두고자 한다.

일반적으로 도시 마케팅은 기존 도시의 부정적 이미지를 탈피하고 새로운 이미지의 구축을 통해 도시경제를 활성화시키는 도시경영의 주요한 전략이라고 할 수 있다. 이러한 도시 마케팅은 도시상품의 잠재고객인 기업과 투자자, 관광객, 거주민 등을 도시로 유인하는 목적을 가지고 있기 때문에 도시는 잠재적이고 매력적인 관심사가 되어야 하며, 그에 수반하여 도시 마케팅은 도시 이미지의 긍정적 요소들을 개발하고 강조할 필요성이 부각된다. 즉, 각 도시가 가진 우수하고 다양한 잠재적 자원과 특성을 명확히 전달하여 다른 경쟁도시와 차별화되는 정보를 전달하는 브랜드전략이 무엇보다 중요하다.

도시 마케팅을 통해 도시가 가지고 있는 다양한 자원의 개발은 도시 브랜드의 가치를 부가시키는 작업이라고 할 수 있으며, 역으로 도시 브랜드의 강화는 도시가 가지고 있는 다양한 자원의 이미지 개선과 적극적인 홍보라는 점에서 도시 마케팅과 도시 브랜드는 상호 보완적인 관계에 있다고 볼 수 있다. 도시브랜드 개발 사업은 도시판매(city sales)라는 도시의 마케팅전략을 통하여 도시를 브랜드화 하여 도시의 매력을 한층 강화시키려는 의도가 강한 것이 특징이다.

도시브랜드 전략은 이미 형성된 도시의 이미지, 시설, 환경, 인물, 문화, 특산품 등을 브랜드화하여 해당 도시의 이미지를 홍보하고 총체적인 활성화를 도모하는데 그 목적이 있다. 자치행정에 마케팅 개념을 도입하면서 국내에서도 브랜드 자산 가치 구축의 도구로서 도시브랜드마케팅에 막대한 예산을 투입하고 있는 실정인

데 철저한 사전조사와 도시브랜드마케팅에 대한 장기적 비전과 전략수립 없이 진행되는 경우가 있어 결과적으로는 예산 낭비의 결과를 초래하고 있다. 이는 도시브랜드마케팅의 전략수립 과정에서 해당 도시의 정서나 이미지와 전혀 무관한 막연히 좋은 것만을 쫓아감으로 인해 차별화가 이루어지지 않은 것에서 그 요인을 찾아볼 수 있으며 또한 단순히 단기적인 수익사업만을 목적으로 진행하는 경우가 많은 것도 그 원인이라고 할 수 있다. 따라서 단순한 시각적 정체성의 표현을 넘어 마케팅과 브랜드의 개념을 적용한 차별화된 도시브랜드마케팅 전략이 무엇보다 필요하다.

그리고 도시 행정의 단위인 한계성에서 벗어나 글로벌 경영의 단위로 접근하는 브랜드마케팅전략이 필요한 시기이다. 글로벌 도시브랜드 마케팅의 대상은 크게 세 그룹으로 나누어 볼 수 있다. 거주자, 기업, 방문자가 바로 그들이다. 거주자는 그 도시에 살고 있는 사람을 의미하며 기업은 해당 도시에 투자하는 국내외 기업을 의미한다. 방문자는 도시를 방문하는 국내외 관광객과 도시 내에서 개최되는 크고 작은 행사(전시회, 메가 이벤트, 박람회 등) 참석, 비즈니스상의 출장 등의 방문객으로 세분화시켜 생각할 수 있다. 글로벌 도시브랜드 마케팅을 실현하는 도시는 이들 중 어느 것 하나 소홀히 할 수 없다.

도시 브랜딩(city branding)은 도시 밖의 사람들을 끌어들이기 위한 노력이 주가 되어야 한다. 도시의 확장을 전제로 한 것이기 때문에 이를 위해서는 관광객이 와서 소비해야하고 새로운 기업들이 투자해서 고용이 창출되고 세수(稅收)가 증가해야 한다. 도시 밖의 사람과 기업을 유치하는 것 못지않게 중요한 것이 도시 내부인, 즉 거주민이다. 거주민이 도시에서의 생활에 불만을 갖게 되고 불편함을 느낀다면 이는 이주(移住)의 결과를 초래하게 될 것이며, 이는 도시자체의 심각한 위기를 초래하게 되므로 거주민을 도시브랜드마케팅의 주체로 참여를 유도해 도시 브랜드가 앞으로 가려는 방향을 충분한 커뮤니케이션을 통해 적극 참여하도록 해야 한다. 대상이 이러하다면 도시브랜드마케팅의 상품은 당연 '도시' 그 자체이다. '도시' 자체라는 말은 도시를 구성하는 모든 요소, 즉 주택가격, 교육, 치안, 일자리, 문화시설, 교통과 같은 거주환경의 가치, 공장부지 가격, 행정서비스, 인프라와 같은 기업투자환경의 가치, 그리고 문화, 교육, 즐거움, 여가와 같은 방문객 유치환경의 가치 등 유·무형의 제품과 서비스, 가치 그리고 사람을 포함한 총체가 상품이 된다. 도시 브랜딩은 도시의 긍정적인 이미지가 강화되는 것으로 이어져야 한다. 이는 사람들이 그 도시의 추억을 되새기며 다시 가고 싶다는 설렘과 기대가 생기게 해야 한다는 의미이다. 문화와 예술의 낭만이 깃든 도시, 파리를 떠올리면서 몽마르트 언덕을 다시 걸어보고 싶은 마음이 들게 하는 것과 뉴욕 맨해튼 42번가 브로드웨이에서 뮤지컬 맘마미아를 관람하고 난 후, 마음 가득히 담아왔던 감동의 추억을 다시 담아오고 싶게끔 만드는 기대감 같은 것을 의미한다. 아직 그 도시를 가보지 않은 사람이라면 방문하고 온 사람의 입을 통해서, 또는 매체를 통해 간접적으로 그 도시에 대해 접하면서 가보고 싶은 마음이 생기도록 하는 것이다.

제3장
도시의 장소성과 장소마케팅

01. 장소성

02. 장소성의 형성과정

03. 장소마케팅

04. 장소이미지를 활용한 장소마케팅

01.

장소성

판매와 구분되는 마케팅은 소비자의 욕구를 충족하고 자본의 흐름을 읽기 위한 도구로 사용되어 왔다. 마케팅은 구분된 대상을 구매자의 욕구에 맞게 재구성하고 발전시키는 것이며, 공급지향에서 수요지향적으로 접근하는 특징이 있다.

이러한 측면에서 장소를 대상으로 하는 장소마케팅은 자본시장의 흐름에 맡겨진 장소를 재구성하는 것이다. 장소마케팅은 일반적인 상품의 마케팅과는 달리 장소가 판매되는 것으로서 중요한 지역개발 전략으로 인식되고 있다. 따라서 상품인 장소가 이동하는 것이 아니므로 장소를 가꾸고 홍보하여 소비자를 끌어들이는 것이다. 즉 장소성을 개발하여 이익을 추구하는 전략이다. 장소성에 대한 개념은 복합적이다. 공간이 물리적 속성을 나타낸다면 장소는 활동과 상징성 등의 사회, 문화, 자연적 성격을 포함한 가치와 의미가 부여된 것을 지칭한다. 여기에 정체성(identity)과 애착(attachment) 등의 체험적 의미가 형성된 개념을 장소라 할 수 있다. 따라서 장소성이라는 것은 상품으로의 장소라는 목표를 달성하기 위해 거주자나 이용자들을 대상으로 정체성과 애착을 갖도록 설계, 형성된 것이라 할 수 있다.

장소성(場所性, Sense of Place)은 고정적 개념이 아니라 자연발생적 또는 인위적으로 만들어 질 수 있는 변동 가능한 개념으로 장소를 소비하는 사람, 건물, 환경 등이 상호 결합하여 형성된다. 이러한 장소를 구성하는 다섯 가지 요소가 어떻게 결합되고 연결되

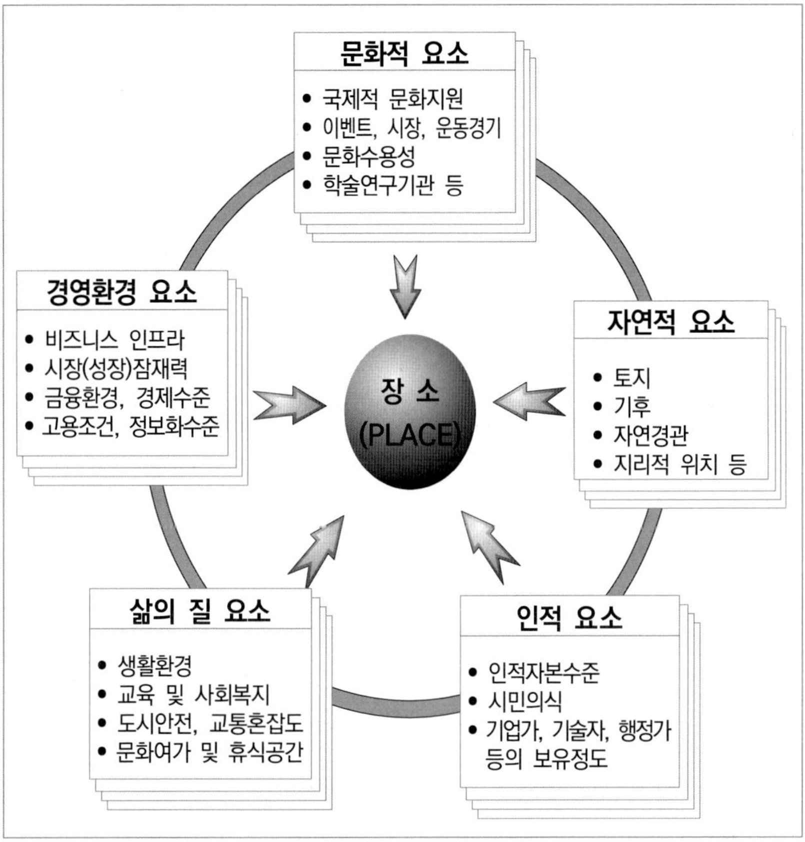

그림 1-7 마케팅 대상으로서의 장소(Place)의 구성요소[11]

느냐에 따라 상품으로서 장소의 가치가 결정된다. 상품으로서 장소의 특성으로는 다양한 소비자를 대상으로 판매된다는 점과, 장소의 비전 및 목표고객에 따라 장소 내 다양한 판매주체가 존재하고, 장소는 다양한 상품으로 판매되며, 판매상품에 따라 핵심제품·유형제품·확장제품의 구성요소가 변한다는 점이다.

11 김치선, "장소마케팅전략에 관한 연구 -Tenant 유치전략을 중심으로-", 서울대학교 대학원, 석사학위논문, 1998.

02.

장소성의 형성과정

장소성 형성의 가장 기본이 되는 것이 인간과 소환경(setting)의 상호관계이다. 여기서 소환경은 그 장소가 지닌 독특한 분위기, 물리적 특성, 일어나는 활동과 기능, 그 곳에 이미 부여된 의미와 가치를 지니고 있는 것이다. 인간과 이러한 소환경 사이의 상호관계에서 장소에 대한 정체성과 장소애착이 확보된다. 즉, 인간은 소환경을 접함으로써 자신만의 접촉방식을 갖게 되고 자신이 속한 문화집단의 공통된 소통방식을 접하게 되면서 소환경을 자각하게 되고 장소에 대한 애착이 생긴다. 이렇게 형성된 장소의 정체성과 장소애착이 집단적 국면으로 나타나는 것이 장소정신이며, 개인적 국면으로 나타나는 것이 장소감이다. 장소정신은 장소정체성과 장소애착이 집단적으로 시간적인 지속성을 가지고 나타나는 종합적 특질이며, 장소감은 개인적 국면으로 나타나는 상대적으로 가변성을 지니는 인간의 소환경에 대한 의식적 앎이다. 이러한 장소정신과 장소감이 상호작용하여 나타나는 것이 장소성이다. 장소성의 소환경이 사람 혹은 사람들과 맺어진 관계에 의해 장소 애착과 장소정체성이 형성되며 이것이 개인적 국면의 장소감과 집단적 국면의 장소 정신이 상호영향을 주는 과정에서 진솔성이 획득할 때 형성되므로 장소성은 단순히 심리적인 것이 아니라 경험을 바탕으로 생성된다.

03.
장소마케팅

장소마케팅의 등장배경은 크게 두 가지로 경제구조의 변화 및 도시간 경쟁증가의 요인과 도시의 생산성 향상을 위한 문화적 요인의 대두라고 할 수 있다. 1960년대 말에서 1970년대 초 사이에 대량생산과 대량소비를 근간으로 하였던 포디즘(Fordism)의 조절양식 사이에 균형이 깨지면서, 서구의 도시들은 탈산업화로 인한 경제위기와 산업 재구조화 과정을 겪게 되었다. 즉, 소품종 대량생산과 대량소비, 기업의 수평적·수직적 통합, 대규모 공업지대, 집적의 이익 등으로 대표되었던 포디즘으로부터, 다품종 소량생산, 유연적 전문화(Flexible Specialization), 기업의 수직적 분리(네트워크), 신산업지구, 지리적 분산 및 합병 등을 강조하는 포스트 포디즘으로 변화한 것이다. 또한 이것은 단순히 생산과정의 구조적 변화뿐만 아니라, 생산활동을 유지하도록 하는 제도와 조직 등의 조절양식의 변화를 의미하기도 한다.

또한 교통·통신 기술의 발달에 따라 전 세계 어느 곳이나 실시간대에 자본의 이동이 가능하게 되었으며, 거리의 중요성이 감소하고 지식과 정보가 생산활동에서 중요한 역할을 수행하는 정보경제화 사회로 변화함에 따라 도시의 산업구조가 제조업 중심에서 전문 서비스업 중심으로 변화하는 등, 도시의 경제기반이 변화하게 되었다. 이러한 이유로, 각 도시들은 기업이 입지하기에 유리한 환경을 조성하기 위해 치열한 경쟁을 벌이게 되었다. 복지국가 체제 내에서 도시는, 국가의 행정기능을 수행하는 부속물로 여겨지거나 거의 무시되었다. 그러나 국가라는 공간 단위체의 하위 체계로 파악되었던 도시에 대한 전통적인 시각도, 국가의 역할이 감소함에 따라 세계 경제활동의 새로운 주체라는 시각으로 바뀌게 되었다.

기업의 이동이 자유로워지고 포스트 포디즘의 유연적 축적 생산방식이 도입됨에 따라 전세계는 동일한 영향권 아래 놓이게 되었다. 그리고 국가의 재정난에 더 이상 복지정책을 유지하기가 힘들어지면서, 각 도시의 정치·경제·문화적 의의가 더욱 커지게 되었다. 이러한 세계 경제의 재구조화와 이로 인한 기업의 전략변화는 전세계적으로 도시의 지역구조를 변화시켰고, 이에 대처하여 도시는 빠르게 회전하는 자본을 자기 지역에 유치하기 위해, 다양한 장소마케팅 전략을 통한 '도시 이미지 향상'과 '장소차별화 전략'을 구사하게 되었다.

장소마케팅(place marketing)이란 용어는 1980년대 유럽도시 관련 문헌에 등장하였으며 '장소를 관리하는 개인이나 조직에 의해 추구되는 일련의 경제적 사회적 활동을 포함하는 현상으로 이들이 기업가와 관광객 심지어 그 장소의 주민들에게 매력적인 곳이 되도록 하기 위해 지리적으로 규정된 특정한 장소의 이미지를 판매(selling)하기 위한 다양한 방식의 노력[12]'이라 할 수 있다. 여기에서 '장소의 이미지'라는 표현은 장소마케팅에서 관건이 되는 것으로 장소(또는 도시)의 이미지를 긍정적으로 부각시키는 것이라 할 수 있다.

12 Philo, C. and Kearns, G., "Cultural, History, Capital : A Critical Introduction to the Selling of Place", Keans, G. and Philo, C.(eds.), Selling Places : The City as Cultural Capital, Past and Present, Pergamon Press, 1993.

모든 도시는 이미지를 가지고 있다. 그러나 도시의 이미지를 완벽하게 아는 것은 불가능하다. 사람들은 주변 환경을 이해하기 위해 복잡한 현실 세계를 몇 개의 선택적인 느낌으로 단순화시킨다. 따라서 이런 방법을 통해 형성되어진 이미지를 가지고 도시의 모든 이미지를 안다고 말할 수는 없다. 그러나 인식의 세계에서는 이미지가 현실보다 더 중요하다. 그렇기 때문에 도시의 마케팅 담당자들(marketers)은 도시의 이미지를 변형하거나 조작하려고 하며, 이러한 이유로 지역성(locality)이 실질적·실체적으로 변하지 않고도 도시의 이미지는 변할 수 있는 것이다.

장소마케팅의 최우선 목표는 많은 관광객들이 그 장소를 방문하도록 유도하거나 기업가의 자본을 유치하는 것이다. 따라서 기본적으로 경제논리가 내재되어 있다. 그리고 장소마케팅은 성공적인 공동체를 이루는 중요한 기제이며 모든 종류의 좋은 것들이 지역주민들을 위해 실제로 수행된다고 선전도구로서 이용되기도 한다. 영국과 미국 등에서 장소마케팅은 지방정부와 지역기업가의 연합을 통해 장소를 판촉하고 지역경제를 활성화하는 것을 목적으로 한다. 즉, 도시경제구조의 변화에 따라 기존의 구 공업도시들이 과거의 부정적 공업도시의 이미지를 제고하고 지역의 문화유산을 활용하여 투자자나 관광객들에게 소비 지향적 도시 이미지를 구축하여 관광객과 기업가들을 유치하는 것이다.

이렇듯 장소마케팅은 "특정장소(지역, 도시)의 사회문화적, 역사적, 자연적 특성, 지역의 상징성을 기반으로 도시의 이미지 부각을 통하여 기업이나 지역주민, 그리고 관광객들을 유치하기 위한 일련의 활동과정[13]"이라고 할 수 있다.

13 오남현, "도시지역의 장소마케팅 분석", 도시행정학보 제21집 제1호, 한국도시행정학회, 2008

04.

장소이미지를 활용한 장소마케팅

장소마케팅은 경제 활성화를 목적으로 한다. 장소이미지를 이용한 장소마케팅, 즉 지역의 경쟁력을 극대화시키기 위한 장소마케팅의 방법은 전통적 장소이미지를 사용하는 방법과 새로운 이미지를 형성하는 방법으로 나누어 볼 수 있다.

■ 전통적 장소이미지를 이용한 장소마케팅

전통적 장소이미지를 이용한 장소마케팅은 인문·사회적 장소이미지를 이용하는 경우와 자연·지리적 장소이미지를 활용하는 경우가 있다.

인문·사회적 장소이미지는 그 지역의 문화와 역사적 경험을 바탕으로 지역주민들이 가지고 있는 정체성과 외부에 의해서 평가되고 있는 지역의 정체성을 기반으로 그 지역을 특정 짓는 단어와 이미지가 결합되어 나타난다. 따라서 주민의 정체성과는 차이가 있을 수도 있지만, 지역을 특성을 나타내는 이미지로서 주민들에 의해서 전반적으로는 수용된다. 장소마케팅을 위한 지역개발이 오랜 시간동안 형성되어 온 지역의 인문·사회적 지역의 정체성을 강화시키거나 혹은 확대시키는 형태로 나타나기 때문에 개발에 대한 저항이 다른 경우에 비해 상대적으로 적고, 개발효과 및 지역정착성도 높게 나타난다.

자연·지리적 장소이미지를 이용한 장소마케팅은 생태적 환경이

┃그림 1-8┃ 전주 한옥 마을

나 지리적 환경에 의하여 지역주민들이 가지고 있는 정체성과 외부에 의해서 평가되는 장소이미지를 활용한 마케팅이다. 보통의 경우 자연·지리적 환경이 인문·사회적 요소에 영향을 미치지만 인문·사회적 요소에 역사적 경험이나 문화유산 등이 포함되는 반면에 자연·지리적 요소에는 그러한 것들이 배제된다. 따라서 자연환경과 지리적 요인을 바탕으로 지역민들이 가지게 되는 정체성이라 할 수 있다. 지역 정체성을 바탕으로 마케팅을 한다는 점에서 인문·사회적 장소이미지를 이용한 장소마케팅과 유사하지만 자연·지리적 환경을 바탕으로 한다는 점에서 지역의 전통적 산업의 발달은 물론 새로운 산업의 유치가 이루어 질 수도 있다. 물론 자연·지리적 요인을 바탕으로 이루어진다는 점에서 제한적이기는 하지만 산업구조의 변화가 나타날 수 있다.

■현대적 장소이미지를 이용한 장소마케팅

┃그림 1-9┃ 프랑스 루브르 박물관

현대적 장소이미지를 이용한 장소마케팅은 랜드마크를 이용한 장소마케팅과 도시재개발을 이용한 장소마케팅으로 구분된다.

랜드마크를 이용한 장소마케팅은 어떤 지역을 식별하는데 적당한 사물을 이용하여 지역이 가지고 있는 이미지를 새롭게 하거나 혹은 새롭게 이미지를 생성함으로서 기존의 이미지에서 벗어나 현대적 이미지를 가지게 한다. 상징성이 높은 건물이나 주위환경에 대하여 명료한 차별성을 가지는 사물로 지역을 대표하게 함으로써 마케팅의 효과를 높이는 방법이다.

새로운 건물이나 상징물을 랜드마크로 조성함으로써 장소마케팅을 만들기도 하지만, 역사적 유물이나 사적지 혹은 역사적 건축물을 새롭게 이미지화함으로써 랜드마크로 삼고 이것을 기반으로 장소마케팅을 하기도 한다. 원칙적으로 전통적으로 지역이 가지고 있던 장소이미지를 새롭게 하고 그것에 바탕을 둔 장소마케팅을 전개한다는 점에서 현대적 장소이미지를 이용한 장소마케팅이라고 할 수 있다.

도시재개발을 이용한 장소마케팅은 기존 지역경관을 새롭게 구성함으로써 지역의 기능을 새롭게 바꾸는 방식으로 새로운 장소이미지를 형성하고 이를 통하여 장소마케팅을 하는 방식이다. 도시재개발을 통해 경관의 변화와 함께 기능의 변화도 함께 이루어진다. 새로운 건물이나 상징물을 통하여 장소이미지를 변경하는 것이 아니라 정비계획이나 재개발계획을 통하여 지역의 경관을 새롭게 조성함으로써 새로운 기능과 이미지를 부과하는 방식으로 전통적인 장소이미지와 새로운 장소이미지는 서로 단절된다. 도시재개발을 이용한 장소마케팅은 기업을 유치하거나 상업지구 혹은 산업지구를 형성하여 지역의 새로운 기능을 부여하고자 도시의 새로운 이미지를 조성하여 홍보한다는 특징이 있다.

제4장
관광도시의 랜드마크

01. 도시와 랜드마크

02. 랜드마크의 개념과 특성

03. 랜드마크의 유형

01.
도시와 랜드마크

▌그림 1-10▐ 두바이 버즈칼리파

사막의 기적으로 불리는 두바이는 막대한 자금력으로 단기간에 사막을 최고의 관광과 물류도시로 탈바꿈시켰다. 두바이의 랜드마크를 손꼽으라고 하면 모두 세계 최고층 빌딩인 '버즈칼리파(Burj Khalifa)'를 얘기할 것이다. 이 빌딩을 중심으로 관광지와 무역지구로 개발되어 유럽, 아시아 등의 관광객들이 방문하고 있다. 싱가포르 랜드마크 또한 '마리나베이 샌즈호텔'이 유명하다. 양 국가의 랜드마크 모두 한국의 건설기술로 만들어졌다. 많은 관광객들은 파리의 에펠탑과 루브르박물관, 런던의 빅벤과 런던아이, 시드니의 오페라하우스와 하버브릿지, 두바이의 버즈칼리파와 인공섬 등 도시의 랜드마크 관광자원을 방문하고 있다.

마카오는 카지노 사업을 허가한 이후 고속 성장하여 현재는 라스베거스 카지노 매출을 넘어 섰다. 오히려 역으로 미국 라스베거스의 카지노 업체들이 앞다투어 랜드마크 카지노 리조트를 마카오에 만들고 있는 상황이다.

도시의 랜드마크는 많은 국내외 관광객을 유치하는 요인으로 작용한다. 특히 한국은 K-POP, 한류와 같은 소프트웨어적인 관광자원은 빠르게 성장하고 있는 국가이다. 그러나 한국을 방문한 관광객들이 필수코스로 여행하는 랜드마크 건축물이나 관광시설은 찾아보기 어렵다. 랜드마크란 국가와 도시의 상징이고, 모든 사람들이 가장 먼저 떠올리는 관광의 객체(objet)이다.

이렇듯 랜드마크는 쉽게 식별할 수 있는 건물, 표시, 상점 또는 산 등의 물리적인 객체라고 이해되고 있으며, 어떠한 상황에서의 독특함이나 인상적인 면을 의미하기도 한다. 랜드마크는 위치, 규모, 형태, 연도 등에 관한 대비로 인해 상대적으로 더욱 돋보이기도 한다.

도시이미지를 갖추기 위한 물리적 요소로서 '랜드마크'는 가장 중요도가 높다고 할 수 있다. 랜드마크는 점(占)적인 요소로서 해당 도시의 특성이나 성격을 잘 표현할 수 있고, 정체성 강화를 위한 수단으로 유용하다. 또한, 단기간에 인지도 높은 인위적 공간·시설 조성이 용이하다는 점과 도시의 장소성을 상품화하기 좋은 도구라고 할 수 있다. 스페인 빌바오의 유명한 건축적 랜드마크인 '빌바오 구겐하임 박물관'은 도시지역 활성화 및 물리적 환경개선은 물론, 지역의 중요한 관광자원으로 활용되고 있다.

02. 랜드마크의 개념과 특성

도시에서의 랜드마크란 케빈 린치(Kevin Lynch)의 다섯 가지 도시이미지[14] 요소 중의 하나로 도시 안내에 유용한 길잡이로 이용된다. 랜드마크는 내부로 진입하는 개념이 아닌 외부에서 대상을 보는 것으로, 건물, 산 등의 물리적 실체를 나타내지만, 다소 움직임이 느리고 규칙적인 것이라면 그것도 '랜드마크'가 될 수 있다[15].

랜드마크는 스케일 면에서 다양하게 적용될 수 있는데 먼 거리의 여러 각도에서 관찰자에게 두드러져 보이는 특별한 용도의 건물, 가로 교차로, 혹은 기능적, 문화적, 역사적 중심지 등이 될 수도 있다. 그리고 대부분의 관찰자 이미지 속에 채워지는 무수히 많은 표지판이나 상가의 전면, 수목, 문의 손잡이와 같은 도시의 상세한 부분이 될 수도 있다. 랜드마크는 도시뿐만 아니라 농촌이나 자연에서도 적용될 수 있는 개념으로, 주변 환경과 차이나는 형태 혹은 위치가 될 수도 있으며, 이러한 랜드마크는 환경 속에서 주변과 대비되어 구분된다. 랜드마크는 미시적 규모가 될 수도 있고, 대규모 도시와 같은 거시적인 형태일 수도 있지만, 작게는 정원이나 규모가 작은 오픈스페이스 등에서도 나타나기도 한다.

14 통로(path), 경계(edge), 지구(district), 결절(node), 랜드마크(landmark)

15 Lynch, K, Reconsidering the image of the city. In T. Banerjee & M. Southworth (Eds.). City sense and city design: 247-256. MA: The MIT Press, 1985.

랜드마크의 특성은 먼저 주변에서 잘 기억되거나 유일할 때, 공간적으로 두드러지거나 강조된다. 그리고 접합점이나 의사결정지점에 있는 평범한 랜드마크가 연속 선상에 위치한 랜드마크 보다 잘 기억된다. 또한 랜드마크와 관련된 활동이 많이 일어날 때 랜드마크 특성이 더욱 강조되며, 먼 거리의 랜드마크는 어느 방향에서나 인식이 잘 되는 곳에 위치하여 방향감을 제공해 주며, 보이지 않는 하단부는 보여지는 상단부 만큼 중요하게 인식되지 않는다. 국지적 성질의 랜드마크는 반복적인 사용(sequential series), 랜드마크의 군집화(clusters of landmarks)로 인지성이 강화되며, 청각·후각도 영향을 미치기도 한다.

이러한 랜드마크의 특성은 학자들에 의해 차별성, 상징성, 역사성, 인지성 등으로 구분되고 있다. 먼저 차별성은 랜드마크는 건축물들 혹은 구조물들로서 그들 사이에 외관상의 차별성을 가지는 것이다. 랜드마크는 주변 건물들의 형태나 자연배경과 대비되며, 공간배치가 중요한 요소로 주변 건물과의 차별적 특성을 지닌다. 그리고 색채, 건물높이, 독특한 디자인, 역사성, 상징성, 조명, 음향 등의 차별이 가능하다. 상징성은 사물을 전달하는 매개적 작용을 하는 것을 통틀어 일컫는 말로써 랜드마크적 상징성을 통해 도시 및 지역을 전달하는 매개적 역할의 특성을 지닌다. 그리고 상징성의 매개로써 도시의 사회, 경제 및 문화 활동에 대한 기능 및 의미를 내포한다. 역사성은 인간이 거쳐 온 모습이나 인간의 행위로 일어난 사실을 나타내는 하나의 매개로써 랜드마크는 과거로부터 역사적으로 중요한 가치를 가지고 있는 문화재가 되기도 한다. 또한 랜드마크적 특성을 지닌 매개체는 지역의 발전과정이나 변화과정을 나타내기도 한다. 인지성은 대상을 아는 것으로 객관적 실제의 의식으로부터 반영된 것이다. 이러한 특징을 지닌 랜드마크는 도시 내에서 사람들의 활동을 통하여 자연스럽게 공통적으로 인지하고 있는 것이다. 랜드마크는 주변과의 경관이 어떻게 구성되어야 하는가에 따라 인지성 여부를 판단할 수 있다.

03.

랜드마크의 유형

인지성이 높은 랜드마크가 되기 위해서는 주변 환경과 대비가 좋고 가독성이 높으며, 많은 이용, 상징성 등도 확보되어야 한다. 랜드마크를 정의하고 구분하는데 다양한 의견이 있지만, 랜드마크가 갖추어야 하는 중요한 위치적 특성 및 속성을 보면, 외곽(Edge)은 경계점(Boundary Marker)으로 진입로나 시청 등이며, 중심부(Center)는 주제(Theme)로 타워나 사원, 음악당 등이라 할 수 있다. 또한 출입구(Entrance)는 입구(Gate)로 공항이나 철도역을, 연결(Joint)은 교차로(Intersect)로 경치(Landscape)는 경관(Scenery) 등의 특성을 보인다. 랜드마크는 다양한 방식으로 인지되어 도시를 대표하게 되는데, 그 인지되는 방식만큼이나 종류가 다양하며, 바라보는 관점에 따라 여러 방식으로 분류가 가능하다[16].

■ 발생적 특성에 따른 유형

발생적 특성에 따라 자연적 랜드마크와 인위적 랜드마크로 구분할 수 있다.

자연적 랜드마크는 산, 강, 바다 등의 자연에 의한 요소로 이루어졌으며, 뛰어난 경관을 특징으로 한다. 도심을 경유하여 흐르는

16 Xuan, W, The research of urban landmark building design. The Proceeding of 3rd International Symposium on Architectural Interchanges in Asia: 774-778, 2000.

강의 경우는 시민들에게 인지도가 매우 높을 뿐만 아니라 활용가치가 매우 높은 자연요소이다. 서울의 한강은 개발과 성장의 중요한 모티브로 작용하고 있으며, 울산의 태화강은 개발과 환경 등의 상징을 보여준다.

인위적 랜드마크는 도시 활동에 대한 결과물로서 대부분 건축물, 교량, 탑 등 구조물들이 대부분을 차지하고 있다. 인위적 랜드마크는 과거부터 인지된 역사적인 요소, 현재는 단일 고층건물 또는 일반대중의 집객 요소 주변의 점적 요소로 구분되며, 역사요소의 대부분은 명승지 또는 그 가치를 인정받은 관광자원화 형태가 다수라 할 수 있다. 역사적인 것을 주요 대상으로 하는 사례 중 해외의 사례로는 이집트 스핑크스와 피라미드, 프랑스 파리의 개선문, 베르사유 궁전 등이 있으며, 국내는 서울의 경복궁, 남대문, 낙안읍성, 경주의 불국사 등이 있다. 현대적 의미로서의 인위적 랜드마크로는 미국의 자유의 여신상, 호주 시드니의 오페라 하우스와 하버브리지 등이 해외사례로 들 수 있으며, 국내는 서울의 N타워와 선유도 공원, 부산의 광안대교 등이 있다.

■ 형태적 특성에 따른 유형

형태적 특성에 따라서는 다양한 유형의 랜드마크로 구분할 수 있다.

점적 랜드마크는 인위적 랜드마크를 그 크기와 규모에 따라 세분한 것으로 각각의 건축물이나 기념비적 구조물에 한정할 수 있다. 대부분 수직적인 형태로 나타나며, 시각적으로 가독성이 높음을 알 수 있다. 점적 랜드마크는 하나의 시설로 인식되거나, 각각의 시설이 군집을 통해 하나의 랜드마크로 인식되는 경우가 있다.

수직적 랜드마크는 가로 폭에 비하여 높이가 최소 2배 이상인 시설을 말하는데, 시카고의 시어즈 타워, 캐나다 토론토의 CN 타워, 프랑스 파리의 에펠탑 등이 있으며, 국내는 서울 N타워, 상암 월드컵경기장 등이 있다.

선적 랜드마크는 일정한 방향으로 나아가는 특성을 보이며, 대부분 수평적인 성격을 가져 점적 랜드마크와는 다른 성격을 지닌다. 비슷한 높이와 형태의 건축물이 군집되어 동질의 성격을 가지는 공간이면서 하나의 축을 형성하는 방향성을 가지거나, 가로의 성격이 주변의 요소들과 어우러져 하나의 공간으로 인식되는 것을 말한다. 특히 거리의 경우 축제나 문화, 역사 등과 연계되면서 하나의 성격을 보이는데, 단순한 가로의 형태를 취하거나, 광장을 중심으로 한 가로이거나 광장과 광장을 연결하는 가로 등으로 구분된다. 미국 뉴욕의 브로드웨이, 프랑스 파리의 상젤리제 거리, 스페인의 에스타메타 거리 등이 있으며, 국내는 덕수궁 돌담길등이 있다.

면적 랜드마크는 점적 요소와 선적 요소를 포괄하는 특정목적의 단지로 구성되어, 넓고 쾌적한 오픈스페이스를 제공하거나 동일한 성격의 매우 넓은 공간, 도시 또는 지역 등을 말한다. 면적 랜드마크는 역사성과 지역성을 포함하고 있는 도시나 공간이 대부분이며, 그 지역의 축제나 관광 등으로 연계된 모습을 보여준다. 미국의 라스베가스, 프랑스의 라빌레뜨 공원, 일본의 미라또미라이와 부산의 해운대, 제주도, 안동 하회마을 등이 대표적이라고 할 수 있다.

무형 랜드마크는 앞의 점, 선, 면으로 구분되는 랜드마크 이외에도 도시나 지역을 상징하는 요소로 축제나 문학, 음악, 미술 등도 랜드마크가 될 수 있다. 그리고 주요 콘텐츠인 문화는 다른 랜드마크 요소와 함께 명성을 얻는 경우가 많다. 브라질의 리오축제와 일본의 삿포로 눈축제, 이슬람민족의 이드 알아드하(Eid al-Adha) 등은 눈, 종교와 춤 등을 소재로 한 축제이며, 국내에서도 지역별로 수많은 축제가 연중 개최되고 있다. 진해 군항제, 청도 소싸움축제, 금산인삼축제, 남원의 춘향제 등이 있다.

■ 인지적 특성에 따른 유형

인지적 특성에 따라 도시적 랜드마크(Urban Landmark)와 지역적 랜드마크(District Landmark)로 구분할 수 있다. 도시적 랜드마크는 도시 규모의 광역적인 형태의 랜드마크로서, 도시의 상징이나 정체성과 관련되어 있거나 역사적인 의미를 지니고 있는 공간, 또는 도시를 하나의 랜드마크라고 한다. 또한 하나의 상징물이 그 도시를 대표하는 요소로 인식되어 한 도시의 정체성 형성에 역할을 하는 경우를 말한다.

지역적 랜드마크는 도시적 랜드마크보다는 그 규모가 작은 공간이나 지역의 개념으로서, 지역 상징이나 이미지라는 개념보다는 방향 등 길 찾기를 위한 이미지가 작용하는 것으로 예상되는 지구적 규모의 구조물 또는 자연물이라 할 수 있다. 높이나 규모 등 물리적 특성에 따라 인지 강도가 높아지거나 거리와의 관련성이 높다. 지역적 랜드마크는 그 지역 사람에게는 인지도가 높으나 상대적으로 타지역민 또는 방문객에게는 생소한 것으로 판단할 수 있다. 주로 지역 내 주민의 일상적인 가시성에 의하여 도심에서 자신의 위치, 약속장소 등을 정할 때 이정표 역할을 주로 담당한다.

제2부

관광도시의 성장과 콘텐츠

제5장
관광 빅데이터 분석

01. 관광 수요 빅데이터 분석
02. 웹검색 빅데이터
03. 관광 분야 빅데이터 분석 사례

관광 분야는 타분야보다 빠르게 빅데이터가 확산되고 있다. 관광 분야의 빅데이터는 민간기업이 구축한 빅데이터 인프라, 가령 이동통신, 신용카드, SNS 자료 등을 활용하여 필요한 정보를 구축한 후 정책수립에 활용하는 방향으로 운영되고 있다. 이동통신회사, 신용카드사, IT업체의 통신망, 신용카드, SNS 자료에 대해 비용을 지불하고 특정지역에서의 유동인구, 방문자의 소비패턴, 만족도와 불만사항의 정보를 구축해 관광정책에 반영하는 것이다.

01.

관광 수요 빅데이터 분석

관광 수요 연구 분야에서 다양한 계량적 기법과 설문 조사 방법, 그리고 전문가에 의한 조정 과정을 거친 관광 수요 예측 프로그램 등이 활용되고 있으나, 시간이 많이 소요되고, 적지 않은 비용이 소요된다. 빠른 시간에 적은 비용 또는 무료 데이터로 통계 프로그램을 활용하여 정확하고 신속한 수요 예측을 할 수 있다면, 관광업 관련 종사자는 물론 정책 수립자들에게도 도움이 될 것이다.

지금까지 관광 수요 예측은 관광 수요의 과거값에 의존하는 ARIMA[1] 모형이 주로 사용되었다. ARIMA 모형은 단기 예측이나 계절적인 변동을 나타내는데 많이 사용되지만, 테러, 갑작스런 리스크, 세계적 경제 불황 등 급작스런 정치 사회적 요소와 관광 촉진을 위한 정부 차원의 메가이벤트 등의 변동 요인을 포함한 예측에는 부족한 점이 있다. 또 다른 계량 기법으로 관광객 수의 변화를 설명하기 위해 여러 변수를 사용하는 다중회귀분석[2] 등이 있다. 관광객 수에 영향을 미치거나 유의한 관계에 있는, 외래 관광객들의 해당 국가의 가처분 소득, 환율, 산업 생산 지수, 여행 거리, 항공 요금 등의 독립 변수를 사용하여 외래 관광객 수를 설명하고 예측하는 방법이다. 이러한 방법들은 중장기는 예측에 도움이 되나, 적절한 독립 변수 선정에 어려움이 있고, 관련 데이터가 발표되고

1 Autoregressive Integrated Moving Average

2 Multiple Regression Model

사용할 수 있을 때까지 많은 시간이 소요된다. 예를 들어 2019년 5월, 국내 국립공원 방문 관광객의 월별 데이터는 한 달이 지난 후인 6월말에 발표되므로, 5월말이나 6월초 시점에서, 5월 데이터를 사용하여 6월 방문 관광객의 수요를 예측하기는 사실상 어렵다. 그리고 정성적 기법으로 전문가들의 설문 조사 결과에 바탕을 둔 델파이법과 전문가들이 주관적으로 관광 수요를 추정하는 시나리오 기법 등이 있다. 정성적 기법은 관광 수요에 대한 과거 데이터가 없을 때 유용한 방법이지만, 다소 주관적 특성이 있고, 객관적 근거 제출에 어려움이 있으며, 설문 조사 비용이 많이 드는 등의 단점이 존재한다.

관광 수요와 관련된 빅데이터를 활용하면 빠르고 비용이 적게 들며 예측력이 상대적으로 우수한 모델을 만들 수 있다. 빅데이터의 일종인 구글트렌드[3]는 잠재 소비자들의 행동 의도를 함축하고 있는데, 실제 소비 행동을 잘 반영하고 있는 것으로 보고되어, 구글트렌드를 독립 변수로 사용한 분석은 경제적 유용성과 신속한 효율성이 있다. 특히, 관광 수요의 이전 달 과거값을 사용하는 ARIMA 모형과 일반적인 다중회귀분석 모형과는 달리 구글트렌드를 사용한 예측 방법은 주별, 일별로 업데이트되는 데이터의 특성상, 이전 달의 관광 수요 데이터가 발표되기 전에도 신속하면서도 실제 관광 수요와 근사한 예측을 할 수 있다는 장점을 지니고 있다. 관광 수요는 해마다 관광객이 몰려드는 관광 시즌이 있으므로, 12개월 전의 관광 수요 데이터와 현재 달의 관광 수요 관련 구글트렌드 데이터만 가지고도 다음 달의 수요 예측을 할 수 있다는 무시할 수 없는 매력을 지니고 있다.

3 http://trends.google.com

02. 웹검색 빅데이터

구글 트렌드, 네이버 트렌드[4]가 검색 통계를 보여주는 서비스를 무료로 제공하면서 이를 이용한 다양한 연구가 진행되고 있다. 구글 트렌드와 같은 웹검색 트래픽 정보를 활용한 연구의 장점은 최근의 검색 추이가 반영되기 때문에 가까운 미래를 예측하는데 강점을 보이고 있다.

웹검색 트래픽 정보를 다양한 분야의 예측에 접목하는 것에 대해 본격적으로 알려지기 시작한 것은 Ginsberg의 연구[5]를 통해서다. 이 논문에는 구글이 2008년 공개한 '독감 트렌드(Flu Trends)' 검색 엔진에서 얻은 데이터의 분석 결과가 제시되어 있다. 이 서비스는 사람들이 독감에 걸렸다고 느껴질 때 검색하는 다양한 검색 키워드를 바탕으로 독감의 전파 징후를 드러내주는 것이다. 흥미로운 점은 독감 트렌드가 미국질병통제센터(CDC)에서 발표하는 기존의 독감 보고서보다 1~2주정도 더 빨리 독감의 전파 징후를 예측할 수 있는 모델을 제시했다는 것이다. 일부 연구에서는 독감 트렌드의 활용성과 예측의 정확성에 대한 의구심을 드러내기도 했지만, 현상을 빠르게 감지할 수 있는 능력과 지속적인 모니터링을 위한 편리성, 사회적 이슈나 트렌드와의 높은 상관관계 등으로 인

4 http://datalab.naver.com

5 Ginsberg, J., M.H. Mohebbi, R.S. Patel, L. Brammer, M.S. Smolinski and L. Brilliant, "Detecting Influenza Epidemics Using Search Engine Query Data," Nature, Vol. 457, No. 7232(2009), 1012-1014.

해 단기 예측에서 웹검색 트래픽 정보가 가진 활용 가능성은 여전히 유효하다고 평가된다.

또한 단기 경제 전망에 대해 검색 트래픽을 활용하는 경우도 있다. 구글 트렌드를 가지고 자동차 판매, 주택판매, 소매(retail) 등 경제 활동을 예측할 수 있으며, 장기적 예측보다는 가까운 미래를 예측하는 것에 더욱 유용하다. 이는 웹검색 트래픽 정보의 추세가 수요의 변곡점(turning point)를 알 수 있도록 도움을 주기 때문이다. 만약 특정한 지역에 '자동차 판매점'에 관한 검색이 증가하고 있다면 가까운 미래에 이 지역에서 자동차 판매가 늘어날 수 있다는 것을 예측할 수 있다는 것이다. 그리고 구글 트렌드의 검색 트래픽을 활용하여 선거 당선자를 예측할 수 있는 연구도 있다. 이는 웹검색 트래픽 정보가 가진 예측 능력을 정치학으로 확대한 것으로서 웹검색 트래픽 정보의 범용성을 보여주고 있다. Vosen & Schmidt (2011)의 연구[6]는 미시건대학교가 발표하는 소비자심리지수(MSCI)와 컨퍼런스 보드가 발표하는 소비자신뢰지수(CCI)를 구글 트렌드의 웹검색 트래픽과 비교함으로써 웹검색 트래픽의 예측력이 더 강하다는 것을 보여주었다. 웹검색 트래픽 정보에 대한 연구들은 웹검색 트래픽이 여러 사회현상을 측정하고 예측할 수 있는 유용한 정보임을 보여주고 있다. 더 나아가 적지 않은 비용이 들어가는 기존의 설문조사 못지않게 웹검색 트래픽 정보를 통하여 소비자의 관심과 이를 통한 행동을 비교적 정확하게 예측할 수 있음을 시사한다.

6 Vosen, S. and T. Schmidt, "Forecasting Private Consumption: Survey-Based Indicators vs. Google Trends," Journal of Forecasting, Vol. 3, No. 6, 565-578, 2011.

인터넷 검색트렌드와 주식시장의 관계에 대한 연구도 이루어지고 있으며, 특히 사용자의 관심 빅데이터를 활용한 지표와 함께 초단기 투자자를 위한 종목별 예측, 매수 및 매도 타이밍 가이드 서비스를 제공하는 경우도 있다. 이렇듯 다양한 분야에서 사회 현상을 예측하는 데에 웹검색 트래픽 정보가 유용한 정보로 활용될 수 있다. 웹검색 트래픽 정보는 설문이나 면담, 관찰 등의 방법보다 비교적 쉽고 저렴한 방법으로 수집 가능하며 기간별로 즉각적인 반영도 가능하다. 예측하려는 집단을 대표할 수 있는 수집기관을 잘 선정한다면 소비자의 관심도가 반영된 지표로 손색이 없는 데이터이다.

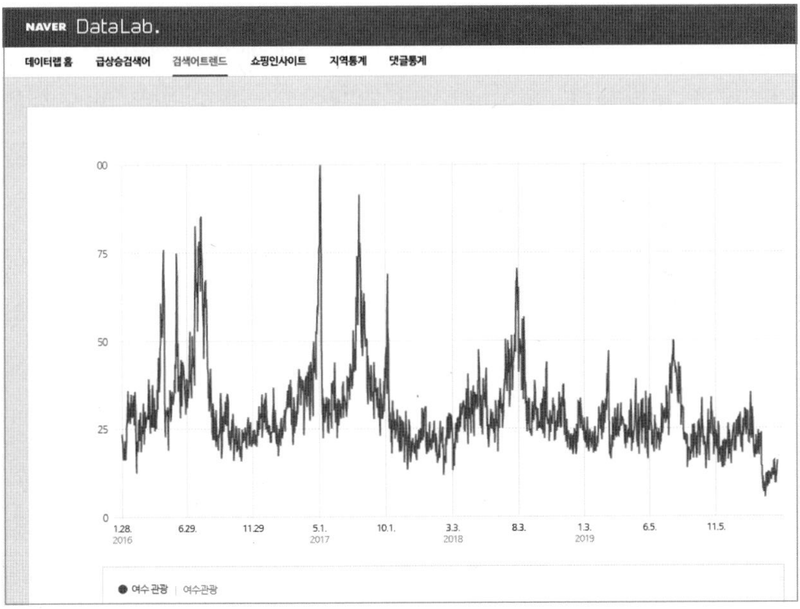

❙ 그림 2-1 ❙ 네이버 트렌드 분석 화면(https://datalab.naver.com)

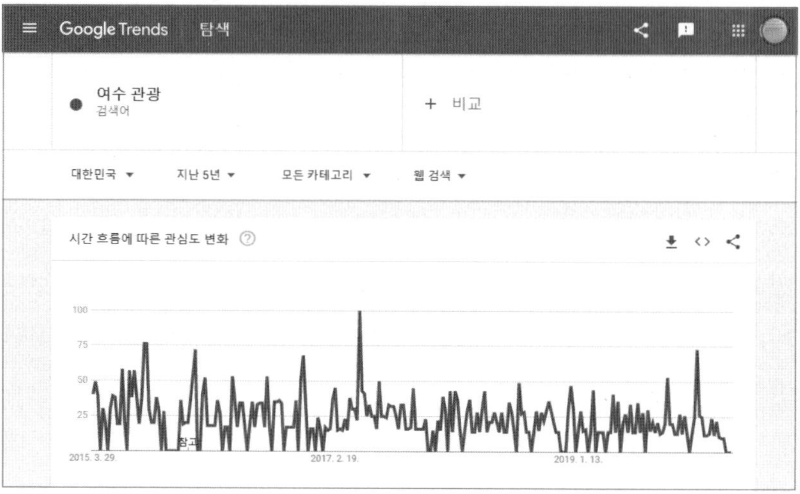

❙그림 2-2❙ 구글 트렌드 분석 화면(https://trends.google.com)

트렌드 검색 데이터는 특정 기간 동안의 해당 주제어의 상대적 검색량을 나타낸다. 우선 선정된 검색어 중 가장 많은 빈도수를 보이는 것을 100으로 환산한다. 그리고 나머지에 해당하는 것을 0에서 100사이의 숫자로 나타낸다. 과거부터 현재까지 위에서 상대적으로 계산된 검색 수준이 주(週) 단위로 보고된다. 특별한 설정이 없다면 기간별 검색의 추이와 동시에 해당 주제어가 많이 검색되고 있는 지역을 세계지도의 형태로 표시하는 서비스 또한 제공한다. 각 주차 별로 부여된 상대적 검색 수준은 엑셀 파일 형태로 무료 다운로드가 가능하며 여러 단어를 한꺼번에 주제어로 삼는 방식 또한 가능하다. 이때 특정 기간과 지역을 선택 할 수도 있다. 다시 말해 특정 주제어가 시간의 흐름에 따라 상대적 검색량의 추이가 어떻게 변화하였는지 분석이 가능하다. 더불어 주제어의 검색량이 지역별로 얼마나 많고 적은지 또한 관찰 가능하다. 시간별 검색에서는 가장 많이 검색된 기간이 100의 값을 할당 받고 지역별 검색에서는 가장 많은 검색량을 보이는 지역이 100의 값을 부여받는다.

시간에 흐름에 따른 추이가 기간별로 유의미한 차이를 보이지 않거나 지역별로 큰 차이가 없을 경우에 구글 트렌드는 전체 분석 대상에 0의 값을 할당하여 자료를 얻을 수 없음을 표시하기도 한다.

이러한 구글 트렌드가 관광 관련 주제어로 검색하는 사례를 보자. 첫번째 주제어로 'korea travel'을 선정하게 되면 '한국' 과 '여행' 으로 조합할 수 있는 많은 검색어 들을 통합하여 이들의 상대적 변화추이를 표시하게 된다. 두번째 검색어로 여행객들이 인터넷을 통해 가장 많이 검색할 것으로 예상되는 숙박업소에 관한 주제어 'korea hotel'을 선정하면 마찬가지로 '한국'과 '호텔'에 관한 다양한 검색어들을 종합하여 결과를 산출한다. 지역별 주제어 검색 추이의 변화에 대한 관찰이 가능하기 때문에 한국 관광에 대한 지역의 관심 변화 추이를 살펴 볼 수 있다. 모든 데이터는 가장 많은 검색량을 보인 것을 100으로 환산하며 분석기간을 주차별로 나누어 환산된 상대적 검색량 데이터를 내려받아 확인할 수 있다.

03.

관광 분야 빅데이터 분석 사례

■ 일본은 관광 명소와 코스 개발에 빅데이터 활용

일본 관광청은 2013년부터 자국민과 외국인 관광객들을 대상으로 소셜미디어 사이트에 포스팅 된 메시지와 같은 다양한 정보들을 활용하여 빅데이터를 수집하고 있다.

이름, 나이, 성별, 집주소와 같은 개인 신상정보를 제외한 관광객 데이터는 지도 정보 제공업체와 씽크 탱크 등과 같은 민간기관의 관광 데이터베이스를 만드는데 도움이 되고 있으며, 데이터베이스는 관광객이 어디에서 도착하고 출발하는지, 그들이 관광지에 도달하기 위해 이용한 경로 정보, 체류기간, 숙박시설 사용 여부 등을 포함하고 있다.

관광청은 데이터 분석의 결과를 지역 정부와 여행사 등의 관광 사업체에 제공하며, 관광객들이 많이 이용한 데이터가 발견된 관광지를 홍보하는 전략에 활용하고, 새로운 관광명소로 홍보하고 집중 육성하는 정책수립의 기초자료로 활용하고 있다.

■ 중국 전장시의 스마트 관광 프로젝트

2012년부터 중국 장쑤성의 전장시는 IBM IOC (지능형운영센터)를 도입해 대중교통 시스템을 새롭게 구축하고 있다. 전장시는 양쯔강과 대운하가 만나는 교통 요충지로서 경제 개발과 관광산업 육성을 위해' 스마트 전장, 스마트 관광' 프로젝트를 진행 중이다. 전장시는 교통 시스템 개선을 이 프로젝트의 최우선 과제로 삼고 IOC구축 사업을 진행하고 있다. 전장시 IOC는 도시의 전체 교통망을 실시간으로 파악해 교통체증 해소, 교통관리 개선, 신속 사고대처, 이동 인구의 여행경험 개선을 꾀하고 있다. IBM은 지능형 교통 솔루션을 포함해 하드웨어, 소프트웨어, 서비스 등 모든 솔루션들을 제공하는데 IBM 지능형 교통 솔루션은 전체 교통망을 중앙통제하면서 교통 패턴과 80개 노선의 버스 운행 일정을 관리하고 분석 기술을 이용해 교통체증을 미리 예상한다. 이를 통해 대중교통 차량과 승객 흐름을 촉진하는 한편, 실시간 버스운행 모니터링과 발차관리를 주관한다.

■ 세계적 여행사 Expedia의 빅데이터 활용

Expedia[7]는 빅데이터를 활용한 3가지의 독특한 고객 서비스를 제공하고 있는데, 먼저 항공사 추천은 여행객에게 수많은 항공 루트 중 가장 적합한 것을 고를 수 있도록 제공하는 고객서비스이다. 이를 위해 Expedia는 30억 개 이상의 항공 정보를 검색하고, 고객의 검색 요청에 따른 대안적인 항공사나 날짜, 여행 시간 등을 추천한다. 예를 들어 JFK 공항에서 LAX까지 논스톱 항공 옵션은 3천개 이상이다. 고객들은 각각의 상황 정보를 입력하면 이 중 가장 적합한 루트를 추천받게 된다. 두 번째는 Scratchpad 서비스로 Scratchpad는 기존에 Expedia에 등록된 고객이 검색한 내용을 저장하고 정리하여 재방문 시 쉽게 기존 정보를 찾을 수 있도록 하는 서비스이다. Expedia에 따르면 평균적으로 고객이 온라인

7 www.expedia.co.kr

항공 예약을 위해 48번 검색을 한다고 한다. 하지만 Scratchpad 서비스를 활용하면 과거에 검색했던 모든 정보를 한 눈에 살펴볼 수 있기 때문에 웹사이트 방문 때마다 재검색이 필요 없어 시간이 절약된다. 세 번째로 Expedia는 여행 일정에 대한 공유 서비스를 제공하고 있다. 이를 통해 여행 고객들은 수많은 여행 정보 중에서 필요한 정보를 자신의 동료나 친구, 또는 가족들과 함께 공유할 수 있게 된다.

■ 리츠칼튼 호텔의 고객맞춤형 서비스

리츠칼튼 호텔은 차별화된 호텔 서비스의 제공과 고객 만족을 위한 호텔의 노력을 강화하기 위해 데이터 관리를 통한 고객맞춤형 서비스 제공에 빅데이터를 활용하고 있다. 투숙고객의 특성을 관찰한 데이터를 일별 마감하고 종합 분석하여 친절 서비스 제공, 모든 단계에서 품질 개선을 위한 프로세스 추진, 호텔 체인 전체의 데이터분석 결과의 공유 등을 실시하고 있다. 그 결과 리츠칼튼 호텔은 다양한 고객의 취향에 맞춘 1대1 서비스가 가능해졌고, 고객맞춤 서비스를 통해 불필요한 비용발생 가능성을 최소화하였으며, 고객 만족도의 상승과 고객의 불만을 최소화함으로써 인력 낭비를 최소화하는 기대효과를 거두고 있다.

■ 빅데이터 접목 관광정책 도입한 부산 해운대구

부산 해운대구는 빅데이터를 관광정책에 접목하는 시도를 하고 있는데, 전국 최초로 구성된 빅데이터팀은 '레디안 6'라는 자료 수집기를 활용해 2012년에 관광성수기인 6월부터 10

월까지 5개월간 트위터와 페이스북, 블로그 등 SNS에 '해운대'라는 키워드로 언급된 글들을 수집 분석하였다. 해운대구의 빅데이터 활용 목적은 관광객의 목소리를 직접 수집해 해운대 관광의 매력 요인과 방해요인을 분석하고 데이터를 바탕으로 한 과학적 관광정책을 마련하기 위한 것이다. '해운대'가 언급된 3만 8,500건의 글 가운데 관련성이 있는 1만 50건을 분석한 결과 해운대의 장점은 '해운대해수욕장'과 '달맞이길' 등의 수려한 자연경관으로 나타났고, 반면 '비싼 숙박요금', '교통체증', '복잡한 버스노선'이 부정적인 요인으로 분석되었다.

■ 빅데이터 활용 지역축제의 분석

한국관광공사는 2014년 5월 빅데이터를 활용해 지역축제를 분석한 보고서를 발표하였는데, 전국 각지 16개 지역축제를 대상으로 이동통신사 SK텔레콤의 통신망 데이터와 분석인프라를 활용하였다. 분석에 활용된 전체 데이터양은 DVD 51만장에 해당하는 2,200TB(테라바이트)에 달하는데, 한국관광공사는 빅데이터 분석을 통해 축제별로 외부 유입인구 규모 및 현황 등을 파악할 수 있는 세부정보를 구축하였다. 분석 결과에 따르면 야간 행사 중심의 진주남강유등축제는 해가 지는 오후 6시를 기점으로 그 이후의 유동인구가 다른 시간에 비해 높게 나타났고, 강진청자축제는 2·30대 여성이 많은 점을 들어 이들을 표적으로 하는 마케팅 방안 수립의 중요성을 주장하기도 하였다. 특히 카드사 매출정보와 소셜미디어의 빅데이터를 활용해 지역에 미치는 경제파급효과나 홍보효과를 측정하면 과거 추정에 의존하던 것을 보다 과학적으로 분석해 낼 수 있을 것으로 기대하고 있다.

■ 전주한옥마을의 빅데이터 관광정책

2014년 전주한옥마을이 정부의 관광 빅데이터 분석 대상사업으로 선정되면서 전북지역관광지 중 최초로 빅데이터 분석기법을 통해 관리하는 방안이 추진되었다. 전주한옥마을은 전북을 대표하는 관광지로 주목받고 있지만 관광객의 구체적인 데이터와 분석 자료가 미흡해 효율적인 관광정책 수립의 한계를 보였왔다. 실제로 연간 500만 명 이상의 관광객이 찾는다고 홍보하고 있지만 구체적인 근거가 부족하고 관련 데이터가 없다. 이에 전주한옥마을은 카드사와 이동통신사의 데이터를 활용한 관광객의 소비행태와 선호도 분석 등을 통해 관광정책의 실효성을 높이고 있다.

■ T맵의 빅데이터로 본 여름 인기 휴가지

SK플래닛이 스마트폰 길안내 서비스인 T맵의 빅데이터를 분석한 결과 2013년 여름 T맵을 통해 가장 많이 검색한 여행·관광 카테고리는 '해수욕장'으로 길안내 경로 설정 건수가 총 400만여 건으로 나타났다. 또한 8월 첫째 주 토요일 검색 건수가 가장 높게 나타나 8월 첫째 주에 휴가를 떠난 사람이 가장 많은 것으로 분석되었고, 가장 많이 찾은 해수욕장으로는 해운대 해수욕장, 가장 인기 있는 쇼핑 장소로는 파주 프리미엄 아울렛 등으로 분석되어 다양한 정보가 추출되는 것으로 나타났다.

■ 날씨 빅데이터를 활용하는 테마파크

국내 대표적인 테마파크인 삼성 에버랜드와 롯데월드는 비나 눈이 와도 놀이시설과 공연 모두 가동되므로 운영

비용이 고정적으로 발생하여 수익성이 악화되므로 날씨가 좋지 않다고 예측되는 경우 SNS에 의한 입장요금 할인이나 다이렉트메일(DM) 발송을 통해 고객유치 마케팅을 전개하고 있다. 실제로 롯데월드는 장마기간에 'Rain Day' 할인마케팅을 진행한 결과 하루 평균 1,200명 고객이 입장했고, 2012년 겨울에는 폭설기간에도 SNS 마케팅으로 1,500명의 고객을 유치하여 비수기 입장객보다 10% 이상 늘어난 수준을 유지했다.

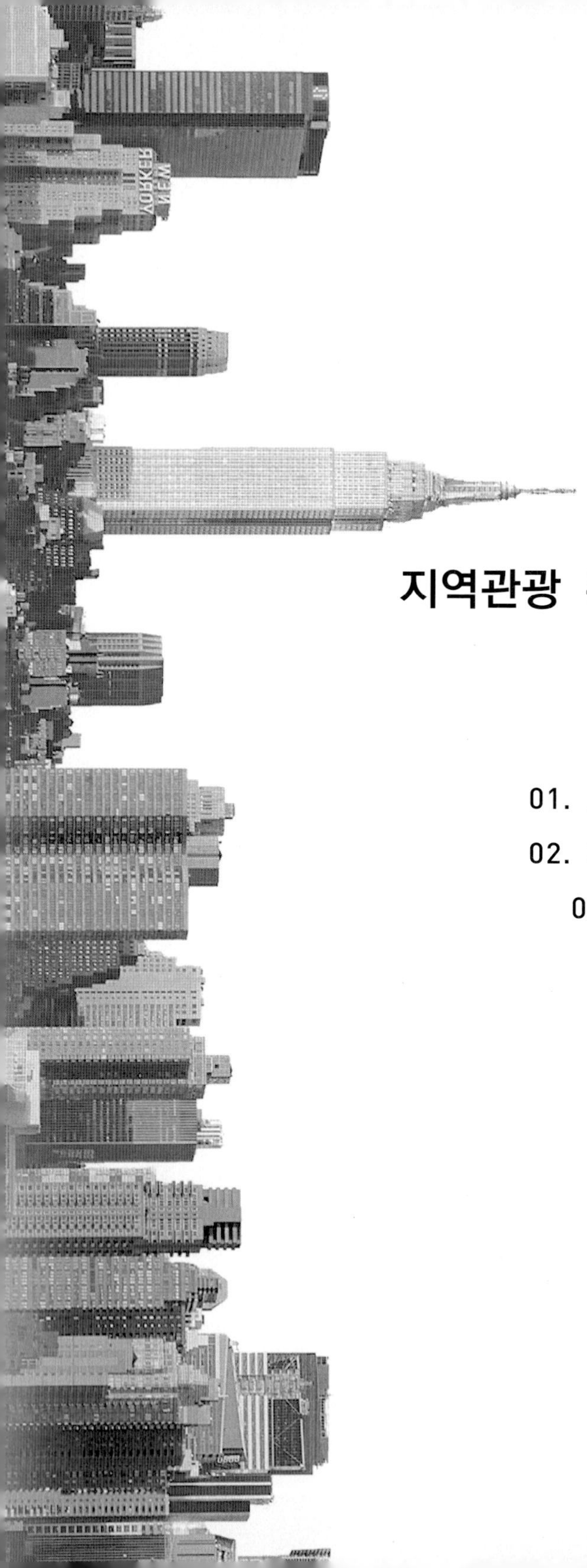

제6장

지역관광 콘텐츠 개발방향

01.
도시관광 정책 추진방향

■ 기본방향

정부나 지자체가 추진하는 도시관광 정책 방향은 도시의 관광 매력을 높여 국내외 관광객의 도시 방문 증대와 도시관광 경쟁력을 높이는데 목적이 있다. 도시를 방문하는 사람들의 목적은 다양하지만 도시를 방문하게 되면 대부분의 경우 도시 내 문화시설 및 관광시설에의 방문과 다양한 프로그램에 참여하기를 희망한다. 이들 도시방문객에게 보다 많은 관광 참여 기회와 관광편의서비스 제공을 위한 사업 추진이 진행되어야 한다.

도시에서 추진되는 사업은 지방자치단체의 자체 사업부터 중앙부처에서 추진하는 정책 사업까지 다수의 사업이 진행된다. 정주환경 개선이나 문화예술지원 정책 등 사업의 결과를 상품 및 서비스와 연계시킴으로서 도시민과 방문객에게 제공해야 한다. 도시관광 정책사업은 정책 수혜 대상, 사업 내용, 사업추진방법 등을 달리하여 기존 추진사업과 차별화를 꾀하여야 한다.

■ 도시관광 활성화 정책영역

도시관광의 정책영역은 마케팅 영역, 콘텐츠·비즈니스 영역, 서비스 영역, 자원 영역, 기반 영역 등으로 구분된다. 이러한 정책의 기반은 계획 수립, 조사·연구, 제도 정비, 재원조달, 거버넌스·협력, 지역 공동체 육성과 같은 도시관광 정책추진을 위한 선결적 요소를 말한다.

도시관광 기반은 도시관광이 이루어지기 위한 기본적인 조건으로 호텔과 같은 숙박시설, 공항·철도역과 같은 교통시설, 관광안내 정보시설 및 식음시설 등이다. 이러한 시설들은 도시의 산업, 입지 및 규모, 도시기능 등에 따라서 각기 요구하는 바가 다르나 도시가 주변지역에서의 거점으로서의 역할을 하기 위한 매우 중요한 시설이다.

도시관광 자원은 도시가 보유하고 있는 공원·녹지와 같은 자연자원, 문화자원, 산업자원, 인공관광시설 등을 말한다. 최근 들어서는 자원의 의미가 콘텐츠 프로그램 영역까지를 포함하고 있다.

도시의 문화자원은 역사유적, 문화지구, 문화센터, 역사문화 등이며, 조형물, 가로장치물, 간판 등과 같은 도시(공공)디자인과 도시 경관도 도시의 매력적인 관광자원으로의 역할을 하고 있다.

도시관광 서비스는 관광에 필요한 서비스적 요소를 말한다. 일반적으로 관광안내소, 관광안내정보시스템, 안내원, 안내지도 등과 같은 관광안내·정보 체계, 도시패스 시스템, 접근 편의를 높이기 위한 다양한 관광교통수단 등과 같은 교통편의서비스, 향토음식과 같은 식음서비스 등도 이에 해당한다.

도시관광 콘텐츠는 도시의 관광자원을 활용하여 사용자에게 제공되는 부가가치 상품을 지칭하는데, 이벤트·축제, 문화퍼포먼스, 체험프로그램 등 다양한 형태로 나타난다.

도시관광 비즈니스는 도시내의 관광소비 증진, 물품, 서비스 판매 증대, 경제기여 등을 위한 것으로 관광사업, 관광상업화 등과 연계된다. 이외에 야간관광 활성화는 도시관광 정책 요소로서 활용 가능하며, 야간관광 활성화를 위해 공간 정비, 수용태세 확충, 도시문화관광프로그램 확충 및 상업화 촉진 등 필요하다.

관광산업은 후방연계효과가 높기 때문에 지역이 산업간 연관관계가 높을 경우, 지역경제 파급효과가 크게 나타난다. 따라서 도시관광이 지역경제 성장에 미치는 영향력을 높이기 위해서는 관광산업의 산업간 연관관계를 더욱 강화해야 한다. 이는 타 산업과의 융복합 전략으로 강화될 수 있다. 따라서 지역의 특화산업 및 신성장동력산업 등과 연계된 도시관광 상품을 개발할 필요가 있다. 그리고 관광산업 개발시 가급적 지역에서 생산되는 재화 및 서비스가 중간재로 많이 소비되도록 해야 한다.

도시의 매력성을 높이고 도시로의 관광객 유치를 위해서는 장소마케팅 및 도시브랜딩을 통한 도시관광 마케팅이 중요한 역할을 한다. 특히, 도시 간 관광 경쟁이 심화되고 있고 하루가 다르게 새로운 관광시설이 개발되고 있는 현대에는 도시만의 정체성을 보여주기 위한 마케팅의 역할이 커지고 있다.

02.

지역관광 패러다임 변화

■관광 패러다임의 변화

관광을 둘러싼 국내외 여건이 급격하게 변화하고 있기 때문에 미래 관광자원 개발 정책이 어떠한 방향으로 가야 할 지에 대한 고려를 위해서는 미래 관광 변화에 대한 고민이 필요하다. 미래관광의 예측을 위해서는 보다 체계적인 분석과정을 거쳐야 한다. 지금까지 추진되어온 우리나라 관광정책은 종합적·체계적 관리 미흡, 시장변화에 대한 임기응변적인 대응으로 정책집행의 일관성이 부족하고, 규제완화 등 공급자 중심의 관광정책과 중장기적인 관광산업 육성정책의 부재, 외래 관광객 유치중심의 불균형 성장 등의 문제가 있어 왔다. 이에 따라 공생 및 상생가치의 확산과 거버넌스 강화, 융합형 관광산업의 등장, 소비가치의 변화와 일과 여가의 밸런스 인식 등 관광시장 변화에 대응하기 위해서는 새로운 관광 패러다임으로의 전환이 요구된다. 관광정책 패러다임의 변화는 다음 [그림 2-3]과 같다.

미래 국토발전 정책패러다임은 성장·개발위주에서 안정 성장·질적 관리 지향으로, 대량공급·투자 위주에서 적정공급 및 재생·공유 지향으로, 단일 기능·시설 위주에서 다기능·융복합화 지향으로, 총량·물적 위주에서 수요맞춤·체감 중시로, 중앙·공공주도에서 분권·협치 중심으로 변화하고 있다. 이러한 정책패러다임 변화는 궁극적으로 국민의 행복·안전과 국토의 가치를 창출하는 선순환형 미래 국토정책 기반을 구축하는 것으로 하고 있다.

	현 재	미 래
투입 요소	노동, 하드웨어, 자본 등에 기반한 요소투입형 관광성장모델	지식, 콘텐츠, 기술 등에 의한 혁신주도형 관광산업 성장기반 조성
생산 과정	개별 관광주체간 수직적, 물리적 연계	다양한 관광주체간 수평적, 화학적 협력관계 형성
성장 기반	정부, 인바운드, 주력관광산업, 대자본 중심	민간, 내수관광, 연계관광산업, 소자본 중심
성장 결과	인바운드수, 경제적 기여, 관광수지 등 양적 성장지표 중심	국민의 삶의 질, 관광복지, 일과 삶의 균형, 일자리 창출 등 질적 성장지표 중심
추진 체계	관광산업, 경쟁정책, 부처이기주의, 규제개선 중심	융합산업, 협력정책, 거버넌스, 산업생태계 조성 중심

▌그림 2-3▐ 관광정책 패러다임 전환[8]

새로운 관광개발 패러다임은 사회가 분화되고 발전함에 따라 각종 사회·문화·관광정책 등에서 '지역'이라는 용어가 들어가는 것이다. 따라서 향후 지향해야 하는 패러다임은 지방자치 주도적 관광개발, 관광개발에 있어서 환경과 관광의 조화, 지역 특성 개발, 주민참여와 소통, 획일적 대량화에서 다양화와 개성화, 소비자 중심, 기술과 정보를 생산·관리하는 지식산업 시대에 부응, 사회적 문화적 경제적 효과에 대한 고려이다.

■ 지역관광자원 개발의 변화

지역관광자원 개발 패러다임의 변화를 정책, 주체, 개발방식, 지역주민, 관광객(소비자)로 구분하면 다음과 같이 정리 할 수 있다.

8 심원섭, 미래 관광환경 변화 전망과 新관광정책 방향, 한국문화관광연구원, 2012.

지역관광개발 정책은 양적 성장 정책에서 질적 발전 정책으로 변화하고 있다. 그리고 외래관광객 유치라는 수출전략에서 국내관광 활성화, 일자리 창출 등 내수전략으로 추진되고 있으며, 관광개발이 독자적 정책영역에서 타 산업, 타 부처의 사업과 상호 연계·융합된 정책 영역으로 변화하고 있다. 또한 경제적 효과 중심에서 지속가능한 발전중시로, 중앙정부 주도의 예산 편성에서 지자체 자율의 예산편성으로 전환되고 있다.

지역관광개발 주체들이 수직적 물리적인 관계였다면 이제는 다양한 주체 간 수평적 협력 관계로 변화하고 있다. 또한 주체 간 개별적으로 경쟁자였다면 미래에는 상생을 통한 공존·공유가 경쟁력을 가지게 된다. 공공주도로 지역관광자원 개발이 이루어져 왔지만, 이제는 기업, 지역주민, 전문가 등의 민간과의 협력으로 추진될 것이다. 그리고 공공주도로 인하여 공무원이 중심이 되어 행정으로 추진했다면, 이제는 인적 자원의 중요성이 점차 커지면서 추진인력을 육성해나가는 방향으로 전환하고 있다.

관광개발방식 측면에서는 새로운 시설개발 중시에서 기존 시설의 활성화 및 재생으로의 전환, 시설중심의 점적 개발에서 시설 및 주변지역과의 네트워크형 개발로의 전환되고 있다. 또한 하드웨어 중심의 개발에서 콘텐츠 및 운영·관리를 중시하는 개발로의 전환, 공공 기반을 우선 개발하는 방식에서 민간투자자를 확정한 이후 공공을 지원하는 방식으로의 전환되고 있다. 그동안 환경 보다는 시설 개발의 경제성만을 고려한 개발에서 지속가능한 발전을 위한 환경친화적 개발로의 전환이 이루어질 것이다.

지역주민 측면에서는 그동안 지역관광자원 개발 사업에 배제되거나 단순히 요구자로서 역할을 했다면 이제는 직접 참여자로서

의사결정에 참여하거나 사업 등에 참여하게 될 것이다. 그리고 방문객 중심의 지역 관광자원 개발이 거주민이 함께 누리고 제공하는 조화로운 방식으로 전환될 것이다.

관광객(소비자) 측면에서는 수동적, 정적 관광행태, 소비자의 욕구에 부응하는 형태에서 이제는 능동적, 적극적 관광 행동자로서의 역할과 SNS 등의 발전과 함께 적극적 생산자로서 참여하여 관광시장 흐름을 주도하게 될 것이다.

| 표 2-1 | 관광 패러다임의 전환 방향

분류	기존 패러다임	변화 패러다임
정책	양적 성장 수출 전략(인바운드 정책) 독자적 정책 영역 경제적 효과 중심 중앙정부 예산 편성	질적 발전 내수 전략(국내관광 활성화, 일자리 창출 등) 상호 연계·융합된 정책 영역 지속가능한 발전 지자체 자율 편성
주체	주체 간 수직적 물리적 연계 개별, 경쟁 공공주도형 공무원 중심의 행정 추진	다양한 주체 간 수평적, 협력 상생(공존, 공유), 융합 공공+민간 협력형(주체별 역할) 추진 인력(전문가)의 중시
개발 방식	신규 시설 개발 단위 시설 개발(점적 개발) 시설 중시(하드웨어 중시) 공공의 우선 기반 추진 환경보다는 시설 개발의 경제성만 고려	기존 시설의 활성화(재생) 시설간 연계 개발(네트워크형 개발) 콘텐츠 및 운영·관리 중시 민간투자자 확정후 공공 환경친화적 개발
지역 주민	배제되거나 요구자 방문객 중심	직접 참여자(의사결정, 사업 등) 방문객과 거주민의 조화
관광객 (소비자)	수동적, 정적 관광행태 소극적 소비자(욕구에 부응)	능동적, 적극적 관광행태 적극적 생산자로 참여(SNS 발달), 시장 흐름 주도

자료 : 김향자, 지역관광자원 개발방향 연구, 한국문화관광연구원, 2016.

03.

도시재생과 도시관광

도시관광과 연계한 도시 재생

최근 진행되고 있는 도시재생 사업의 주요 대상지 및 재생 방향은 쇠퇴하는 구도심을 중심으로 이루어지고 있다. 도시관광을 고려한 도시재생은 재생 지구별로 각기 다르게 나타나는 인구·사회구조 및 경제·사회구조 등의 변화에 대한 구체적인 세부 사전 조사를 바탕으로 해야 한다. 그리고 상주 및 유동인구 감소로 인한 수요 감소와 투자유인 저하, 신 거점으로의 중심성 이동, 소비패턴 변화 등에 대응한 전략을 수립하여 추진되어야 한다.

구도심 활성화를 위한 사업 실행 시 사업을 주관하는 중앙부처마다 사업목적, 지원 대상 및 기준이 다르고, 지자체 내에서도 담당부서가 각각 분리되어 있기 때문에 사업이 중복해서 추진되거나 개별적·점적으로 사업이 추진됨에 따라 통합 개발에 문제를 보이고 있다. 따라서 구도심 활성화를 위해서는 개별 사업을 통합하여, 전략적이고 포괄적인 계획을 수립하고, 대상지역의 잠재력을 정확히 진단하여 현실적이며 효율적인 사업들을 도출해야 한다. 또한 사업의 주변지역에 대한 파급효과 등을 면밀히 검토하여 각 사업 간의 시너지 효과 향상을 바탕으로 구도심 활성화를 극대화 시키는 다양한 측면의 접근이 필요하다. 그리고 각 지역의 역사성·장소성·자원성에 기초한 정체성을 파악하며 이를 바탕으로 한 '구도심 활성화'에 대한 중점적·전략적인 사업계획 수립과 효율적인 사업 추진이 필요하다.

최근 도시관광이 도시재생을 위한 정책적 수단으로서, 도시재생과 도시관광의 공통 요소에 대한 접근이 이루어지고 있다. 도시관광 요소의 분류에서도 공원·녹지, 시장, 역사적 요소, 타 도시와 차별되는 특성을 일컫는 '장소성', 지방적 습관, 민속, 생활양식, 문화시설, 주차시설 등 도시 내에서 이루어지는 공간이나 시설 등 도시재생에 포함되는 내용을 찾아 볼 수 있다. 도시관광의 활성화는 경제적 측면에서 소득증가, 고용창출 효과, 지역경제기반에 다양성 기회 제공 등의 효과를 준다. 도시 재정비와 활력 제고 측면은 전 세계적으로 중요하게 인식되고 있어 도시 문제의 해결, 도시경제의 성장, 도시환경 정비에 있어 중요한 수단으로 활용될 수 있다.

한편, 쇠퇴하는 구도심의 유동인구 감소에 주목해야 한다. 유동인구란 그 지역에 장기적으로 거주하지는 않고, 단기간(하루나 수일동안) 체류하면서 상품을 구입하거나 문화를 체험하는 원도심 외의 지역에 사는 외부인으로서 가깝게는 주변 동네 및 인접 도시에서부터 멀리는 외국에서 오는 여행객을 의미한다. 즉, 유동인구(방문객)를 끌어들이는 요소는 도심 특유의 분위기와 체험, 그 지역만의 독특한 자연환경 관람, 역사 유적지 탐방, 전통 상품 쇼핑, 그 지역에서만 먹을 수 있는 식도락 체험 등이다.

▌표 2-2▐ 잠재력 측면의 구도심 쇠퇴원인

구분	잠재력				
	도심체험	자연환경	역사유적지	쇼핑	식도락
요인	경관성 (건축문화) 공원	수변공간, 보호수	용도별 건축유적지 전리품 등	전통상품 편리품 고급품	전통식사 전통차 전통술 등

자료 : 김주진 외(2015). 『원도심 활성화를 위한 중심시가지형 도시재생 추진방안』, 한국토지주택공사.

이와 같이 도시관광이 이루어지는 대상 자원인 역사·문화자원 및 호텔과 같은 숙박시설 등이 구도심에 집중적으로 분포하고 있다는 점을 감안할 때, 구도심 재생과 도시관광은 독립적으로 분리될 수 없다. 그리고 상호 발전 잠재력이 풍부하므로 이러한 관계를 구도심 재생의 수단으로 적극 활용할 필요가 있다.

▪도시 재생과 도시관광의 연관성

구도심 활성화와 도시관광은 쇠락한 도시 공간과 지역의 경제를 활성화시킨다는 점에서 지향점이 같다고 할 수 있다. 그리고 두 분야 모두 도심을 대상으로 하고 있어, 사업의 내용적 측면에서도 다수의 공통점이 존재한다. 특히, 도시관광의 기능 중 도시의 재정비 및 활력제고는 구도심의 제반 문제를 해결한다는 점에서 구도심 재생과 관련된다. 도시관광의 기법으로써 도시의 기반시설 강화 및 도시경관 정비 등은 도시재생과 매우 유사하며 상호 긴밀한 연관성을 찾을 수 있다.

▪도시 재생을 통한 도시관광의 기대효과

관광은 도시 내·외부에 영향을 미침으로써 토지에 대한 이용이 변화되고 건축물의 면적이 팽창하거나 새로운 양식이 도입되기도 한다. 또한 도시 기반시설의 변화와 교통체계의 변화 등으로 도시 내부형태의 구조적 변화가 나타나고 역사적 자원의 복원 등이 이루어지면서 도시 공간을 재편하고 재구조화 하는 기능이 있다. 특히 도시관광의 경우 경제활동에 따른 기업 및 개인의 공간적 이동을 유발함으로써 도시 공간의 변화와 재구조화에 지대한 영향을 주는 경향이 있다. 최근에는 구도심이 구조와 기능이 불분명한 형태로 남게 되는 경우가 많아짐에 따라 도시 재정비 및 재생 사업이 증가 추세에 있다.

이러한 도시재생 및 도시계획 사업에 도시관광의 기능을 통합적으로 적용할 경우 도시공간의 외부 및 내부적 구조를 보다 효율적으로 조직할 수 있으며, 이를 통해 도시관광 자체의 발전을 동시에 기대할 수 있다.

도시관광을 통한 도시공간의 재구조화는 도시를 보다 독특하고 흥미 있는 장소로 만들고, 다양성이 공존하는 장소로 변화시킨다. 특히 도시를 정비·재개발 하는 과정에서 도시 공간의 외관이 매력적으로 변화 할 경우 관광객과 도시민이 많이 찾는 장소가 된다. 이에 따라 관광을 목적으로 하거나 관광 자원으로 활용할 수 있는 관광목적지로 개발하게 되고, 그 결과 도시의 이미지를 높여 투자를 이끌어내는 등 해당 도시의 재활성화에 이바지하게 되는 것이다. 세계의 많은 도시들이 도시재개발 혹은 도시재생 전략으로서 도시관광을 적극 활용하는 추세에 있다. 즉, 도시재생에 도시관광 정책의 적극적 도입은 도시경관 및 이미지를 긍정적으로 형성하게 됨에 따라 국내에서도 도시재생의 정책수단으로 도시관광을 적극적으로 고려하고 적용할 필요가 있다.

■ 도시 재생을 통한 도시관광의 추진 전략

① 장소성 기반 계획

장소성의 개념은 원래 지리학에서 시작된 이론이나, 최근 조경·건축·도시설계 등 다양한 분야에서 그 중요성을 인식하고 공간의 계획 및 설계에 자주 적용되고 있다. 장소성은 물리적 환경 안에서 인간의 활동과 대상지에 대한 애착 등의 의미가 더해질 때 비로소 형성된다. 이러한 장소성 이론으로 볼 때, 쇠퇴하고 있는 구도심은 도시의 내·외부적 문제점들로 인하여 인간 활동이 위축되고 구도심이 가지고 있던 도심기능의 상실, 그리고 유사한 물리적 환경 및 이러한 물리적 환경의 쇠퇴와 재개발과 같은 소멸에 따른 의미형성의 부재로 해석할 수 있다.

따라서 쇠퇴한 구도심의 활성화는 물리적 환경의 개선과, 보다 활발한 인간의 활동 유도, 그리고 도시공간의 의미를 부여한다는 기본적·중심적 개념의 설정과 그에 따른 하부 계획을 전개하여 보다 근본적이고 효율적인 도시관광 계획 방안의 도출이 필요하다.

장소적 개념을 바탕으로 구도심을 구성하고 있는 요소를 접목시켜 볼 때, 자연환경, 지역, 마을, 건물, 주택, 문화·역사적 유적지 등이 물리적 환경에 포함되며, 인간 활동의 부문에는 생활양식, 지역의 문화·역사적 가치, 정서 등이 포함된다. 이러한 요소들에 대한 체험 및 경험을 통해 형성되는 것이 의미적 부분으로서 장소애착, 장소감, 이미지 등이다. 여기서 도시관광의 역할은 구도심의 지역적·문화적·역사적 자산을 체험·경험하게 하고 긍정적 의미를 형성하는 것이라 할 수 있다. 또한 이러한 긍정적 의미의 형성을 위한 물리적 환경의 개선과 지역의 다양한 자원을 발굴하고 활용하는 방안을 도시관광적 관점에서 도출해 내는 것이 도시재생을 통한 도시관광의 핵심적인 내용이라 할 수 있다.

② 거주민 중심 계획

도시관광 활성화에 있어서 가장 핵심적 요인은 장소성·역사성·

자원성에 기반한 해당 도시의 정체성(Identity)이다. 도시의 정체성은 해당 도시의 특성이 잘 발현되어 있으며 타 도시와 구별되는 독특함이다. 그러나 최근 각 지자체들이 타 도시의 성공적 도시 마케팅 사례를 깊이 있는 검토 없이 경쟁적으로 적용함에 따라 많은 도시들이 유사한 도시재생 및 관광 사업을 진행하고 있다. 이는 결국 해당 도시들의 정체성의 약화로 귀결되는 결과를 낳고 있다. 즉, 축제, 테마거리, 재래시장 활성화, 벽화그리기 등의 사업들이 거의 모든 도시에서 적용되고 있어 그 지역만의 독특함이 부족하며 획일화된 형태를 보이고 있다.

따라서 구도심 활성화를 위해서는 유사한 관광사업들의 획일화된 모방의 개념에서 벗어나 그 지역에서만 느낄 수 있는 특성을 최대한 발현시키는 커뮤니티 정체성 확립을 추진해야 한다. 그리고 구도심 거주자의 편의성과 경제적 활성화를 최우선으로 고려하는 거주자 중심의 개발이 진행될 필요가 있다. 재건축·재개발 방식을 지양하고 기존 구도심이 보유하고 있는 유·무형의 역사·문화자원을 최대한 활용하고 그 소득이 지역 주민에게 환원되는 커뮤니티 비즈니스 중심의 도시관광 정책을 추진해야 한다.

이를 통해 구도심 거주자에게는 삶의 질 향상을, 관광객에게는 기존의 도시관광과 차별화되는 콘텐츠를 제공함으로써 근본적으로 구도심의 커뮤니티를 강화시키고, 강화된 커뮤니티는 매력 있는 관광자원이 되어 방문객 유치를 통해 지역 경제를 활성화시킴으로써 쇠퇴한 구도심을 활성화시키는 선순환 구조를 기대할 수 있다.

③ 관광 분야의 융합

쇠퇴한 구도심을 활성화하기 위해서는 도시재생 분야로서의 기법이 요구된다. 도시재생 기법으로는 노후된 건축물을 철거하는 재개발, 재건축, 대규모 공원 및 시설물의 건축 등이 대표적이다. 최근에는 도시공간에 공공미술을 활용하고 도시 이미지 및 브랜드 구축 등의 도시마케팅이 활발히 이루어지고 있다. 관광 분야에서 도시를 대상으로 하는 사업은 도시의 역사와 문화자원 중심의 프로그램, 각종 축제, 테마거리 만들기 등이 주류를 이루고 있다. 그러나 도시를 대상으로 한 두 분야 간의 밀접한 연관성은 정책적인 측면에서 관련 부서 간 상호 협력 및 통합적 추진이 필요하다.

도시재생 분야에서는 재개발과 재건축 방식을 지양하고 기존 건축물과 공간, 기반시설들을 리모델링하거나 보수·개선 및 유지관리를 통한 재생을 목표로 해야 한다. 관광 분야에서는 지역의 유·무형의 문화적 자산과 정체성을 적극 활용하는 방안으로 융합전략을 추진해야 한다.

④ 거주민 삶의 질 향상 방안

구도심의 주거환경 개선사업은 지역 주민의 삶의 질을 향상시킴으로써 구도심 거주를 촉진하여 외부로의 인구 유출로 인한 도심 공동화 현상을 막을 수 있는 가장 기초적인 사업이다. 쇠퇴한 구도심의 주거환경 개선은 기존의 전면철거와 재개발 등의 하드웨어적 방식을 피하고 노후되거나 훼손된 주택 및 공동시설을 개·보수하는 소프트웨어적 접근으로 커뮤니티를 복원하는 방식을 추진해야 한다.

노후화된 주택의 개·보수를 통한 주민복지 및 게스트하우스로 재활용 불량노후주택의 개·보수 사업은 지역의 특성을 살릴 수 있는 색채 및 디자인 등 공공미술의 적용을 통한 도시미화적 형태로 접근 하여 시각적 매력성을 더하도록 진행해야 한다. 또한 개선된 노후 주택들은 순환형 임대주택으로 전환·활용함으로써 주거 취약 계층을 위한 대안이 될 수 있다. 그리고 도시 외곽으로 이전한 공공시설을 경로당, 지역아동센터, 다문화센터, 도서관, 주민공동 체육시설과 방문객들을 위한 게스트하우스 등 관광객들을 위한 숙박시설로 활용할 수 있다. 이러한 숙박시설을 지역주민과 외부 전문가들의 협업으로 운영함으로써 고용창출과 소득 증대로 지역경제 활성화와 삶의 질 향상에 기여할 수 있다.

주거지의 노후화 외에, 구도심 쇠퇴에 따른 주요 문제점은 도심공간의 공동화와 게토(ghetto)화로 인한 범죄발생이 증가한다는 점이다. 이에 대한 해결방안으로는 가로등, CC TV 등의 안전시설 설치와 더불어 환경 디자인을 통해 범죄를 방지하는 셉테드[9] 기법을 적용하여 방범강화와 안전성을 확보할 수 있다.

이는 지역주민의 안전을 확보한다는 의미와 함께, 지역을 방문하는 관광객들의 안전을 보장한다는 측면에서 중요하다. 특히 셉테드 기법은 그 자체가 바로 관광적 요소로 활용할 수 있다. 범죄가 일어나기 쉬운 공간을 대상으로 벽화 그리기, 밝은 색채의 도색 등을 비롯하여 디자인적 측면에서도 독특함을 보임에 따라 공공미술의 효과를 동시에 얻을 수 있다.

도시 녹지는 도시환경을 쾌적하게 하고 도시민의 삶의 질을 향상시키는 역할을 한다. 신도시 및 신시가지가 대규모 공원 등 비교적 풍부한 녹지공간이 계획단계에서 도입된 것에 비해, 구도심의 주거지역은 도심지 특성상 고밀도의 개발이 이루어졌던 이유로 주민을

9 CPTED(Crime Prevention through Environmental Design, 범죄예방환경설계라고 하며, 도시 환경설계를 통해 범죄를 사전에 예방하는 선진국형 범죄 예방기법을 말한다)

위한 녹지공간이 부족한 경우가 많다. 도심의 녹지는 또한 주민 뿐 아니라 관광객에게 쉼터를 제공하며 녹지 자체가 도시관광의 자원으로 기능을 한다. 따라서 제도적으로 관리되고 있지는 않지만 도시녹지의 한 유형으로 기능을 하는 화단, 골목공원, 한 평(坪) 공원 등을 충분히 활용할 필요가 있다. 특히 골목을 대상으로 화분과 화단을 이용하는 골목 정원, 방치되어 있는 자투리 공간을 활용한 한 평 공원 등 도심의 좁은 면적을 활용하는 녹지공간의 확보는 도심 주거민들에게 실질적인 생활형 도시녹지로서 여가공간 및 쉼터를 제공함과 동시에 주거지역의 미관을 개선하는 역할을 제공한다.

이러한 주거환경 및 편의시설의 개선은 거주민들의 삶의 질 향상의 측면 뿐 만 아니라, 공공 디자인의 적용과 독특한 개·보수 기법을 통한 시각적 매력성을 높이고 관광객의 쉼터로서 도시관광의 자원이 될 수 있다.

⑤ 커뮤니티 비즈니스 중심의 도시관광 방안

커뮤니티 비즈니스(Community Business)는 지역주민으로 구성된 공동체가 지역사회가 요구하는 재화와 서비스를 비즈니스 방식으로 접근하여 생산·판매함으로써 자연스럽게 지역의 다양한 문제들을 해결하는 지역 공동체 사업을 뜻한다. 커뮤니티 비즈니스는 지역주민들이 지역의 자원을 활용하여 지역의 현안을 해결해 나가는 지속가능한 사업모델로서, 지역 공동체의 재생과 자립을 도모할 수 있는 현실적 방법이라 할 수 있다. 따라서 커뮤니티 비즈니스의 궁극적인 목표는 지역주민으로 구성된 조직주체가 지역밀착형 비즈니스를 통해 지역 경제의 선순환을 도모하고 신규일자리 창출과 지역공동체 활성화를 도모하는데 있다.

구 도심 재생을 위한 도시관광을 지역 공동체, 즉 커뮤니티에 주목하고 구도심의 주요 문제점인 도심기능의 쇠퇴와 인구유출로 인한 공동화를 해결하는 방안으로써 지역관광자원을 활용한 커뮤니티 비즈니스형 도시관광을 추진할 수 있다. 이를 통해 지역 공동체의 소득창출로 구도심의 지역경제 활성화 효과를 얻을 수 있다.

그리고 물리적 시설 중심의 관광요소는 대부분의 도시들이 표방하고 있어 차별화되기 어려우며 많은 비용이 들 뿐 아니라 유사한 시설을 가진 인근 도시와 경쟁관계를 형성하여 관광객을 유치하는데 한계가 있다. 해당 지역의 고유한 문화·예술·축제·이벤트가 접목된 관광요소들은 충분한 경쟁력이 있으며, 관광객들은 도시가 가지고 있는 고유의 문화, 독특한 장소적 체험을 통해 그 지역만의 장소성을 경험하게 된다. 즉, 지역이 보유하고 있는 문화와 역사적 자원은 수익성 위주의 대규모 시설 사업에서 벗어나 다양한 관광 프로그램으로 활용할 수 있는 바탕이 된다.

이러한 지역의 문화·역사자원은 박물관과 같은 보편적인 시설 외에도 해당 지역의 유래, 인물, 사건 등을 적극적으로 발굴·활용하여 스토리텔링을 구성하고 이를 관광상품으로 프로그램화 할 수 있다. 활용 가능한 사례로, 최근 도로명 주소로 바뀌면서 사라지는 동네 이름, 지하철 역명 등의 유래를 소재로 공공 디자인을 적용하고 스토리텔링화 함으로써 골목투어, 동네 탐방 등의 프로그램을 만들 수 있으며, 지역민의 생활사를 재조명하여 콘텐츠를 개발할 수 있다.

지역 고유의 역사·문화자원의 활용에 있어서 지역의 향토사학자, 퇴임한 전문직 인력 및 경력단절 여성인력 등 유휴 인적 자원을 대상으로 일정 교육을 실시한 후 마을 해설사, 지역탐방 가이드 등으로 활동할 수 있으며, 직접 마을을 대상으로 한 프로그램을 설계할 수 있도록 한다. 또한, 벽화그리기, 도색 등의 공공미술 작업이 시간이 지남에 따라 훼손되고 방치된 부분에 대해서도 주민들이 전문가의 교육을 받은 후 직접 보수하여 유지·관리가 가능하며, 그밖에 다양한 주민들의 재능을 활용하여 마을 사업으로 개발할 수 있다. 이러한 사업들이 지속가능한 사업으로 유지되기 위해서는 마을협의체 등을 구성하여 주민이 주도하고 적극적으로 참여할 때 커뮤니티 비즈니스로서 활성화 시킬 수 있다.

도시 외곽으로 산업체, 공공기관 등이 이전하고, 신시가지로의 인구 유출현상이 심화되면서 도심에는 빈집 및 건물, 산업시설 등이 남게 된다. 이러한 유휴 공간을 활용하여 마을 박물관, 공연 및 전시장 등의 소규모 복합문화공간 및 게스트 하우스로 조성할 수 있으며, 주민의 교육장, 사랑방, 방과 후 공부방 등으로의 재활용이 가능하다. 또한 관광객을 대상으로 하는 안내소 및 동네 카페로 활용하거나 마을 공방으로 조성하여 기념품 및 동네 고유의 공예품을 제작하는 등 마을기업의 중심적 장소로 활용할 수 있다.

⑥ 상권 활성화

도시관광지로서의 기본적인 조건은 문화·예술산업 등이 집적화되어 관광객을 끌어들일 수 있는 요소를 만드는 것이 핵심이다. 이것을 바탕으로 유사한 상업요소의 집적화를 이루는 것이 관광객들의 관심과 방문동기를 높일 수 있다. 이러한 이유로 커뮤니티를 중심으로 도심지역에서만 구입이 가능한 상품을 발굴하고, 지역의 문화·예술활동을 접목시키는 등의 특화 전략으로 지역의 상권을 활성화 할 수 있다.

대부분의 도시에서는 대형 마트와 SSM,[10] 프랜차이즈 상점들로 인하여 지역 소규모 상권이 급속도로 쇠퇴하고 있다. 그러나 이러한 상업시설들은 주변 주민들이 생필품을 대량으로 구매하는 형태이며, 획일화된 외관과 주로 자동차를 이용하여 목적지에 접근하는 특성을 지니고 있다. 이에 대형마트나 SSM에서는 느낄 수 없는 아날로그 감성을 일깨우고, 지역의 특산물이나 대표적 먹거리 판매, 상점 주인이 직접 생산하고 판매하는 기념품, 공예품 등의 아트상품과 이색 의류 등으로 판매 아이템을 특화할 경우 대형마트 및 SSM과 차별화 되어 구도심의 상권을 활성화할 수 있다.

그리고 공예품과 기념품 판매의 경우 소형 갤러리 공간을 함께 조성함으로 관광객들에게 볼거리와 문화를 접하게 할 수 있어 소매 상권 활성화를 촉진시키는 역할을 한다. 따라서, 도심 상권은 기본적으로 소매 상점를 중심으로 문화와 상품을 조합하여 차별성을 확보하는 것이 중요하며, 흥미롭고 특색 있는 건물 입면의 리모델링과 간판의 제작 등 최소한의 물리적 조성이 필요하다.

최근 구도심에 위치한 재래시장은 몇몇 대형 시장을 제외한 대부분이 주로 대기업이 운영하는 대형마트에 의해 쇠퇴하거나 폐쇄되는 실정이다. 또한, 재래시장 활성화를 위한 대형마트의 휴점일 제도나 시장의 지붕을 아케이드 형식으로 조성하는 등의 물리적 개선 방안은 기대만큼의 효과를 얻지 못하고 있다. 재래시장은 지역의 생활문화자원 중 하나로서, 문을 닫은 폐 상가를 활용하여 카페, 도서관, 어린이를 위한 교육장, 포럼장, 소규모 화랑 등으로 활용하고, 시장을 주민의 만남의 광장으로 조성하여 직거래 장터, 벼룩시장, 상설 공연과 같은 문화적 요소를 부가하는 문화형 복합공

10 Super Super Market : 대형 수퍼마켓

간으로 전환할 필요가 있다.

이를 통해 시장 내에 문화·예술 향유 공간들을 창출하고 다양한 행사들을 개최하면서 시장의 활력을 되찾음으로써 시장이 단순히 물건을 사고파는 곳이 아닌 발전된 문화를 향유하는 관광명소로 진화할 수 있다.

⑦ 도시마케팅

효율적인 도시 마케팅의 핵심은 지역의 장소성·역사성·자원성에 근거한 특화 및 차별화이다. 그러나 현재 우리나라 각 지자체들의 지역 마케팅 주제는 대부분 역사·전통, 문화, 생태, 힐링이 주를 이루며 많은 사업이 중복 되거나 유사한 전략 및 슬로건을 내놓고 있는 실정이다.

도시 마케팅은 장소성이 그 기반을 이루므로 거시적인 관점에서 도시의 장소성을 높이는 장소마케팅 방안이 가장 효율적이라 할 수 있다. 장소마케팅 역시 물리적 시설을 도입한다거나 인위적으로 만들어 진다기 보다는 지역의 사회·문화적 자산을 바탕으로 소프트웨어적 접근으로 이루어질 때 그 효과는 배가가 된다.

지역의 다양한 유·무형의 자산을 소프트웨어적으로 접근하는 방법 중 가장 대표적인 것이 스토리텔링 기법이다. 지역의 관광자원이 '스토리'가 될 때, 그러한 자원으로 테마를 만들어 관광객에게 전달하는 것과 관광객 개개인이 받은 감흥과 느낌, 기억, 추억 등에 대해 타인에게 전달하는 것 등이 '텔링'에 속하며 이때 가장 강력한 홍보 효과를 발휘한다고 볼 수 있다. 또한, 지역의 문화·역사적 자원을 스토리텔링화 하거나, 스토리텔링 자원에 대한 해설은 그 지역에 대한 이해와 관심이 많은 지역 주민이 참여할 경우 효과를 극대화 할 수 있다.

그리고 도시관광에서 커뮤니티의 역할은 매우 크다. 특히 구도심 마을이 관광대상이 될 경우, 주민들의 친절함 및 친밀함의 정도, 해당 커뮤니티만의 정체성, 특화정도는 성공적인 도시관광의 주요 요소라 할 수 있다. 이러한 커뮤니티의 특성을 바탕으로 브랜드를 생산하는 것은 주민의 소득에 직접적인 영향을 준다. 이때, 지역 혹은 브랜드를 창출하기 위해서는 지역의 유·무형의 자원에 대한 철저한 조사가 사전에 이루어져야 한다. 그렇지 않을 경우, 타 지역과 유사하거나 매우 포괄적인 개념의 브랜드가 형성되고, 경쟁력을 잃게 되기 때문이다. 따라서 커뮤니티의 브랜드는 해당 지역의 이미지와 실제 보유하고 있는 문화적 자산을 철저한 조사를 통해 융합되어 형성되어야만 커뮤니티가 차별적인 브랜드 경쟁력을 확보하게 된다. 이렇게 형성된 지역 및 커뮤니티의 브랜드는 해당 도시의 모든 생산품 및 공공 디자인에 적용되며, 지역 홍보에 매우 큰 영향을 미친다. 1960년대 독일 베를린에서 신호등을 무시하는 무단횡단을 막기 위해 만들어진 모자 쓴 신호등 암펠만(Ampelmann)은 베를린을 상징하는 브랜드화로 지역의 다양한 기념품 및 상품에 적용되어 독일 시민들 뿐 아니라 관광객에게 많은 사랑을 받고 있다.

⑧ 주민 역량 강화

커뮤니티, 즉 지역 공동체는 관광의 영향을 가장 민감하게 인식하며, 관광목적지의 호스피탈리티(Hospitality) 분위기를 형성하는 가장 본질적인 요소라는 측면에서 관광에 대한 커뮤니티 참여는 매우 중요하다. 특히, 구도심 재생사업은 물리적으로 보수·관리되어야 하며 많은 부분에서 지역 주민의 역할이 큰 커뮤니티 비즈니스를 포함하기 때문에 도시관광의 지속가능성을 확보하기 위해서는 공동체의 참여가 필수적이다.

효율적인 구도심 재생 및 이를 활용한 도시관광을 위해 우선적으로 이루어져야 할 것은 지역 공동체의 구성이다. 지역 공동체는 도시개발 및 정비 관련사업의 초기단계부터 지역의 문제점을 논의하고 개선방향을 협의하며 사업계획을 수립하는데 주인 의식을 가지고 적극적으로 참여하여야 한다. 각 기관과 지자체의 실무자들은 주민 주도의 도시재생 사업을 유도하기 위한 효율적인 운영시스템과 지역 맞춤형 프로그램을 준비해야 한다.

도시재생 사업을 추진하는 과정에서 효율적인 주민참여를 유도하기 위해서는 공공이 주도하는 하향식 추진방식(Top-down approach) 보다는 지역주민 스스로 자발적으로 참여하는 상향식 추진방식(Bottom-up approach)이 보다 효과적이다. 또한, 도시재생 사업에 대한 주민들 간의 합의형성이 전제되어야하기 때문에 주민의 역량강화 및 지역공동체 구성이 필수적이다.

커뮤니티 비즈니스 중심의 도시관광은 커뮤니티가 핵심이 되지만, 지자체와 시민단체의 역할 또한 매우 중요하다. 즉, 공동체와 지역 활동가, 도시 재생 거버넌스 등 해당 지역의 도시 자생력을 갖출 수 있는 상생협력 네트워크가 구축되어야 한다. 이를 위해 주민대학, 주민협의체, 지역재생 워크숍 등 교육 및 컨설팅 프로그램을 통해 효율적이고 체계적인 주민참여 방안을 모색하고, 동시에 공동체를 강화 시킬 수 있기 때문에 상생협력 네트워크의 구축이 중요하다. 이와 같이, 도시재생사업의 효율적인 진행을 위해서는 지역의 공동체의 구심체로서 주민협의회가 필요하며, 공공기관·지역주민·시민단체·전문가 등이 상호간에 긴밀하게 연계하여 상생협력하는 시스템이 정착되어야 한다.

또한, 주민 중심의 도시재생사업은 보전이 선행되는 기반 위에서 창조적인 사업안들이 창출되어 지속가능한 도시발전에 기여할 수 있어야 한다. 이러한 목적을 달성하기 위해서는 도시재생 사업에 필요한 공공의 지원 역시 지속적으로 진행되어야 할 것이다.

커뮤니티 비즈니스에 있어서, 커뮤니티는 구성원의 참여정도, 사업시행의 역할분담, 이익의 분배 등의 쟁점을 조정하고 투명하게 하는 행정 시스템을 마련해야 한다. 즉, 커뮤니티 사업안과 시행, 이를 통한 수익창출에 따른 커뮤니티 내부의 갈등과 충돌을 커뮤니티 행정 시스템의 역할로 방지 할 수 있다. 이를 통해 주민 스스로가 주인의식을 가지며, 주민 화합을 바탕으로 공정하고 투명하며 지속가능한 커뮤니티 비즈니스를 경영, 유지할 수 있다.

04.

산업관광

■ 산업관광 형태

역사적으로 산업관광은 1851년 개최된 국제적인 규모의 런던 만국박람회를 관광하는 형태로부터 시작되었다고 볼 수 있다. 이와 같은 국제적인 산업박람회와 최신 공장을 견학하는 방식으로 시작된 현대적 의미의 산업관광은 1950년 프랑스 경영자협회가 수출 진흥을 목적으로 외국인의 산업시설 시찰의 편의를 제공하면서 본격화되었다. 한편, 1987년 유네스코의 제6회 국제산업유산보존위원회가 회의 주제로서 industrial tourism을 설정하면서 산업유산을 관광대상으로 하는 산업관광이 확산되기 시작하였다.

새로운 관광형태인 산업관광에 대한 개념 정의는 학계에서 아직까지 일치된 모습을 보이지는 않고 있다. 산업관광은 관광지가 아닌 산업지역에 관광객들이 방문한다는 것을 기본으로 하여 제조공정을 볼 수 있느냐 정도인 유형성과 방문객이 개입할 수 있는 정도인 체험가능성, 그리고 제품과 서비스를 판매하면서 제한된 현장 접근만을 허용하는 관광 등의 형태로 구분할 수 있다.

일본의 경우 산업관광이 발전한 나라로 수동적인 관광자원이 아닌 능동적 형태의 관광이라는 점에 관점을 두고 있다. 따라서 관광에 견학·체험·학습이라는 체험성을 강조하고 있다. 특히 다른 나라 사례에서는 찾아볼 수 없었던 산업관광 추진협의회를 구성, 산업관광에 대한 정의로 "역사적이고 문화적인 가치가 있는 산업문화재, 생산공장 및 산업제품, 콘텐츠 등의 소프트자원 등을 관광자원으로 하는 새로운 관광형태로서 이들의 가치, 의미 및 재미를 알게 됨으로써 인적교류를 촉진하는 관광"이라는 의미로 사용하고 있다.

산업관광을 보는 관점은 두 가지가 병존하고 있는데, 기업차원에서는 산업관광을 추진하는 목적인 기업 및 제품홍보, 기술인재 육성, 지역산업의 진흥과 문화계승, 리쿠르팅, 관광사업 등으로 분류될 수 있다. 또 다른 차원인 관광객 참여형태에 따라 연수와 시찰, 비즈니스, 일반관광, 교육 등으로 구분할 수 있다.

이러한 기업의 목적과 산업관광객의 참여형태를 조합하여 산업관광의 유형을 구분해보면 공장견학형, 산지진흥형, 일반관광형, 기술인재육성형, 리쿠르트형으로 분류를 할 수 있다. 즉 산업관광에서 관광지 역할을 하는 기업과 이를 소비하는 관광객의 목적을 복합적으로 보는 방식이다.

- 공장견학형 : 비즈니스와 직결된 거래처와 신규고객 등에게 자사제품 PR의 장으로 활용
- 산지진흥형 : 폭넓은 방문자를 수용 산지로서의 PR과 산지브랜드의 연계판매를 목적으로 함
- 일반관광형 : 널리 관광객을 수용하여 상품과 기업의 PR, 판매·식음시설로 관광사업을 전개
- 기술인재 육성형 : 주로 초중고 학생의 견학 등으로 지역과 사회로의 공헌을 지향함
- 리쿠르트형 : 취직을 목적으로 하는 학생을 수용기업에 대한 관심을 높이고 인재를 확보하는 것을 목적으로 함

산업관광객의 활동성격에 따른 구분도 가능하다. 산업관광 부문에서 관광방식에 따른 구분을 해보면 산업시찰, 공장견학, 기업자료관과 박물관 견학, 산업유산(Heritage) 관광, 체험형 관광으로 나눌 수 있다. 우선 산업시찰은 주로 상용여행자가 선진기술이나 생산시스템이나 근대적 공업시설 등을 시찰할 목적으로 외국 또는 다른 지역을 방문하는 여행으로 대부분 여행사보다는 특정협회가 주선하며 여행사는 교통, 숙박, 음식점, 통역 등을 수배하고 일정을 관리한다. 우수대리점이나 소매점의 인센티브 여행도 현지여행일정에 산업시찰의 성격이 포함된 일정이 있다면 이들 여행도 Technical Visit[11]에 해당된다.

공장견학의 경우는 업무출장여행이 아닌 관광목적이 가미된 공장견학으로서 Technical Visit가 제외된 여행을 말한다. 공장을 방문하여 시음 또는 시식하고 해당 제품을 구매하는 방식이다. 유리공예, 위스키, 와인 등의 공장이나 농장을 방문하여 시음하고 해당 제품을 쇼핑하는 방식으로서 매스 투어리즘의 형태를 갖고 있다.

또한 산업유산 관광은 예전에 유명했던 산업의 공장과 설비 및 창고 등과 철도와 항만 및 운하 등을 관광하는 것으로서 이를 통해 옛날 산업시설이 보존된다. 이와 관련 20세기 중반 영국에서는 산업 고고학이 탄생하였으며, 일본에서는 1977년 산업고고학회가 설립되었으며. 1996년에는 등록문화재 제도가 도입되었다.

한편 체험형 관광은 무엇을 보았는가에서 무엇을 체험하였는가의 관점을 중시하는 방식으로 산업관광을 체험관광으로 바꾸려는 시도이다. 이에 따라 농어촌체험, 산나물 채취 체험, 도예 만들기 여행, slow food 여행 등 소규모 여행의 형태로 나타난다.

11 특정객이 전문적 정보를 얻기 위한 여행

■ 산업관광 국내외 사례

① 아사히 맥주 공장

❙ 그림 2-4 ❙ 아사히 공장 정문

아사히 맥주는 120년 전통을 가진 일본 내 최대 맥주 회사 중 하나로서 15개의 공장을 견학할 수 있다. 그중 아사히 맥주 최고의 공장 견학지는 히다카 공장으로 이 공장은 1921년 4월 총 3만6천 평 대지에 지워졌으며 후쿠오카 유일한 맥주 공장으로 삿포로와 더불어 일본내 최고맥주 브랜드로 사랑받고 있다.

또한 공장이 후쿠오카 시내에 위치하고 있어 많은 방문객들이 방문하며 관람료는 받지 않고 있다. 방문을 위해서는 사전예약을 하는 것을 전제로 하며 현장에서도 신청하여 관람 할 수 있다. 또한 이러한 소비자 방문 체험의 질을 높이기 위해 전문 가이드들이 상시 양질의 서비스를 제공하여 기업 홍보에도 큰 역할을 하고 있다.

아사히는 방문객들에게 단순한 견학의 기회뿐만 아니라 직접 맥주를 만들어 볼 수 있는 체험도 제공하여 방문객들을 즐겁게 하고 있다. 이 체험은 약 2만5천원의 참가비를 받고 운영되고 있으며 3인 1조로 9명을 한 팀으로 구성하여 방문객을 받고 있다. 또한 방문객들을 대상으로 맥주를 제조하는 전 과정을 그림으로 자세히 설명하여 사전정보를 제공하고 있다.

공장 견학을 마치면 자연스럽게 기념품상점으로 연결되어 있으며 다양한 상품을 배치하여 공장견학에 들어가는 비용을 충당하고 있다.

② BMW 박물관

BMW는 1923년에 오토바이를 생산하면서 시작한 기업으로, 뮌헨에 본사를 두고 있는 세계 굴지의 자동차 회사와 자회사로는 영국의 롤스로이스와 미니가 있다.

BMW박물관은 뮌헨 올림픽이 끝난 후 자사의 자동차를 홍보하고 역사성을 지키기 위해 뮌헨의 올리피아파크에 건설한 것으로 2004년부터 리모델링을 진행하여 2008년 6월에 재개관하였다.

박물관은 BMW의 과거와, 현재 그리고 미래 자동차의 기술적 발달에 관한 전시가 주이다. 주요 전시물로는 엔진, 터빈, 오토바이, 자동차등이 다양하게 전시되어 있다. 연평균 약 3백만명이 넘는 방문객들이 방문하고 있고 입장료는 무료이다.

▌그림 2-5▐ BMW 박물관 로고 및 전경

■ 산업관광 정책 추진

산업관광의 활성화 정책 목적을 달성하기 위해서는 차별성, 단계적 접근, 후행적 지원 등 3가지 기본방향이 필요하다.

일본이나 중국 등과 같은 주변국과의 차별화 정책 및 국내 지역들 간의 특성화에 따른 차별성을 반드시 고려해야 한다. 산업관광이라는 것이 단순히 기존의 산업시찰의 형태가 아니다. 우리나라의 경우 산업역사에서는 일본보다 후발주자에 있으며, 산업의 규모는 중국에 비해 작다고 할 수 있다. 그러므로 우리나라 고유의 차별적인 경쟁우위를 찾아내는 것이 가장 중요하다.

그리고 기업참여의 유도와 같이 단계적 시행이 중요하다. 이는 산업관광 활성화를 위한 정책 및 방안을 세우기 이전에 산업관광지의 역할을 담당하는 기업의 입장에 대한 정확한 고찰이 우선적으로 이루어져야 한다. 특히 정부에서 산업관광의 활성화를 위해서 정책적으로 지원을 하고자 하는 부분이 우리나라에서 성장한 글로벌 브랜드 기업들을 세계시장에 적극적으로 홍보하고자 하는 취지가 크다고 판단되는 만큼 기업들의 산업관광 참여여부의 결정권한이 정부보다는 기업편에 있다고 볼 수 있다. 이러한 상황에서 산업관광이 기업 편익적 분야에 대한 정확한 입증 이후 기업들의 참여를 유도하는 환경조성, 정책의 효과성과 실현가능성 검증, 정책 수행의 순서로 단계적으로 실행되어야 한다. 그리고 정부나 지자체는 정책을 시행함에 있어서도 사업자의 역할보다는 후행적인 보조자의 입장에 있어야 한다. 정부가 주도적으로 산업관광의 활성화를 위해서 직접적으로 개입한 사례는 해외에서도 찾아보기 힘들며, 대부분이 지방자치단체와 산업계에서 자체적으로 구성된 협회들에 의해서 자발적으로 이루어지고 있다. 따라서 정부는 기업 및 관련단체들이 우선적으로 활동을 할 수 있는 환경만을 조성하여 이를 보조 및 지원해주는 형태로 정책이 진행되어야 한다.

이러한 정책 기반을 토대로 우리나라 산업관광 정책 전략은 다음과 같이 설정할 수 있다. 첫째, 초기인식 조성이다. 산업관광의 방대성과 복합성 측면에서 또는 보안 문제 등의 한계와 문제점이 있으나 시장의 성장 가능성과 필요성 측면에서 간과할 수 없는 시장이라는 점을 분명히 해야 한다. 따라서 이러한 인식을 정책 초기에 정책대상 주체들에게 조성하고 확산해야 한다. 둘째, 산업관광 코스의 매력화이다. 지금까지 산업관광을 단순한 견학 및 시찰과 같은 개념으로 이해되어 왔으나 이제는 체험성과 엔터테인먼트적인 요소 등을 추가한 새로운 결합모델로서 개발하는 것이 필요하다. 이는 비교적 저예산으로 일정수준까지는 산업관광 관련 전문가 집단의 자문을 통하여 충분히 관광 상품으로서 매력도를 높일 수 있는 전략이다. 셋째, 관광산업분야의 선참여이다. 지금까지 이루어진 산업관광은 조선, 철강, 자동차등과 같은 제조업 중심으로 진행되어 왔다. 그러나 관광적 요소를 부여하고자 하는 본 정책에서 서비스 산업의 대표주자인 관광산업의 참여가 초기 정책단계에 좋은 본보기가 될 수 있다. 한 예로 호텔이나 식당시설의 백오피스 투어 등과 같은 상품을 개발하는 등의 참여방법이 있다고 보인다. 넷째, 지자체가 추천하는 기업 및 지역을 우선적으로 지원하는 것이다. 이는 정책의 지원범위에서 언급한 것과 같이 편의적 기준에 해당되는 방법으로 초기단계에서 어떠한 기업과 지역을 지원하고자 하는 정확한 기준이 확고하게 마련되지 못한 경우 지자체가 중심이 되어 추천하는 기업 및 지역을 우선적으로 지원하는 것이다. 다섯째, 산업관광 측면에서 경쟁력이 있는 산업을 우선 지원하는 것이다. 이에 해당되는 분야로 생활 소비재와 미래첨단 산업분야로 살펴볼 수 있다. 생활 소비재 기업의 경우 일본관광객들에게 인기가 있는 막걸리 공장 견학이 대표적이며, 미래산업의 경우 우리나라의 경쟁 우위 산업인 로봇, 우주, 항공 분야 등과 IT, BT, CT 산업등을 대상으로 우선적인 지원을 검토하는 것이다.

05.

농촌마을관광

■ 농촌마을관광 정책 필요성

농촌관광은 대중관광과 대별되는 대안관광(alternative tourism)의한 형태로서, 도시와는 구별되는 독특한 자연, 생태, 경관, 생활문화, 역사 등을 보유한 농촌이라는 공간에서 이러한 자원을 활용하여 농촌지역 주민에 의해 상품과 서비스가 제공되는 관광활동을 의미한다.

농림축산식품부에서는 "농촌의 자연경관과 전통문화, 생활과 산업을 매개로 한 도시민과 농촌주민 간의 체류형 교류활동이며, 도시민에게는 휴식·휴양과 새로운 체험공간을 제공하고, 농촌에는 농산물 판매(1차), 가공산업(2차), 숙박, 음식물, 서비스(3차) 등 소득원을 제공하는 지역 활성화운동"으로 농촌관광을 정의한다. OECD에서는 농촌관광을 "시골, 지방 등의 농촌에서 발생하는 관광"으로 정의하며, "농촌성(rurality)이 농촌관광의 핵심"이라 강조한 바 있다. 따라서 농촌관광은 농촌지역에서 이루어지는 관광활동을 통칭하는 개념이며 농촌 환경, 자연생태, 생활, 전통문화, 지역산업 등을 바탕에 둔 지역, 사람, 문화 그리고 산업이 함께 조화를 이루는 관광의 한 형태라고 할 수 있다.

마을관광은 관광이 이루어지는 공간 가운데 마을을 강조한 개념이며, 마을 단위의 관광활동을 의미한다. 즉, 농촌관광이 농촌 지역에서 이루어지는 다양한 주체에 의한 총체적 관광 활동을 포괄한다면, 마을관광은 마을 공동체가 마을이 보유한 공동의 자원을 활용하여 상품과 서비스를 개발하고 공급하는 경우를 의미한다.

관광마을이란 관광개발에 따른 환경적·경제적·사회적·문화적 영향을 최소화하기 위해 마을 주민의 일상적인 생활을 그대로 반영하여 조성한 관광 전략형 마을이다. 즉 관광마을은 마을 주민과의 일체성을 강조하는 관광전략을 반영하여 조성된 마을이라 할 수 있다. 요컨대, 농촌관광이나 마을관광은 관광 '활동'을 칭하는 용어이며, 농촌 관광마을은 이상에서 제시한 농촌마을 관광 활동이 이루어지는 대상인 '공간'을 칭한다. 다시 말해 농촌 관광마을은 농촌관광을 추진하는 마을을 의미한다. 그리고 관광마을은 자연적으로 발생하는 경우보다 정부 및 지자체의 정책과 지원에 의해 발생하는 경우가 많다.

① 관광객 수요 및 관광트렌드 변화에 대응

시대의 흐름에 따라 관광산업의 소비자인 관광객을 둘러싼 환경이 변화하면서 관광객의 수요 역시 점점 다양화되고 있다. 점점 더 다양해지는 관광객의 수요에 따라 이를 반영한 관광 트렌드 역시 계속해서 변화하고 있는 추세이다.

여가시간을 활용하는 방안으로 관광이 주목받기 시작하던 초반에는 단순 일탈 체험 중심의 '보는 관광'이 주축을 이루었다. 여기에서 일탈은 스트레스 해소를 위해 일상성에서 탈출하여 낯선 곳으로 떠나는 것을 의미하며, 일탈을 주목적으로 했던 관광객들에게 도시와 다른 자연경관 등의 요소를 갖춘 농촌지역이 매력적인 관광지로 인지되기 시작했다. 한편 단순히 경관을 감상하는 데서 나아가 전통문화, 농산물 수확 등 다양한 체험 활동과 신선 먹거리를 원하는 관광객이 증가했다. 농촌의 자연, 계절, 음식, 전통·역사·문화 등 장소 체험을 중심으로 하는 '체험관광'을 선호하게 되었다. 이후 일차원적이며 마을 마다 유사한 체험 활동에 싫증을 느낀 관광객들은 피상적인 체험 활동 이상의 가치를 갈구하게 되었고, 이에 여행 동반자와 농촌 마을주민 등 관광활동 과정에서 만나는 사람들과의 관계 형성에 관심을 갖기 시작했다. 직접 현지 마을 주민들의 생활양식으로 살아보면서 그들과 관계를 맺는 관계 형성 중심의 '생활 관광'이 관심을 끌기 시작하면서 제주도에서 한 달 살기, 농가 및 시골밥상 체험 등이 최근 관광객들 사이에 각광을 받고 있다.

농촌 마을은 농산물 생산공간이자 주민들의 거주공간이며, 관광객에게는 휴양공간으로 기능할 수 있다. 특히 농촌 마을에 거주하고 있는 주민들이야 말로 마을 고유의 환경과 문화 등과 결합하여 관광자원화 될 경우 다른 마을에서는 찾아볼 수 없는 특색 있는 관광 콘텐츠가 될 수 있다. 이처럼 농촌 마을은 관계 형성 중심의 '생활 관광' 트렌드를 추구하는 수요자 요구에 부응하기에 적합한 다양한 소재를 보유하고 있다. 물론 관광객을 맞이함으로써 지역의 활력을 도모할 것인가는 마을 주민들이 선택해야 한다. 하지만 현재 상당수 농촌 마을은 관광을 통하여 마을을 활성화할 수 있는 잠재력이 풍부함에도 불구하고 단순히 농업에 주안점을 둔 채 부가적인 활동으로 단순한 수확체험 등을 추진하는 데에 머물러 있다. 농촌 마을에는 관광을 통해 새로운 일자리와 소득 등 지역 경제의 활력을 창출하고, 관광객에게는 수요에 부합한 특색 있는 관광 콘텐츠를 제공한다는 측면에서 농촌마을관광이 활성화될 필요가 있다.

② 기존 농촌관광 정책의 패러다임 전환

우리나라의 농촌관광은 각종 도농교류 사업과 마을 조성 사업 등 정부의 적극적인 정책을 토대로 양적 성장기를 거쳐 질적 성장기에 도입하였다. 따라서 농업인의 농외소득 창출과 같은 기존 농촌관광에 대한 시각과 접근방식에서 벗어날 필요가 있다. 정책적으로는 고부가가치화와 품질향상 등을 추구해야 한다. 뿐만 아니라 행정적 단위에서 벗어나 역사, 문화적 단위에서 농촌관광에 접근하는 것이 필요하다. 농촌의 경제·사회·문화·환경적 가치를 향상시키기 위한 유용한 수단임을 인식하고, 이를 보다 활성화하기 위한 협력적 지원 체계를 마련해야 한다. 그동안 추진되어 온 정부 주도의 농촌관광 마을 사업은 시설 인프라 조성 위주로 추진되어, 사업을 추진한 대부분의 마을에는 주변 자연경관과 어울리지 않는 체험관, 공동 숙박동 등이 지어졌다. 더욱이 지역의 특색을 담은 프로그램이나 시설 운영관리에 대한 고려가 없어서, 기존 정책 사업을 통해 신축된 시설은 방치되거나 심한 경우 마을 환경을 훼손하는 골칫거리로 전락하였다. 최근 전 세계적으로 유휴자원의 활용과 지역 재생에 대한 관심과 사회적 요구가 증가하고 있다. 농촌 마을 역시 예외는 아니다. 마을 내 유휴자원을 최대한 활용하여 새로운 활력을 불러일으킬 수 있도록 재생과 활용에 대한 구체적인 정책 마련이 필요하다.

기존 농촌관광 정책은 도농교류 및 물리적 기반 구축 사업에 주안점을 둔 탓에 앞서 제기한 여러 한계를 나타냈다. 농촌관광의 질적 성장기를 맞이하여 사후 운영관리 체계 구축과 홍보 및 마케팅 분야, 인재 육성분야 등 다양한 정책적 접근이 필요하다. 특히 농촌개발정책에서 나아가 관광정책의 일환으로 농촌관광 부문을 발전시킬 필요가 있다. 또한 환경변화에 적응하고 이에 적합한 정책들이 마련되어야 한다. 따라서 농촌관광을 둘러싼 관련 부처 간의 협의를 통해 보다 효율적이고 실효성 있는 융합 정책 수립이 요구된다.

③ 농촌 마을의 지속가능성 및 주민의 삶의 질 제고

농촌 마을은 과소화, 고령화와 함께 농업 소득의 감소로 지역 활력 저하의 문제에 당면해 있다. 이러한 구조적, 경제적 문제를 해결하고 지역활성화를 꾀하고자 농촌관광 정책이 추진되어 왔으나, 물리적 인프라 확충에 치우쳐 실질적으로 기대한 효과를 거두지 못했다.

더욱이 정책적으로 조성한 농촌관광마을의 경우 관광 서비스나 마케팅에 대한 역량이 부족하여 관광 사업이 제대로 추진되지 못하고 있다. 대부분 유치원이나 초등학생 단체 중심의 농산물 수확체험 프로그램이 운영되고 있으며, 개별 관광객은 해당 프로그램을 이용하지 못한다. 숙박 역시 단체로 이용 가능하다. 하지만 개별 관광객이나 가족 단위 관광객이 증가하는 최근의 추세를 고려할 때, 이러한 수용태세로는 관광 사업을 지속하기 곤란하다. 요컨대 관광객의 수요에 부합할 수 있는 농촌관광 콘텐츠와 운영 역량을 갖출 때 비로소 농촌관광이 과소화 및 고령화와 소득 감소 등과 같은 농촌 마을 문제의 해결책이 될 수 있다.

농촌관광의 최대 강점은 농촌 마을이 보유하고 있는 자연환경과 인적자원, 생활문화 등이지만 이것을 상품화하지 않을 경우 관광객은 그 자체에 대한 대가를 지불하지 않는다. 즉, 마을공동체가 상품화하여 운영하는 음식, 숙박, 기념품 등의 사업이 만들어지지 않으면 오히려 마을을 찾는 관광객이 남기는 쓰레기 등이 마을의 부담으로 작용할 수 있다. 환경을 포함한 마을 자원의 효율적 관리를 위해서는 마을이 일체가 되어 사업을 추진할 필요가 있다. 또한 일회성 관광객이 아닌 마을과 지속적인 관계를 갖는 관광객을 확보하기 위해서는 마을 전체적인 경영이 중요하다. 마을의 숙박, 음식, 전통문화 체험, 농업 체험 등 다양한 형태의 콘텐츠를 제공하는 것이 필요하기 때문이다. 이러한 지역 내 순환과 마을 경영이야말로 주민의 삶의 질 향상에 밀접한 관련이 있다.

마을관광 사례 분석

① 이탈리아 코르테밀리아 에코뮤지엄(Cortemilia Ecomuseum)

▎그림 2-6▎ 코르테밀리아 에코뮤지엄

코르테밀리아 에코뮤지엄은 이탈리아 피에몬테의 소도시인 코르테밀리아(Cortemilia)에 위치해 있으며, 알타랑가의 중심지로 현재 2,600명 정도가 거주하고 있다.

과거 코르테밀리아는 양질의 농산물을 생산하는 농업지역이였으나 산업의 발달로 인해 농업이 쇠퇴하면서 지역이 낙후되기 시작했다.` 또한 코르테밀리아의 보르미다(Bormida) 계곡은 1989년부터 인근의 화학 공장으로 인해 심각하게 오염되기 시작했으며, 도로 건설로 인해 지반이 약화되어 1994년에는 극심한 홍수의 여파로 계곡 아래의 계단식 논이 훼손되기도 했다. 이에 지역 주민들이 오랜 기간 민원을 제기하였고, 1996년에 화학 공장이 폐쇄되면서 지역 회복을 위한 방안으로 에코뮤지엄 조성이 주목받게 되었다.

코르테밀리아의 발전과 회복을 위한 해결책을 모색하는 과정에서 주민들의 요구에 부합하는 동시에 역사, 환경, 자연경관 요소를 고려하고, 지역의 특성을 살릴 수 있는 방안으로 에코뮤지엄 조성이 제시되었다. 또한 피에몬테 지역의 에코뮤지엄 네트워크 형성을 장려하기 위해 1995년에 발제된 피에몬테 지역법은 코르테밀리아 에코뮤지엄 조성의 근간이 되었다. 이러한 사회적 흐름 속에서 지역개발에 관심이 있는 사람들과 지역의 단체 및 협회, 유네스코(UNESCO)의 관련 단체, 유럽 의회의 부서장이 협력하면서 에코뮤지엄 조성이 가속화되기 시작했다.

코르테밀리아 에코뮤지엄의 주요 자원이자 테마는 환경적 요소를 충분히 고려하여 계단식 논과 와인 포도밭으로 채택되었으며, 지역의 경관 구성요소들에 대한 복구 작업이 시행되었다. 이에 홍수로 인해 훼손되었던 계단식 논과 지역의 역사적 유산(치안 법원의 건물, 도서관 등), 전통적인 건축물 형태의 농장, 농업과 관련된 건축물(원형의 밤 건조 시설) 등이 회복되었다. 에코뮤지엄 조성위원회는 코르테밀리아를 잘 알고 있는 지역민들과 새로운 아이디어를 제공 받을 수 있는 외부 인사들로 구성되었으며, 지역유산의 손실 방지 방안을 모색하기 위해 세미나 및 회의 등을 개최하였다.

이탈리아는 지역발전 및 회복을 위해 지자체가 주도하는 에코뮤지엄 조성을 장려한다. 에코뮤지엄의 형성 과정에서 주민을 우선시하고, 직·간접적인 참여를 독려하는 것은 여러 가지 긍정적인 효과를 창출한다. 실제로 에코뮤지엄 조성을 위해 주민들이 코르테밀리아라는 지역에 관심을 갖게 되었고 자신이 거주하는 지역에 대해 이해하게 되었다. 지역에 대한 올바른 이해를 바탕으로 지역유산의 가치를 새롭게 인식하게 되었고, 이는 코르테밀리아 주민들의 자부심을 고취시켰다.

코르테밀리아 주민들은 에코뮤지엄 프로젝트의 일환으로 주민 협력에 기반한 '계단식 재배 농산물 바구니[12]' 프로그램을 시행하면서 다양한 연령대의 주민참여를 유도했다. 내국인은 물론 외국인 관광객까지 직접 안내하고 있는 청·장년층 지역민들은 관람객 투어 프로그램 운영의 주축이 되고 있으며, 어린이들을 위해 현재 국가적 규모로 성장한 동화쓰기 대회를 운영하고 있다. 코르테밀리아 지역을 주제로 하는 동화쓰기 대회에 참여함으로써 어린이들은 자신이 사는 지역에 대해 바르게 이해하고, 올바른 지역 정체성을 형성하게 된다. 뿐만 아니라 지역의 어린이가 지역사회와 유대감을 형성하고, 전문 작가와 연대를 구축하는 등의 부가적인 효과를 양산했다.

12 The basket of the terraced landscape products

지역에 오래 거주한 노년층의 지식과 기술은 지역유산을 복원하고 재생하는 과정에서 큰 역할을 수행하고 있다. 한 예로 과거에 밤을 말리던 오두막을 활용하여 코르테밀리아의 밤 농업 및 가공 방식을 재개하도록 도왔다. 그 결과 오두막에서 밤을 활용한 특산품이 생산되고 있으며, 관광객에게 밤 농업과 관련한 체험 프로그램을 운영하고 있다.

코르테밀리아 지역 농민들은 여러 세대에 걸쳐 과수원을 운영하며 전통적인 품종을 포함한 다양한 종류의 사과, 복숭아, 배, 체리, 살구 등을 생산해오고 있다. 지역 에코뮤지엄 연구자에 의해 제안된 '농장을 위한 농장(farm for farm)' 개념을 접목하여 전통적인 품종의 보존 및 증식을 장려하고, 국내의 생물 다양성을 알리는 효과를 창출했다.

한편 코르테밀리아의 밤 건조기는 '스카우(Scau)'라는 지역 방언으로 불리며, 다른 지역과는 달리 돌을 쌓아서 만들어지는 원통형이나 원뿔형의 지붕을 가진 사각형 형태라는 특징이 있다. 과거에는 농장마다 40여일 동안 밤낮으로 밤을 수확하는 기간에 사용하기 위해서 밤 건조기를 구축하였다. 코르테밀리아 지역 내의 돌리오(Doglio) 마을은 여러 가지 전통 건축물이 가장 잘 보존되어 있었기 때문에 스카우의 붕괴된 부분을 보수하여 현재는 에코뮤지엄의 교육 워크숍 및 봉사 활동을 운영하는 주요 거점이 되었다. 코르테밀리아 주민들은 유·무형 유산 모두에 관심을 기울이고 있어 지역축제, 한여름 밤의 행사, 계절별 지역시장 등의 행사도 개최한다. 이를 통해 장인들의 기술과 지역 전통, 춤, 음악, 노래 등의 무형 유산이 보존되고, 행사를 개최하면서 발생하는 수익으로 인해 지역 경제가 활성화되었다. 또한 지역민들은 행사에 직·간접적으로 참여함으로써 사회·문화적인 유산을 습득하고, 다음 세대에 전승하는 한편 코르테밀리아 고유의 현대적 정체성을 함께 형성하는 과정에서 강한 공동체 의식을 지니게 되었다.

② 일본 우키하정(浮羽町)

┃그림 2-7┃ 우키하정 계단식 논

후쿠오카현 후쿠오카시 남동쪽 50km에 위치한 우키하정은 전쟁이 잦았던 과거에 피난민들이 경사지에 논을 만들어 농사를 짓다가 정착한 사례이다.

우키하정은 산림이 약 62%를 차지하는 산촌지역으로 우리나라의 다랑논 같은 계단식 논이 많고, '계단식 논 100선'에 선정되는 등 경관이 우수하다. 이에 농촌 특유의 자연환경인 계단식 논을 관광자원으로 활용하여 계단식 논 오너 제도를 통한 모심기, 벼 베기 등의 그린 투어리즘을 전개하고 있다.

우키하정은 오지마을이기 때문에 남아 있던 계단식 논을 자원화하기 위해 계단식 논 보전협의회를 만들고 계단식 논 탐방 이벤트, 계단식 논 오너 제도를 실시하였다. 계단식 논 오너 제도는 우키하정이 가지고 있는 지역의 조건을 살리고, 주로 도시민이 참가하여 지역의 농지를 지켜가는 테마로 일본 전국 각지에 펴지고 있다. 오너는 지역의 비농가나 지역 외 주민으로 1구(30~100m²)의 구역에 대해서 연간 4~50,000엔의 회비를 지불하여 회원으로 등록하며, 모내기, 벼 베기 등 몇 차례의 농작업에 참여하여야 한다. 한편 자신이 소유한 계단식 논에서 수확한 농산물을 연간 3~40kg 정도 받는 것 외에도 그 고장에서 생산된 신선한 농산물, 가공품 등의 택배서비스, 바위계곡의 교류시설인 "사계의 집, 장암"의 이용 특전을 받을 수 있다.

1998년부터 도입된 '계단식 논 오너 제도'는 후쿠오카를 중심으로 매년 등록오너가 확대되고 있다. 계단식 논에서 모심기, 벼 베기 등 농업체험을 지속적으로 제공하며 계단식 논을 테마로 한 사진 콘테스트 등 다채로운 이벤트를 실시하여 방문객을 유치하고 있다.

③ 오스트리아 티롤(Tyrol, Tirol)

티롤 주의 면적은 12,640km², 인구는 75만 명(2018)이며, 주도(州都)는 인스브루크이다. 현재 티롤 지역의 행정구역은 오스트리아 티롤주와 이탈리아 트렌티노 알토 아디제(Trentino-Alto Adige) 주로 나뉘어 있다.

하나의 지역이 두 국가의 귀속령으로 쪼개져 있어 행정 등에 어려움이 있고, 이탈리아령인 남티롤에는 독일어를 쓰는 오스트리아 계통의 주민이 많아 대다수가 이탈리아에서 분리되길 원하고 있다.

▌그림 2-8▐ 오스트리아 티롤

티롤 지역의 90%는 산악지형이지만 도나우(Donau)강의 지류인 인(Inn)강의 발원지이며, 산허리의 경사지는 경지와 목초지로 활용되어 왔다. 이에 수 세기 동안 농업은 티롤 지역의 문화 및 생활양식에 큰 영향을 미쳤다. 약 16,900개의 농장과 임업 기업이 운영중이며, 약 4만4천여명의 농업종사자는 티롤 지역 전체 소득창출 인력의 6%에 불과하지만, 국가적 차원에서 다양한 농업지원 프로그램을 실시하고 있다. 인구의 80% 이상이 관광업에 종사하여 현재는 관광산업이 주 수입원이며, 2만개 이상의 숙박시설이 운영되고 있다. 2015년에는 4천5백만명이 넘는 관광객이 티롤에서 숙박을 하였다. 이 가운데 5백만 명 이상의 관광객이 매년 휴양을 목적으로 티롤을 방문하는 것으로 집계되는 등 재방문율이 높은 관광지로 자리매김했다.

티롤의 지리·행정적 특성상 독일계 오스트리아 주민이 다수를 차지하며, 주민들은 대부분은 신실한 가톨릭 신자이다. 건축, 조각, 문학, 의상 등 티롤 지역 특유의 농민예술에 있어서도 강한 민족의식이 엿보인다. 주민들은 일상생활에 담긴 티롤의 전통과 관습을 사회적 가치로 여기며, 티롤의 문화와 역사를 반영한 박물관 전시 및 지역 축제를 개최하고 있다. 또한 농가를 개량한 농박과 식당을 활용하여 관광업을 운영하고 있다. 농가의 특징을 살린 티롤의 농박 서비스를 찾는 휴양형 관광객들로 인해 농업소득보다 많은 소득이 창출되었다. 한편 티롤주의 농가 하나하나는 주민의 사유재산이지만 관광협회 규정상 건물 외관 및 간판 등을 함부로 개조할 수 없도록 제한함으로써 마을 고유의 경관을 형성하도록 한다.

티롤 산촌마을의 주민들은 서로 협동하고 연대하여 상생하기 위한 방안으로 36개 마을 주민들이 자발적으로 관광협회를 조직하였다. 관광협회는 회원 농가에 여러 가지 지원을 해주고, 관광객이 원하는 콘텐츠 및 마케팅 전략을 개발하며, 공공기관과의 이해관계를 조정하는 등 다양한 역할을 수행한다. 또한 홍보를 위한 다양한 행사와 이벤트를 개최하여 지속적으로 많은 관광객의 방문을 유도하고 있다. 관광객 1인당 0.2~0.5유로의 회비를 통해 관광협회의 공동 운영비가 마련된다. 공동 운영비는 티롤 주 관광안내소를 운영하고, 관광정보를 제공하는 데 사용되며, 숙박예약 시스템을 개발하기도 한다. 관광객이 쉽게 정보를 얻을 수 있도록 대표 홈페이지, 블로그를 운영하고 브로슈어 출간 및 모바일 앱 서비스를 제공하고 있다. 배우고 경쟁력을 확보한다는 이념 하에 각 마을 주민들이 주체적으로 운영하고 있다. 관광협회는 로컬푸드 직거래 시장, 숙박농가 및 다양한 체험관 등을 지원한다. 티롤 지역의 30여 농가들이 협력하여 공동으로 운영 중인 빌더케제(Wilder-käser) 치즈 공방은 EU의 지원을 받아 티롤 지역 전통 가옥을 공방으로 개조하여 만들었다. 빌더케제 치즈 공방은 티롤 특산품인 치즈를 생산 및 판매하고 있는 협동조합 형태의 치즈 복합체험관이다.

■ 마을관광 정책 추진

① 정책 고려요소

기존의 체험 프로그램은 마을마다 개성이 없고, 도시민에게 획일적 경험 편익만을 제공해 왔다. 한국농촌경제연구원에서 2012년 조사한 마을관광지의 99%는 체험프로그램을 운영하고 있었는데, 영농체험(85.5%)과 농산물 가공(81.1%)과 같은 프로그램이 대부분을 차지했다. 체험프로그램을 운영하는 데 투입하는 시간과 재원 대비 소득은 적은 편이다. 생업인 농사와 직접적으로 관련되어 별도의 관리를 필요로 하지 않는 영농체험 위주의 프로그램을 운영 중인 농촌 마을이 대다수이다. 수많은 농촌 체험휴양마을이 유사한 체험 프로그램을 운영함에 따라 관광객들은 여러 마을을 일일이 방문할 필요성을 느끼지 못하고 있다. 따라서 농촌마을관광의 활성화를 위해서는 관광객이 농촌 마을에서 얻을 수 있는 편익을 다양화하고, 체험의 질을 높여야 한다. 즉, 관광객에게 새로운 경험을 제공하여 여러 지역의 다양한 마을을 방문할 수 있도록 마을이 가진 자원을 활용한 차별화된 체험프로그램 개발이 필요하다.

▶ 주민의 자발적 참여에 기초한 주민주도형 마을 조성 및 운영 시스템 개발 필요

우리나라 농촌마을의 경우 정부가 주도하여 예산을 투입해 각종 인프라를 구축했다. 반면 일본이나 유럽 농촌 마을은 마을의 활성화 및 자립을 위해 주민들이 주도하여 마을을 관리했다. 이에 주민들은 자신의 마을 정체성에 맞는 관광 상품과 체험 프로그램을 개발하였고, 관광객은 지역 고유의 상품과 체험 편익을 얻고 싶으면 해당 마을을 다시 찾아야만 했다. 이러한 과정을 통해 관광객의 재

방문율을 높이는 한편 농촌마을관광의 장기적인 지속가능성을 확보하였다. 또한 유럽의 경우 주민들이 자발적으로 참여했기 때문에 더욱 애정을 갖고 마을의 콘텐츠를 관리하였으며, 마을이 더욱 발전할 수 있도록 기존에 운영 중인 프로그램의 진화를 적극적으로 도모한다는 특징이 있다. 따라서 우리나라도 마을 주민들이 자발적으로 관광마을 조성 및 운영에 참여하도록 함으로써 마을자원 개발 및 관광 상품화에 애정과 책임을 다 할 수 있도록 주민주도형 지원 시스템을 개발해야 한다.

▶ 관광객의 요구에 부합한 콘텐츠 개발 필요

현재 운영되고 있는 농촌 체험 프로그램은 농업인의 관점에서 개발한 것이 대부분이다. 물론 농촌 주민 가운데 농업인의 비율이 높아 이들의 생업인 농업과 관련성이 높으며 운영 및 관리가 용이한 강점이 있긴 하나, 대부분 농작물 수확이나 농산물 가공 등의 체험 프로그램이다. 즉 도시민 관광객들은 휴식 및 휴양, 새로운 경험을 위해 농촌의 마을을 방문하는데, 이러한 수요자의 요구에 부합한 체험 프로그램을 운영하고 있는 농촌 마을은 드물다. 관광객의 요구가 다변화되고 있으며 농촌주민 역시 다원화되고 있으므로, 수요자의 니즈에 부합한 전문성 있는 관광상품을 개발하는 데 노력을 기울여야 한다.

▶ 주민 주도 및 협력적 추진체계 확보 필요

마을 자원을 활용하는 대상은 해당 지역의 농민 뿐 아니라 지역의 기업, 생활거주자, 관공서 등 다양하다. 따라서 일부 지역민만이 참여하는 경우 사업의 성공과 지속성을 보장할 수 없다. 그러므로 마을 자원을 활용한 농촌 관광마을의 기반 조성 및 추진의 전 과정은 마을 주민뿐 아니라 해당 지역에 거주하는 대다수 경제주체가 참여해야 한다. 또한 마을 자원의 활용에 대한 체계적인 제도 지원도 필요하다. 마을 자체적으로 활용 전략을 모색하기에는 역량에 있어 어려움이 있으므로, 중앙정부 또는 해당 지자체가 관련 전문가를 매칭하거나 교육 프로그램을 운영하는 등의 방안을 고려할 수 있다.

▶ 마을 고유자원의 차별적·체계적인 활용방안 필요

각 마을이 가지고 있는 장점과 지역의 특성 및 전통성을 토대로 마을자원의 차별화된 활용 전략이 필요하다. 차별하가 가능한 것일수록 타 마을과의 차이를 부각할 수 있으며, 경쟁 이점이 커진다. 특히 다른 마을이 모방 불가능한 것이어야 그 마을 특유의 문화 색으로 각인된다. 또한 다른 마을과 차별화된 자원은 향후 부가가치를 창출하는 다른 산업으로의 전환에 용이하다. 따라서 마을 자원의 활용전략이 잘못 선정될 경우 그 영향은 지역의 다른 산업에도 영향을 미칠 수 있다. 그러나 차별화된 자원을 구축하는 데에만 급급하여 마을이 보유하고 있는 자원을 활용하지 않고 무차별적으로 외부에서 자원을 투입하는 것은 삼가야 한다. 투입되는 자원이 마을과 잘 어울리는지, 마을 주민이 수용하고, 활용 가능한 것인지 등을 충분히 고려하여야 한다. 또한 투입된 자원으로 마을 전체를 다시 태어나게 하는 것이 아니라, 기존의 마을 자원 및 주민들과 상생할 수 있는 방안을 모색해야 한다.

▶ 부가가치를 창출하는 상품화 전략 필요

마을 자원의 활용은 관광 단일 산업이 아니라 다른 산업으로의 확장과 다른 분야의 적용으로 전파된다. 각 마을별로 선정한 자원은 생활환경 및 경관창출은 물론이고, 각 마을에서 진행되는 축제, 기념품, 가공상품 등 다양한 형태의 상품으로 개발된다. 마을 관광을 통해 부가가치를 창출하는 다른 산업으로의 전환이 이루어져 마을이 재정적으로 안정을 찾을 수 있다. 부가가치를 창출하는 선순환 시스템을 확보하게 되면, 마을자원과 체험 프로그램 등은 그 자체로 상품화될 뿐 아니라 다른 산업으로의 전이 및 확산을 통해 그 지역을 상징하는 지역마케팅의 중요 요소로 발전하게 된다. 이러한 과정을 통해 농촌 관광마을은 공간에 대한 명확한 지역브랜드를 갖추게 되고, 이는 또다시 지역의 부가가치 창출로까지 이어지게 된다.

▶ 마을 주민과 도시민 관광객과의 활발한 교류 필요

정보통신기술의 발달로 인해 SNS를 활용한 정보습득이 용이해지면서, 관광객들은 관광지를 선택할 때 다양한 매체를 활용하여 사전조사를 한다. 따라서 마을이 갖춘 다양한 자원과 상품을 다양한 방식으로 노출시켜 적극적인 홍보활동을 펼칠 수 있어야 한다. 과거에는 TV, 신문, 라디오 등의 매체를 활용한 홍보 활동만이 유일하였기 때문에 비용조달 측면에서 많은 어려움이 있었다. 그러나 이제는 추가적인 비용 없이도, SNS를 적절히 활용한다면 도시민과의 직·간접적인 교류를 통해 마을로의 방문유도 및 친밀감 형성이 가능하다.

새로운 관광객을 유치하는 것뿐만 아니라, 한번 마을에 다녀갔던 관광객과 꾸준히 소통하는 활동 역시 중요하다. 재방문율을 높이는 데 드는 비용과 시간 등의 노력은 새로운 관광객 유치에 소요되는 것에 비해 상대적으로 적다. 한번 마을을 다녀간 관광객은 경험을 통해 마을 전반에 대한 정보를 체득하였기 때문에 긍정적인 이미지가 각인되었다면 그 이미지를 지속할 수 있도록, 부정적인 이미지가 형성되었다면 그 이미지를 쇄신할 수 있도록 교류하는 것이 중요하다.

② 정책 주안점

▶ 관광객 수요에 부합한 콘텐츠 개발

농촌 관광마을을 방문하는 관광객의 목적은 휴양, 교육, 체험, 위락 등 다양하며 점차 복잡해지고 있다. 이들은 농촌 관광마을에서 먹거리, 볼거리, 체험거리 등 다양한 욕구를 충족하고자 하나 이러한 수요에 맞는 콘텐츠가 부족하다. 수요자에 대한 명확한 설정 없이 상품이나 서비스를 개발하다보니 수요자의 니즈에 부합하기 어려운 상황이다. 지역의 여건을 최대한 활용하되 세분화된 표적 설정을 통해 농촌 관광마을이 매력적인 관광지로서 거듭남과 동시에 다른 형태의 관광과 견주어도 경쟁력을 가질 수 있도록 마을 고유의 차별화된 체험 프로그램 및 관광상품을 개발해야 할 것이다.

▶ 마을의 고유자원을 활용한 마을특화 콘텐츠 확충

그동안 각 농촌 마을이 보유하고 있는 고유의 향토적 특성을 부각할 수 있는 콘텐츠가 부족하였다. 농촌관광에 대한 도시민 만족도가 감소추세에 있으며, 특히 관광 콘텐츠·프로그램에 대한 만족도가 가장 취약하다는 점이 이러한 판단을 뒷받침한다. 마을이 보유한 자원의 가치에 대한 이해를 바탕으로 고유의 특화 콘텐츠를 개발해야 한다.

농촌 관광마을을 조성하는 과정에서 마을 내 보유하고 있는 물리적 인프라를 최대한 활용하며, 차별화 요소를 부각하기 위한 소프트웨어적 지원을 극대화해야 한다. 이때 관광 목적지로서의 매력 확보와 관광객 유치를 위해 농촌 마을만이 가지는 정취와 특색이 훼손되지 않아야 한다. 따라서 관광상품 및 콘텐츠의 개발에서 운영에 이르기까지 농촌 마을의 정체성을 유지해야 하며, 불가피할 경우 정체성 훼손을 최소화하는 데 주안점을 두어야 할 것이다.

▶ 운영 및 관리를 위한 체계적인 주민 중심의 추진조직체의 확보

그동안 사업 계획 단계에서 누가 어떻게 운영·관리할 것인지에 대한 고려가 미흡하다 보니 정부의 재정 지원이 완료된 이후 유휴화 되는 마을시설 등이 다수 나타났다. 더욱이 농촌은 고령화로 인해 관광사업을 추진할 수 있는 원동력이 없어 지역주민 주도의 자생력을 갖춘 운영조직을 구성하기 어렵다. 그럼에도 불구하고 농촌마을관광 활성화를 위한 정책사업의 추진을 위해서는 마을단위 농촌관광의 특성을 이해하고, 실질적으로 추진해나갈 수 있는 조직 및 인력이 필요하다. 요컨대 마을 단위 농촌관광 운영을 위한 지속가능한 운영 체계를 마련해야 한다. 추진조직체의 형태는 마을 주민으로 구성된 조직이 가장 이상적이나, 필요시 마을 외부에서 인력을 충원하여 조직을 구성할 수도 있다.

06. 섬관광

■ 섬관광

섬관광의 특성은 고유성, 계절성, 접근성, 고비용성, 가변성 등을 들 수 있다. 섬관광의 유인 요소로는 기후, 환대적인 지역민, 문화, 여유로움, 경관, 기념품 및 민속촌 등의 섬의 매력요인과 고립성, 상이함, 고유문화, 소규모, 삶의 여유, 원시적인 환경을 들 수 있다. 섬 정체성(island identity)의 구성요소인 경관자원과 문화 자원이 섬관광 자원이 되며, 이러한 섬관광 자원에 따라 섬 관광활동이 결정된다고 할 수 있다. 섬관광에 있어서 이러한 특성은 관광객들을 섬 지역으로 유인하는 요소로 작용하고, 공간적으로 내륙으로부터 완전히 벗어난 단절성이 섬관광의 본연적인 매력으로 작용한다. 섬관광은 개발수단으로서 고용과 내수경제 활성화를 위한 방법으로 주목받고 있으며 생태관광과 문화관광 등 섬의 역사·문화와 지역발전을 연계하고 섬의 정체성을 표현하는 방향으로 변화하고 있다.

섬관광은 섬지역의 자연·지리적 특성과 함께 사회·문화적 특성을 관광의 요소로 삼을 수 있는데, 내륙과 연결되지 않은 환해성, 격절성, 협소성 등 지리적 입지의 특성을 느낄 수 있는 지역이다. 이러한 지리적 입지의 특성으로 인해 아름다운 경관과 해양자원을 가지고 있지만 육지와 단절되어 배나 비행기를 이용해서 접근해야 하기 때문에 방문을 위해 비용이 높게 발생한다. 섬지역은 육지와 단절되어 있기 때문에 독특한 고유문화가 잘 보존되어 있으며 바다로 둘러싸여 있어 해양관광자원이 풍부하다. 그러므로 섬관광은 공간적으로는 내륙으로부터 완전히 벗어나 섬만이 지니고 있는 특성을 최대한 이용하고, 기존 생활공간이나 방식과는 다른 섬 지역의 자원을 활용해 다양한 체험활동을 통해 관광활동을 추진해야 한다.

① 섬관광의 중요성

관광 수요의 증가와 함께 해양관광에 대한 관심도 높아지고 있어 해양관광에 있어서 중요한 정책대상인 섬에 대한 새로운 의미 조명이 필요하다. 관광의 행태가 다양화, 전문화되고 직접체험이 선호됨에 따라 관광의 대상 또한 내륙 산악 중심에서 해양으로 다변화되고 있고 바다가 여가·관광공간으로서의 중요성이 부각되었다.

국민 관광활동의 다변화와 더불어 연안지역 접근성 개선으로 도서지역을 방문하는 수요는 지속적으로 증가하고 있으며 관광을 목적으로 하는 섬 방문객 역시 매년 증가추세이다. 또한 섬지역에 대한 연육 · 연도교 사업이 지속적으로 확충되어 도서에 대한 접근성이 갈수록 향상되고 있어 도서를 찾는 방문객이 증가하고 있으며 접근성 향상은 관광개발의 가치를 향상시키고 있다.

섬관광은 보고 감상하는 관광에서 직접 체험하는 관광으로 변화하는 현재 추세에 따라 해양 레저 활동 및 섬관광의 추진은 시대적 차원에서 매우 중요하다. 섬관광은 일상생활에서 벗어나 변화를 추구하되, 공간적으로는 해역과 연안에 접한 단위지역사회에서 일어나는 관광목적의 활동으로서 직·간접적으로 해양공간에 의존하거나 연관된 활동이라 할 수 있다. 국내 섬관광은 접근성 개선, 새로운 관광자원 발굴, 관광 상품 개발에 따라 범위가 점차 확대되고 있고 이를 통한 새로운 서비스시장 개척과 신규 일자리창출, 연안 지역의 조화로운 발전을 이뤄지고 있다.

국내의 도서 지역은 풍부한 도서자원과 더불어 도서지역 내 관광자원을 기반으로 바다낚시, 휴양 등의 관광수요가 증가하고 있다. 관광측면에서 섬은 격리된 곳으로 교통수단은 배로 한정(특수한 경우 제외)되어 있고, 해양관련 자원을 경험할 수 있는 장소로 해변활동, 해양레저스포츠 등이 가능하며 육지와 단절되어 있어 완전한 휴양이 가능하고, 독특한 문화, 자연의 장소로서 생활풍습을 보여주는 독특한 관광자원으로서의 매력이 부각되고 있다.

섬지역이 수려한 경관은 휴양지로서 관심을 제고하고 청정지역의 해산물과 농산물에 대한 욕구 증대, 도서문화 및 해양문화의 삶에 대한 교육과 체험 활동 수요 증가 등이 섬관광의 활성화 가능성을 나타낸다. 그러나 섬지역은 시설부족 및 낙후와 관광지 정보 부족이 관광활동 제약요인으로 지적되고 있어서 섬관광을 위해서는 섬 자체적인 관광매력도 증진과 더불어 접근성 개선, 배후 해안도시의 관광여건 개선도 필요하다.

② 섬 자원의 성격에 의한 유형 구분

섬 자원은 섬 체계를 구성하는 기본요소 중의 하나로서 유인성을 지닌 유·무형의 모든 대상물로 입지, 관광 및 휴양형태, 공간적 특징, 접근성 등 다양한 기준에 의해 유형이 구분된다. 섬 자원을 바탕으로 한 관광 유형은 크게 관광자원, 환경여건, 콘텐츠 등 3가지 기준에 의해 구분이 가능하다. 관광자원은 자연자원, 문화자원, 관광시설로 구분이 가능하며 환경여건에 의해서는 레저·레크리에이션, 보전관광, 생태보존관광, 영토 전방형으로 구분되며 콘텐츠는 정태형과 동태형으로 구분할 수 있다. 콘텐츠는 장소제공형, 기반시설이용형, 관람형의 정태형과 체험형, 스포츠형, 테라피형의 동태형으로 활동성에 따라 구분된다.

이러한 섬관광 유형에 따라 관광객이 다양한 관광활동을 즐길 수 있으며 다양한 연령층의 방문객이 방문하여 체험할 수 있는 동기를 제공한다. 섬관광자원 유형은 자연자원형, 문화자원형, 농업형, 관광시설형으로 구분할 수 있으며 도서의 자원 중 관광객으로 하여금 관광동기나 관광의욕을 일으키게 하는 목적물인 자연경관 및 각종 자연·생태자원을 가지고 있는 도서로서 문화적·환경적 가치를 활용한 섬관광 유형이다.

섬관광행태 유형은 휴양형, 경관감상형, 레포츠형, 음식형, 체험형으로 구분되며 섬 지역의 자연자원과 문화자원을 활용한 체험위주의 관광형태로 체험프로그램의 운영이 가능한 섬관광 유형이다. 섬관광개발 유형은 자원보전형, 자원활용형, 시설정비형, 시설개발형으로 구분되며 관광기반 시설 점검 또는 기반시설물 도입을 통해 섬관광의 동기를 부여하는 섬관광 유형이다.

■ 섬관광 국내외 추진 사례

① 그리스 산토리니 섬

국제적인 관광지로 유명한 그리스 산토리니 섬은 화산섬으로 이로 인하여 현재도 화산분화구, 온천, 레드 비치 등과 아름다운 풍경을 통해 그리스 섬관광 거점으로 자리매김하였다. 산토리니 섬은 기존의 자연 자원 이외에도 카톨릭 성당, 교회 등 역사 문화 자원 등을 관광 자원화 하였다. 또한 지역 특산물인 포도 농사 및 포

▌그림 2-9▐ 그리스 산토리니

도주의 브랜드화를 통한 가치를 향상시키고 있으며 타 섬 지역과 다르게 대규모 관광 시설이 입지하여 있지 않지만 세계적 관광지로 발돋움하였다.

흰색과 파란색을 주요 색상으로 하여 일 년에 1~2차례 주택을 페인트로 도색하는 등 건축물의 색채 및 높이, 창문의 형태 등에 대한 강력한 규제를 통한 타 지역과 차별화되는 경관 조성을 유도하고 있다. 산토리니 섬은 기존의 타 관광지와는 차별화된 인공적인 관광개발을 통한 지역의 활성화가 아닌 지역 고유의 자원과 경관의 체계적인 관리를 통한 그리스의 섬 내에서도 명품화에 성공한 사례이다.

섬이 가지고 있는 육지와는 차별화된 고유의 문화를 기반으로 관광 상품화를 통한 지역 소득창출에 기여하고 있으며, 아말피 섬의 세라믹과 같은 과거부터 유지되어오던 산업을 이용한 기념품 및 주방 용품, 예술품 등으로 새롭게 만들어 지역만의 차별화된 특산품으로 판매하고 있다. 또한 섬 주민들의 기존에 가지고 있는 삶의 방식 또한 방문객들에게는 다른 감정을 느낄 수 있게 만들어 무조건적인 개발이 아닌 보전을 통한 새로운 관광 상품을 만들고 있다. 타 지역의 섬 경우 외부자본의 대규모 투입에 따른 기존 주민들은 관광개발과정에서 배제되어왔으나 그리스의 섬들의 경우 지역 사회기반형 관광개발 방식 추진을 통한 지역민들의 직접적인 소득 창출을 유도하고 있다.

그리스의 경우 섬관광이 활성화 된 배경에는 세계 1위의 해운업이 섬 연계를 위한 기반 구축에 큰 기여를 하는 것으로 나타나고 있다. 따라서 우리나라의 섬 경우에는 연육 및 연도교 조성 외에도 정기 여객선의 안정적인 운행을 통한 접근성의 확보가 필요하며 이외에도 항공 교통수단과 같은 다양한 접근수단이 강구되어야 한다.

② 일본 나오시마 섬

나오시마 섬은 1917년 중공업 단지가 건설된 후 70여 년간에 걸쳐 그로 인해 유발되는 공해 때문에 섬은 황폐화 되었으며 인구 또한 급감하였다. 1989년 문화의 섬 프로젝트를 시작하며 일본 최대의 교육기업 베네세 그룹의 전신인 후쿠다케 출판사의 후쿠다케 데쓰히코 대표가 사회 환원 차원에서 어린이 캠프장을 설치하였고 1992년 복합 문화공간인 베네세 하우스 뮤지엄의 개장을 시작으로 건축 및 미술품을 설치하기 시작하였다.

그 후 지중미술관(2004년), 이우환미술관(2010년)등이 설립 되었으며, 잭슨플록, 앤디워홀 등 여러 예술가들의 작품으로 섬이 새롭게 조성되었다.

대표적인 프로젝트로는 집 프로젝트, 아이러브유 프로젝트, 새토우치 국제예술제 등이 있다.

집 프로젝트는 기존 주민들의 이도현상에 따라 발생한 빈집에 대하여 예술 작품으로 개조하는 프로젝트로 현재도 진행 중이며 지역주민과 예술가등의 협력을 통해 진행되었다.

아이러브유 프로젝트는 목욕과 관련된 여러 물건을 이용해 목욕탕을 만드는 프로젝트로 일본 고유의 문화요소를 관광자원화에 성공하였다.

세토우치 국제 예술제는 나오시마 섬을 비롯하여 인근 7개 섬에서 열리는 국제예술제로 외지인들에게 섬의 매력과 지역민들에게 활력 유발을 목표로 하는 행사로 연방문객이 60만 명에 육박하는 국제예술제이다.

나오시마섬은 기업과 예술인, 주민이 협력을 하여 지역 중장기 발전 전략을 수립하여 계획을 추진하고 있다.

▌그림 2-10▐ 나오시마를 대표하는 쿠사마 야요이의 호박

■ 섬관광 정책 추진 방향

① 섬관광 정책 필요성

▶ 섬이 새로운 관광대상지로 주목받고 있으며 높은 성장 잠재력

여가시간의 확대로 상대적으로 장시간이 소요되는 섬지역의 방문이 증가하고 있으며, 섬관광에 대한 욕구도 전반적으로 상승하고 있다. 이에 따라 바다와 연해 있는 지자체에서는 해양관광과 함께 섬관광에 대한 다양한 정책을 추진하고 있다. 관광행태의 다변화와 새로운 관광에 대한 욕구 증대와 함께 육지와는 다른 감흥을 주는 섬관광의 매력에 대한 인식이 높아지고 있으므로 섬 지역의 관광에 대한 체계적인 정책적 접근이 필요하다.

▶ 섬의 관광잠재력을 발굴하여 육지 중심의 관광에서 해양관광으로 확대 가능

한려해상국립공원에 위치해 있는 거제 외도 보타니아는 해상식물원을 테마로 하여 40여 년 동안 개인이 조성해온 곳으로, 불과 43,868평 면적의 섬에 연간 100만 명 이상이 방문하고 있다. 이러한 성공에 힘입어 통영의 장사도가 2012년 1월 해양문화공원으로 조성되어 새로운 섬관광지로서 각광을 받고 있다.

최근 신안 증도, 완도 청산도 등이 관광목적지로서 각광을 받고 있는데 이들은 다양한 정책 사업을 통하여 매력적인 장소로 변하고 있지 때문이다. 섬관광 투어 상품으로 구성하고 있는 섬으로 관광객이 선호하는 곳은 외도, 매물도, 마라도, 우도, 장사도, 지심도, 홍도, 흑산도, 도초도, 비금도, 거문도, 백도, 울릉도 등으로 점차 대상 섬들이 많아지고 있다.

유람선을 이용한 섬관광 뿐만 아니라 급격한 증가는 아니지만 연안여객선을 이용하는 일반인이 늘어나고 있는 것을 고려할 때 섬이 관광의 대상지로서 점차 그 영역이 확대되는 것은 분명하며, 이는 육지 중심의 관광에서 해양, 섬 지역까지 확대 가능하며 새로운 경험의 제공이 가능하다.

▶ 섬 지역민은 물론 섬 방문객을 위한 관광편의·서비스 개선 정책 추진

섬 방문객들이 증가하고 있으나 선박을 이용해야 하기 때문에 비용이 많이 들 뿐만 아니라 대부분의 섬 지역은 관광객을 맞이할 수 있는 기반이 취약한 실정으로 최소한의 방문편의 개선을 위한 정책 추진이 필요하다. 또한 섬 지역은 방문객들이 와도 해산물을 판매하거나 민박을 하는 것 이외에는 소득을 창출할 수 있는 것이 없는 상황으로 섬의 지속가능한 발전을 위해서는 섬 주민들의 소득을 창출할 수 있는 방안 모색이 필요하다.

② 섬관광정책 추진시 고려사항

▶ 섬 지역을 적극적인 관광지로 만들려고 해서는 안 됨

무인 도서를 제외하고 대부분의 유인도서에는 어업 및 농업을 중심으로 하여 주민들이 삶의 영위하는 주민들이 거주하고 있는 곳으로 주민들의 기존 삶의 터전을 보다 발전시키는 것이 우선적인 정책이 되어야 한다. 더욱이 섬은 자연자원이 한번 훼손되면 회복하기 어려운 지역으로 환경훼손에 취약하며, 거주민이 적어 문화자원의 관리 또한 용이하지 않은 곳으로 지나친 관광시설 개발은 오히려 섬의 고유성을 파괴할 수 있다. 따라서 섬 지역의 관광

은 자원의 보전적 활용을 전제로 한 최소한의 시설개발을 추진하도록 하며, 섬의 환경적, 경관적 여건을 고려하여 설치하도록 하여 관광으로 섬을 바꾸려고 하지 않는 것이 바람직하다. 단 외도와 장사도와 같이 무인도 혹은 유인도이지만 사람이 거주하지 않은 섬은 제한적으로 매력적인 섬관광 목적지로서 조성해나갈 수 있다.

▶ 섬 지역이 지닌 특수성을 충분히 고려

섬은 기본적으로 격절성, 환해성의 특성을 지니고 있으므로 선박으로만 이동이 가능하며(큰 규모의 경우는 항공 등 가능), 풍랑주의보에도 선박운항에 영향을 받는 등 기후적 여건에 매우 의존적이다. 또한 대부분의 섬이 물과 전기가 부족하며, 교육 의료 등 정주기반이 취약하여 대부분이 낙후지역일 뿐만 아니라 육지부에 비하여 고령화 정도가 심하여 정책사업의 추진에 한계가 있다. 섬 지역이 지닌 특수한 여건을 고려하여 섬 방문객에게 섬은 어떤 면에서는 불편하지만 인공적이지 않고 모험적인 것으로 인식하게 하는 것이 필요하다. 방문객에게 사전에 섬의 불편과 어려움을 인식시킨다면 불만을 최소화할 수 있고 약간의 시설만으로도 만족할 수 있다.

▶ 섬 지역의 생활, 문화 등을 존중하도록 함

섬 지역은 기본적으로 고립된 특성 때문에 육지와는 다르게 전통 생활 및 문화가 보전되어 있다. 이에 따라 섬관광 개발 시 외부의 생활 및 문화를 섬에 강제적으로 주입시키는 것은 섬 개발에 대한 거부감 및 배타성을 야기할 수 있으므로 섬 개발시 섬 지역의 특성을 충분히 고려한 개발이 진행되도록 해야 한다. 대규모 외부

자본이 투입되어 섬을 전면적으로 관광지로 개발하는 방식은 기존의 섬 문화 및 생활 양식을 파괴할 수 있으므로 개발방식에 대한 충분한 고려가 동반되어야 한다. 또한 섬 지역의 독특한 문화 및 생활 자체가 외지인이 느끼기에 차별성과 특별성을 내포 하고 있으므로 섬 지역 주민과의 협의를 통한 관광 프로그램에 적용시키는 게 좋다.

▶ 섬관광 발전 전략은 지속가능성이라는 원칙이 중심이 되어야 함

섬 지역은 그 자체로서 생태적·사회적·경제적 요소의 순환 관계 속에서 균형을 이루는 것이 중요하다. 특히 섬은 생태자원, 문화자원 등이 방문자에 의하여 훼손가능성이 높은 곳으로 이들 자원이 훼손되면 섬으로서의 매력을 잃게 됨으로 환경적 지속가능성 측면에서 우선적으로 고려되어야 한다. 또한 섬지역의 주민들이 거주하지 않으면 섬이 보여줄 수 있는 고유성이 사라지게 된다. 따라서 주민들이 섬관광 정책 추진을 통하여 주민들이 섬을 떠나는 일이 없어야 하며, 이를 위해서는 소득의 연계와 지역주민과 관광객간의 이해관계의 균형이 이루어져야 할 것이다. 사람이 없는 무인도를 관광 섬으로 조성하는 것은 진정한 의미에서 섬관광이라고 할 수 없다. 따라서 섬관광 추진에 있어서 환경적 사회적 경제적 지속가능성은 기본적인 원칙이 되어야 하며, 빠르게 정책추진을 통한 급격한 변화보다는 여유와 느림의 속도가 섬지역의 변화를 주도하도록 하여야 한다.

07.

예술관광

■ 예술관광

① 예술관광 수요 증가

소수 유한계층의 전유물이었던 문화·예술은 산업혁명을 거치면서 중산층을 중심으로 그 소비가 확장되기 시작하여, 현대에 와서는 대중이 그 소비의 중심에 서게 되었다. 또한 산업사회가 발전됨에 따라 문화관광의 한 형태로 예술관광에 참여하려는 사람의 수가 늘고 있는데 이러한 예술관광 참여 증가 추세는 여가의 증대와 예술의 중요성 및 교육 수준의 향상에 기인한다. 특히 오늘날 관광은 대중관광에서 지속가능한 관광 형태인 대안관광으로 발전하고 있는 추세이며 대안관광의 일환으로 SIT(특수목적관광)이 주목받고 있어 새로운 분야와의 융합을 통한 특색 있는 관광상품에 대한 요구가 높아지고 있다. WTO는 미래 10대 관광형태 중 하나로 '문화관광'을 제시하며 문화를 기반으로 하는 관광 성장을 예측하면서 문화관광은 모든 여행에서 30%의 비중을 차지하고 있을 만큼 중요하게 받아들여지고 있다고 하였다.

한편 현대의 관광객들은 관광활동에 대한 교육적·체험적 동기가 강해지고 있으며, 특히 문화적 경험을 통한 만족을 갈망하고 있는 추세로 최근 음악·미술·뮤지컬·연극 등 문화색이 강한 SIT 분야인 문화·예술관광에 대한 관심이 높아지고 있다. 이러한 체험추구 관광소비자의 등장으로 관광상품 개발이 문화, 이미지, 상징을 결합하는 경험상품 개발로 전환되면서 관광과 문화·예술 분야의 융합이 중요한 트렌드로 등장하였다. 또한 예술관광이 독특한 수요와 여행특성을 지닌 하나의 새로운 시장영역을 형성하고 있으며 예술관광 시장에 대한 수요가 증가하고 있고 높은 만족을 유발하기 때문에 재경험 욕구를 유발시켜 발전가능성이 매우 크다고 할 수 있다. 이렇듯 예술관광은 체험 추구 관광객들이 증가함에 따라 특정 관광시장에서 중요 관광자원 및 관광사업의 기반으로 자리잡고 있으며 새로운 관광 시장으로서 미래 발전가능성이 높은 분야로 부상하고 있다.

관광목적지에서의 예술활동과 문화활동은 그 지역의 이미지 형성에 많은 영향을 미쳐 그 중요성이 대두되고 있다. 또한 문화·예술은 지역주민에게는 예술에 대한 향수의 폭을 확대시켜주는 기회가 되고, 관광객에게는 관광 체험활동의 다양성을 제공한다. 즉 관광목적지 측면에서 문화·예술은 예술관광객을 불러들임으로써 지역의 소비활동을 촉진하고 지역경제 활성화에 기여할 수 있으며 관광객을 유치할 수 있는 매력을 가지고 있기 때문에 예술을 활용한 관광은 그동안 지역경제 활성화 측면에서 주로 활용되어왔다

문화융성의 시대를 맞아 정책적으로 예술관광, 공연관광 등의 관광 행태가 고급문화소비 관광활동 지원뿐만 아니라 문화예술마을, 예술촌 등과 같이 다수의 사람들이 찾는 예술 관련 관광지 조성 및 예술체험 관광상품을 개발·확대하려는 움직임이 확산될 것으로 예상된다.

② 관광에서 예술의 효과

예술과 문화는 국가와 지역, 커뮤니티 등 여러 단위에서 경제,

정치, 문화적 가치들을 생산하는 가장 중요한 정책의 대상으로 관광이나 소비자 구매 등을 통해 지역경제를 촉진하는 장점이 있다. 고유한 색깔이 있는 문화·예술일수록 광범위한 지역의 사람들에게 관심의 대상이 될 수 있고, 그 것을 접하려고 사람들이 이동하는 것이 관광현상이라는 점에서 문화·예술과 관광은 불가분의 관계에 놓이게 되며 관광과 문화·예술은 유기적인 관계를 통해 해당지역의 발전을 위한 시너지 효과를 창출한다. 특히 문화·예술은 관광성수기와 체류기간 연장, 방문객 만족도 증가, 관광수입 증가 등에 영향을 미치며, 관광은 문화·예술에 문화·예술 분야의 추가 수입 발생, 새로운 관람객 시장 개발, 후원과 지원의 확대 등에서 긍정적인 효과가 있다. 최근 일본 카가와현의 나오시마와 주변 섬들은 문화자원을 예술과 융합·연계하여 관광 매력도를 높여 새로운 시장을 창출해냈으며 이는 문화자원과 예술의 융합은 새로운 시너지 효과를 창출할 수 있다는 것을 보여준 사례이다.

③ 지역 발전에서 예술의 효과

예술을 통해 지역의 경제를 활성화 시키고, 지역에 활력을 부여하는 등 유·무형의 효과를 창출할 수 있다. 예술은 경제의 한 부분을 차지하고 있으며, 경제적 효과를 창출하여 다른 산업에 파급효과를 발생시킨다. 예술분야는 꽤 높은 수준의 부가가치 창출이 가능한데 이 중 예술행사의 부가가치 창출 규모가 높은 편이다. 특히 예술적인 요소가 포함된 관광이 전체 관광수입의 많은 부분을 차지하고 있어 해외관광에서 중요한 역할을 한다. 그리고 예술분야의 소비를 통해 간접고용이 발생되어 고용 유지의 강력한 수단이 된다. 또한 예술은 지역의 이미지를 개선하고 지역을 활성화시켜 활력을 부여하며, 미술관, 박물관 등과 같은 예술시설은 방문객을 특정 장소로 모이게 하는 매력물이 된다.

지역사회의 발전에 있어서 예술의 역할을 경제적, 문화적 측면을 포함하여 5가지로 제시할 수 있다. 예술은 지방경제의 한 구성요소로 지역주민에게 직업과 소득을 제공하고, 예술 산업은 지역경제를 부흥시키는 유일한 활력소로 도시의 미학적 가치를 제공하며 도시의 경제성을 향상시킨다. 또한 예술은 대중의 소비패턴을 변화시키는 중요한 역할을 수행하고, 사회구성원의 다양한 문화나 가치를 융합시키며 지역주민의 정신건강과 복지 향상에 크게 이바지한다. 이와 같이 예술은 단순한 소비활동이 아니라 직·간접적으로 지역경제의 발전에 기여하며 하나의 산업으로 성장할 수 있는 분야라고 할 수 있다.

④ 예술관광 개념 및 특징

예술이란 명확히 정의내리기 어려우며 사용하는 사람과 시대별 상황에 따라 그 의미가 다양하게 적용되는데, 오늘날 예술, 아트(Art)라는 단어는 미적(美的) 의미에서 '수공(手工)' 또는 '효용적 기술'의 의미까지를 모두 포함하는 의미로 사용되고 있다.

문화예술진흥법에서는 '문화예술'을 문학, 미술(응용미술 포함), 음악, 무용, 연극, 연예, 영화, 국악, 사진, 건축, 어문, 출판 및 만화를 포함하는 13가지로 지정하고 있다.

예술관광은 이러한 예술(자원)을 관광화하고, 관광(자원)을 예술화하는 것이라 할 수 있으며 예술은 관광객을 유치해주고, 관광은 예술에 청중을 공급해주므로 예술과 관광은 상호보완적인 관계라 할 수 있다. 특히 상업적인 측면에서 예술은 관광상품에 활력을 주며, 시장에 대한 매력도를 증가시키고, 해당 지역에 새로운 가치를 부여하여 판매와 촉진에 중요한 역할을 하고 있으며, 관광상품의 질적 향상과 매력 증진의 효과가 있다.

예술관광의 주요대상을 시각예술관광, 공연예술관광, 예술이벤트와 축제관광, 문학관광의 4가지로 구분된다. 시각예술관광의 대상으로 회화, 조각, 사진, 영상, 건축 등이 있으며 공연예술관광의 대상으로 음악, 오페라, 연극, 발레, 뮤지컬 및 그 외 극장공연물 등이 있다. 또한 예술이벤트와 축제관광의 대상으로 전통·현대예술을 대상으로 하는 행사가 있으며 문학관광의 대상으로는 고전·현대문학이 있다.

예술관광의 대상을 정적예술과 동적예술로 구분하였는데 정적예술은 회화, 조각, 사진, 공공미술 등 주로 전시형 예술작품이 대상이 되며 동적예술은 연극, 뮤지컬, 오페라, 예술축제 등 주로 현장중심형 예술작품이 대상이 된다.

■ 예술관광 사례

① 영국 게이츠헤드 발틱 현대미술관

영국 소도시 게이츠헤드(Gateshead)는 중화학공업과 조선이 발달했으나 2차 세계대전 이후 제조업이 쇠퇴하고 사회경제적인 문제를 발생시켜 1980년대 들어 시의회는 뉴캐슬, 게이츠헤드를 문화예술관광 도시로 탈바꿈하기 위한 도시재생 프로젝트를 추진하게 되었다

그중 발틱 현대미술관은 1950년대부터 30여 년간 밀가루 제분소로 사용된 건물을 문화공간으로 새롭게 조성하여 2002년 7월에

개관한 곳으로 영국에서 두 번째로 큰 현대미술관으로 소장품 없이 오로지 전시 프로그램으로만 운영되고 있으며 게이츠헤드의 랜드마크로서의 역할을 하고 있다.

▎그림 2-12▎ 발틱 현대미술관

또한 2004년 12월에 개관한 세이지 음악당은 세계적인 건축가가 설계를 맡아 소라껍질 모양의 독특한 외관으로 건축미를 자랑한다. 개관한 2004년부터 2006년 4월 말까지 약 80개의 국내외 컨퍼런스를 유치하여 100개의 나라에서 방문한 방문객들이 뉴캐슬과 게이츠 헤드를 찾도록 하는데 기여하였고, 연간 약 774억 원의 파급효과를 창출하고 있다. 최근에는 세계적인 문화예술정책과 관련된 여러 단체의 주요 개최 장소로 이용되고 있는데 세계 최고 수준의 공연과 전시가 열려 연간 100만 명 정도의 예술가를 포함한 여행객들이 게이츠헤드에서 열리는 공연과 전시를 관람하기 위해 방문하고 있다.

② 북경 798 예술거리

중국 북경에 위치하고 있는 따산즈 798 예술구는 1950년대 초, 소련과 동독으로부터 원조를 받아 군수공장·전자공업공장구역 단지로 조성되며 냉전시대 기간 동안 전성기를 누렸으나, 1990년 이후 쇠퇴하기 시작하였다. 798이라는 숫자는 공장단지 구역을 지칭·구분하는 번호이며, 798외에도 718, 700, 797 등이 있는데 798

❙그림 2-13❙ 북경 따산즈 798 예술구

지역의 공장들이 점차 이전하면서 798구역 일대가 유휴공간으로 변하였다.

1997년 중국 중앙미술학원의 수이지엔궈(Sui, Jianguo) 교수가 동료들과 같이 798지역의 빈 공장을 작업실로 임대하고 입주하면서 예술지구로 변화하기 시작하였다. 2006년 북경시는 798예술특구를 '문화 창의 산업 기지'로 공식 지정한 후, 2008년 시작되는 '북경시 제11차 5개년 경제사회발전계획'을 통해 5억 위안(약 600억 원)의 예산을 별도로 배정하는 등 적극적으로 지원하고 있다.

현재 따산즈 798 예술구는 중국에서 가장 큰 예술특구로서 하루에 2~3만 명, 매년 개최되는 798페스티벌 기간에는 30만 명 정도의 관광객이 방문하며 연간 2조원 규모의 미술품이 거래되고 있다.

③ 가나자와(문화·예술도시)

2차 세계대전으로 인한 피해가 거의 없어 전통도시로서의 모습을 유지할 수 있었던 가나자와는 지역정체성을 전통공예도시로 설정하고 예술문화 창조도시가 되기 위한 계획을 세우고 실현하였다.

가나자와에서는 희소 전통산업 진흥, 전통산업 후계자 육성, 브랜드 공예품 개발, 공예품 보급 추진, 산간지역 공방 개설 지원이라는 여섯 가지의 전통산업 정책을 추진하였다.

▌그림 2-14▐ 가나자와 21세기 미술관

가나자와의 대표적인 문화시설로는 가나자와의 방적공장을 문화시설로 탈바꿈한 '시민예술촌'과 '21세기미술관'이 있는데 21세기미술관은 전시뿐만 아니라 예술활동을 직접 체험할 수도 있는 시민문화공간으로서의 기능을 하고 있으며 전통과 현대를 결합한 가나자와 예술문화의 거점으로 기능하게 되었다. 미술관으로 인한 경제효과는 연간 180억 엔에 이르고 개관 후 1년간 157만 명이 방문하여 약 328억 엔의 수익을 올렸다.

이외에도 가나자와는 관광객들을 위한 공방 견학과 공예 체험으로 구성되어 있는 '크래프트 투어리즘'이라는 이름의 수공예 관광코스를 개발하여 운영하고 있다.

가나자와에는 전통에 기반을 둔 기관이 천여 개가 넘으며 가나자와를 찾는 관광객은 한해 700만 명에 이르고, 이들이 벌어들이는 수익은 약 4조 4천억 원에 달한다.

④ 영국 BBC 프롬스

BBC 프롬스는 영국 런던에서 매년 여름에 8주 동안 열리는 오케스트라 클래식 음악 축제로 클래식 음악, 재즈, 대중음악 등 다양한 음악도 함께 들을 수 있는 세계적인 클래식 페스티벌이다.

1895년 처음 시작되어 현재는 70개 이상의 공연이 개최되고 있

❙그림 2-15❙ BBC 프롬스 전경과 공연 모습

는데, 클래식 음악 축제 중 가장 크고 대중화 된 축제라고 할 수 있다.

2014년 120주년을 맞이한 프롬스는 총 관객 30만 명, 88%의 객석 점유율, 주 공연장 76개의 공연 중 절반 이상이 매진될 정도로 영국 사람을 포함한 전 세계 사람들이 즐길 수 있는 축제로 발전하였으며 8주에 걸쳐 90여개의 크고 작은 공연들이 열린다. 축제가 열리는 장소로는 주요 공연이 열리는 6,500명을 수용할 수 있는 대규모의 로열 알버트홀, 작은 규모의 공연이 열리는 1,000석 규모의 카도간홀, 그리고 마지막 날 야외 공연인 <프롬스 인 더 파크>가 있다.

공연 티켓의 가격대는 8개의 카테고리로 나뉘어 판매하고 있는데, 그 중 10년 째 5파운드에 판매되고 있는 1,400장의 입석표는 공연 시간 전부터 사람들이 줄을 서서 살만큼 인기가 있다. 또한 마지막 공연은 야외공연과 실내 공연이 함께 벌어지는데, 'BBC 프롬스 인 더 파크'에서 열리는 야외 공연은 런던뿐만 아니라 벨파스트, 스완지 등 여러 도시에서 함께 진행되며 BBC 라디오와 텔레비전 방송을 통해 전국에 생중계된다.

⑤ 영국 에딘버러 프린지 페스티벌

❙ 그림 2-16 ❙ 에딘버러 프린지 페스티벌

'에딘버러 프린지 페스티벌'은 제2차 세계대전 이후 유럽을 문화예술로 재통합하자는 가치 아래 시작된 '에딘버러 인터내셔널 페스티벌'을 모태로 탄생했다.

1947년 인터내셔널 페스티벌 초기에는 초청받지 못했던 8개의 공연단체가 주변의 소규모 공연장을 극장으로 개조해 공연한 이후 프린지(주변이라는 뜻)에서 자발적으로 공연하는 공연단체가 증가하자 1957년 '프린지 협회'가 창립되었으며 프린지 협회에 참가비를 낸 사람들은 누구나 축제에서 공연을 할 수 있게 되었다.

현재 '에딘버러 프린지 페스티벌'은 매년 8월에 열리며 다양한 문화예술인들이 자유롭고 실험적인 공연을 보여주고 있고, 아마추어부터 전문예술단체까지 누구나 쉽고 자유롭게 참여할 수 있는 '세계 최대의 공연예술축제'라 할 수 있다.

299개의 공연장에서 4만 9천회 이상의 예술 공연을 펼치는 에딘버러 프린지 페스티벌은 기네스북 기록을 경신하고 있을 뿐 아니라 지난 2014년에는 51개국 2636개의 공연 팀, 2만 4천명의 배우, 전 세계 1천 600만명이 넘는 관람객이 참가하여 지역의 소규모 예술축제가 세계 최대 예술 축제로 발전한 대표적 사례로 손꼽히고 있다.

⑥ 파주 헤이리 예술마을

❙그림 2-17❙ 파주 헤이리 예술마을

헤이리 예술마을은 1998년 창립총회를 시작으로 미술인, 음악가, 건축가 등의 회원 300여 명의 예술인들과 민간인 공동체가 참여하여 집과 작업실, 미술관, 공연장 등의 문화예술공간을 조성한 곳이다. 미술, 영화, 음악, 문학 등 각 분야를 대표하는 예술가들이 활동 및 거주하는 예술마을로 매일 각종 전시와 다양한 체험을 경험할 수 있으며 문화를 생산, 전시, 판매한다. 헤이리 예술마을의 공간구성은 크게 갤러리, 박물관, 소극장, 아트샵으로 이루어져 있다. 전시는 매일 미술관과 갤러리에서 이루어지며 공연과 체험프로그램을 활발하게 운영 중에 있고 작가의 공방에서 체험활동이 이루어지기도 한다. 문화예술에 대한 같은 뜻을 가진 사람들만이 이곳에 거주할 수 있으며 현재는 자격심사를 거쳐야만 회원이 될 수 있다. 마을의 여러 가지 일은 헤이리 회원들이 자발적으로 참여하는 헤이리 마을회관을 통해 논의하고 행사 등을 주관한다.

헤이리 예술마을이 추구하는 방향 구성은 창작공간, 전시공간, 공연공간, 축제공간, 교육공간, 담론공간, 판매공간, 국제교류공간, 창작주거공간이며 인재양성 및 일자리 창출을 통해 지역사회 발전에 기여하는 것을 목표로 삼은 '휴-벨트 프로젝트'를 시행하고 있다. 휴-벨트 프로젝트 문화관광전문가 양성으로 지속적인 일자리 제공, 파주지역의 관광전문가 투입으로 문화관광사업의 질적 향상, 미취업자, 다문화가정, 베이비부머 세대에 새로운 일자리창출 기회부여, 관광활성화, 경제활동인구 증가 등 으로 지자체 수익 증대를 기대하고 있다.

08.
공연관광

■ 공연관광의 개념과 특성

우리나라 공연법에 의하면 공연이란 음악·무용·연극·연예·국악·곡예 등 예술적 관람물을 실연(實演)에 의하여 공중(公衆)에게 관람하도록 하는 행위이며, 상품 판매나 선전에 부수(附隨)한 공연은 제외된다. 공연(performance)의 어원을 살펴보면 '완결에 도달하다'라는 뜻의 중세시대 단어 'parfournen'에서 유래했으며 성취를 하고자하는 인간의 본능을 담고 있다. 또한 공연은 예술가 및 작품이 관객과 같은 시간과 공간을 공유하면서 만들어지는 형태를 지니고 있다. 따라서 공간, 공연자, 관객이 공연의 기본 요소가 된다.

공연의 종류는 무용, 연극, 뮤지컬, 연주회, 오페라, 악극, 마임, 마술쇼, 서커스 등이 있으며 현대에는 그 장르가 모호화 되고 미술, IT 등 다양한 한 분야와 소재가 결합된 융복합적인 형태를 지니는 공연이 출현하고 있다. 공연은 무용, 음악, 연기 등 표현의 형태를 구분 짓는 장르뿐만이 아니라 전통적으로 발달해온 장르와 현대의 장르가 구분되는데 전통형식의 공연을 현대화하여 새로운 공연으로서 재창조되기도 하며 이를 관광 상품으로 판매하는 사례가 늘고 있다.

공연관광이란 공연과 관광이 결합된 형태로 여행객에게 공연이 관광 상품으로서 판매되는 형태를 지닌다. 공연관광은 문화관광,

예술관광의 하위 카테고리에 속한다. 공연은 현장성이 매우 중시되고 종합적 경험을 가능케 하므로 관광과 연계되기에 매우 적합하며, 새로운 관광의 유형으로 성장하고 있다. 공연을 관광 상품화하는 데에 있어 국내외 FIT 및 단체여행객의 특성이 프로그램을 구성과 마케팅전략에 반영되며, 관광객유치는 지역발전에 영향을 주기도 한다.

공연을 특징짓는 필수요소는 '공연자', '공간', '관객'이라 할 수 있으며 한공간에서 공연자에 의해 생산되는 모습을 관객이 받아들이고 반응함으로서 상호작용이 일어난다. 공연은 현장성 및 즉시성이 특징이며 구체적으로 복제와 배급이 불가능하고, 시간과 공간에 구속되며, 경험적 소비가 이루어지는 상품이다. 따라서 제조물과 달리 미리 상품을 경험하기 어려우므로 효과적인 광고, 홍보, 그리고 관람 이후 관객들의 피드백을 통한 공연의 질(quality)을 유지하는 것이 중요하다.

공연은 자체의 경제성과 공공성으로 인해 사유재인 동시에 공공재가 되는 특수성을 지니고 있다. 상품으로서 공연의 구매요인은 가격과 서비스 보단 관객의 기호와 취향의 영향이 큰 특징이 있다. 공연은 예술가 혹은 예술단체, 공연장, 기획사 등에 의해 다양한 환경에서 기획 및 제작될 수 있다. 이들은 공연관람원의 형태로 기획사, 티켓판매대행사, 아트마켓, 공연장 자체 판매시스템을 통해 유통되며 일반인, 공연관계자, 기업체, 외국인관광객, 정부, 공연장 자체 구성원 의해 소비는 특징을 지니다.

현대의 소비자는 인터넷과 스마트기기를 활용하여 사전 가격비교 등 영리한 소비를 하고 있으며, 제품의 품질에 더하여 감성을 자극하는 제품에 대해 열광하고 있다. 또한 능동적 평가에 의한 주체적인 소비를 하고, 상품 구입경로의 편리함을 요구하며 구매상품을 통해 자신의 개성을 표출한다. 이러한 특징을 기반으로 현대의 소비자는 공연을 선택할시 공연의 명성, 스테프/배우/공연단체의 명성과 인지도, 공연의 작품성과 완성도, 언론 방송 매체의 추천, 전문가의 소개와 평가, 공연 티켓의 가격, 공연장의 위치 등을 고려하고 있다.

공연 기획의도, 영리성, 공연단체 또는 예술가의 명성, 창조성 및 발전성, 복지의 측면이 공연 기획시에 고려되어야 할 사항이며, 예술성, 독창성, 시의성, 기관이나 단체 설립목적의 적합성, 주변환경, 실현가능성, 사업성, 시장여건, 경쟁력이 고려되어야 한다.

공연과 관광을 접목하면 예술 가치와 경제가치가 모두 고려된 고품질의 상품을 제작할 수 있어 지역 발전을 위한 수단으로 활용 가능하고, 장기적으로 국가적 문화적 이미지를 창출할 수 있다. 관광공연은 주로 유명관광지에서 행해지는 경우가 많으며, 주변의 관광인프라와 함께 관광객 유치에 시너지를 가져온다. 특히 관광공연은 공연시간의 구애를 받지 않기 때문에 관광지의 특성에 따라 관람객이 특별히 관람할 것이 없거나 관람코스가 연결되는 중간 시간대에 제공 가능하다. 예를 들어 자연을 관람하는 관광지의 경우 야간시간, 단체관광객의 경우 식사전후 시간 등에 전략적으로 공급이 가능하다.

관광이 글로벌화 됨에 따라 외국인 관광객을 대상으로 관광지의 문화와 전통을 소재로 하여 공연이 구성되는 사례가 각광받고 있으며, 관광객에게 즐거움을 선사하기 위한 엔터테인먼트적 요소가 강하게 결합되는 경향을 보이고 있다.

■ 공연관광 국내외 사례

① 태양의 서커스(캐나다)

❙ 그림 2-18 ❙ 태양의 서커스

태양의 서커스는 1984년 캐나다 퀘벡에서 Guy Laliberte와 Daniel Gauthier에 의해 창설된 전통적인 서커스와 차별되는 융복합 공연이다.

태양의 서커스는 현재 19개의 쇼를 운영 중이며, 라스베이거스에 8개, 올랜도1개의 전용관을 두고 있고, 전 세계 투어 쇼를 병행하고 있다. 이를 통해 연간 1조원의 매출을 올리고 있으며, 50개국 이상에서 약 1억 5천만 명이 관람했고, 연간 15만 명의 관람객을 유치하고 있다. Emmy, Drama Desk, Bambi, ACE, Gémeaux, Félix and Rose d'Or deMontreux 등에서 수상한 바 있으며, 성공적인 경영신화에 결과로 1992년부터 자립도 확립하여 정부 또는 어떠한 기관에서도 지원금을 받지 않고 있다.

태양의 서커스는 1984년도 73명의 직원으로 시작하여 현재 4,000여명의 직원을 두고 있으며, 몬트리올 인터네셔널 본사에 1,500명이 재직 중이다. 직원의 구성을 살펴보면 50개국 이상 25개 이상의 언어를 사용하는 직원으로 이루어져 있어 범국가적이며, 100개 이상의 서커스 관련 전문 직종을 보유하고 있고 1,300여명의 아티스트가 활동 하고 있다.

태양의 서커스의 성공요인으로는 서커스에 혁신적으로 드라마를 도입, 영화·뮤지컬·서커스·무용 등 다양한 장르를 융합, 무대와 객성의 경계를 허문 디자인과 첨단 무대기술도입으로 혁신적인 무대를 보여준 데 있다. 뛰어난 예술성과 무대 기술, 아티스트들의 뛰어난 기량을 융복합적으로 선보인 수준 높은 공연의 국제적 성공 가능성을 보여주고 있다.

② 시암 니라밋(태국)

시암 니라밋은 태국의 인기 관광지인 방콕과 푸켓에서 9년 이상 공연되어 왔으며, 태국 문화와 역사를 주제로 하여 외국인 관광객을 유치하고 있는 대규모 공연이다. 태국의 역사와 대 서사시를 내용으로 다루며, 규모면에서 좌우 너비 65미터, 앞뒤 너비 40미터의 무대로 세계 기네스북에도 등재되었다. 객석은 총 2,000명을 수용할 수 있으며, 500벌 이상의 의상과 120여개의 무대세트를 갖추고 150여명의 연기자와 100명 무대 팀이 참여하고 있다.

7세기부터 시작된 태국의 역사, 태국의 각 지방의 생활과 축제 등을 서사적으로 묘사시킨 내용은 태국의 예술과 문화를 효과적으로 소개하여 많은 관광객에게 관광 코스로서 인기가 높다. 공연장 밖에는 민속촌이 조성되어있고, 식사를 함께 패키지로 운영하여, 공연콘텐츠와 관광운영측면에서 결합한 특징을 보인다.

| 그림 2-19 | 시암 나라밋 공연

■공연관광 정책 추진 방향

공연관광 국외사례에서 공연이 관광객을 유치하고 지역발전에 긍정적 파급효과를 미친다는 것이 검증되었다. 작품개발 및 관련 프로그램, 관련 시설 개발 등을 통해 전 세계의 공연관광시장과 경쟁할 수 있는 관광 상품 개발 필요 있다.

현재 우리나라의 관광공연을 살펴보면 매우 영세하고 소품공연 위주로 운영이 되고 있다. 세계적인 성공사례와 경쟁을 할 수 있는 독자적인 대규모 공연을 제작하며, 그 파급효과로 기존의 관광공연시장을 확대해 나가는 전략이 요구된다. 또한 관광공연 클러스터구축, 축제활성화 등을 통해 상품의 규모를 확대하여 관광객 유치하고 관광시장 활성화 추진할 필요가 있다.

우리나라의 대표적인 관광 상품 중의 하나로 예술적 가치를 지닌 공연작품을 소개함으로서 국가 높은 예술 수준을 알리고 문화예술적 이미지를 제고함으로서 관광객을 유치할 수 있다. 공연관광 활성화의 핵심은 홍보활동이라 할 수 있다. 각 관광 공연사에 의한 국내외 홍보 활동은 매우 제한적이며 많은 어려움을 겪고 있다. 따라서 온라인 정보화시스템구축, 국외 투어쇼 기획 등 국가차원에서 공연관광을 핵심 관광 상품으로 홍보하고, 영세한 관광공연사의 한계를 넘어선 범국가적인 홍보의 추진이 필요하다.

우리나라 공연관광 상품은 유사한 형태와 소규모의 공연으로 조성되어있으며 다양성을 확대할 필요 있다. 관광공연의 질적 제고를 위해 민간 공연단체와 일정 규모와 운영의 안정성을 갖춘 국공립 공연단체에 정책적 지원을 함으로서 프로그램의 다양화를 추진해야 한다.

공연 및 관광, 무대 및 조명, 음향, 분장, 특수효과, 첨단 과학기술분야 등 각계의 전문가의 협업으로 고차원적인 전문성을 갖춘 고품질의 융복합 관광공연 개발하며, 이를 통해 전반적인 공연관광시장 육성이 필요하다.

우리나라 공연관광의 가장 큰 취약점으로 공연장 및 관련시설의 전문성 및 쾌적성, 접근성 등 낙후된 기반시설의 활용이다. 관람환경은 공연의 질과 만족도, 관광객 유치에 가장 중요한 요소 중 하나이므로 이를 개선하여 공연관광 활성화 추진해야 한다. 글로벌 공연관광시장에서의 경쟁력을 갖추기 위해 국외 성공사례를 뛰어넘는 고품질의 테크놀로지구현이 가능한 융복합 전문공연장을 구축 하고, 이를 통해 창조적이고 다이나믹한 관광공연을 실현해야 한다. 영세한 기존 관광공연장에 대한 시설지원을 통해 공연의 질을 제고하고, 공연장 확보를 위한 재정적·정책적 지원을 통해 상설 공연의 안정화를 추구할 필요가 있다.

그리고 공연관광 활성화를 위한 환경을 조성하기 위해 공연관광 시장의 고용안정, 공연상품의 기본적인 운영을 위한 재정지원을 강화해야 한다. 그러기 위해서는 관련 펀드조성, 공연관광 육성사업, 특별 융자시스템 등 다양한 사업을 통해 공적·사적 자본을 유치하고 공연관광활성화를 위한 장기계획에 기반한 공연 홍보 및 관광객유치 확대 지원을 통해 공연관광 시장의 자생력을 강화해야 한다. 민간의 체계적이고 전략적인 공연관광 운영 시스템 및 정보화 시스템 구축지원을 통해 안정적인 공연관광 기반시장을 육성하고, 공연관광시장의 자생력강화를 통한 선순환적 시장운영체계구축으로 수준 높은 공연관광 상품 창출 및 공연관광을 활성화하여, 관련업계 및 주변 상권의 수익극대화가 가능하다.

제3부

관광도시의 명암(明暗)

제7장

관광 젠트리피케이션

01. 관광 젠트리피케이션이란 무엇인가

02. 젠트리피케이션으로 인한 주요 이슈

03. 젠트리피케이션 대응 사례

젠트리피케이션(gentrification[1])은 도심의 낙후지역이 활성화됨에 따라 외부인과 돈이 유입되어 임대료 상승 등을 가져와 기존에 거주하던 소득이 낮은 원주민이 다른 곳으로 밀려나면서 해당 지역이 외부인으로 대체되는 과정을 말한다.

gentrification 단어는 1888년 'Memories and Proceedings of the Manchester Literary & Philosophical Society'란 문헌에 처음 등장하였다[2]. 이후 영국의 사회학자 루스 글라스(Ruth Glass)가 런던 지역에서 발생한 근린의 변화를 설명하는 과정[3]에서 알려지게 되었다.

이러한 젠트리피케이션은 주거 젠트리피케이션(residential gentrification), 상업 젠트리피케이션(commercial gentrification), 관광 젠트리피케이션(tourism gentrification) 등의 형태를 띠고 있다.

1 gentrification의 어원은 신사 계급, 상류 사회, 신사사회의 사람들을 뜻하는 'gentry'와 ~화(化)를 의미하는 'fication'의 합성어이다.

2 'gentrification'은 다음과 같은 문장에 나타나 있다.
'But city centre gentrification creates new difficulties and pressures for the disadvantaged and may displace ghettos of disadvantage to the edges of cities.'

3 런던 도심의 노동계급 주거지역에 중간계급이 진입함으로써 지역 경관이 업그레이드되고 원주민이었던 노동계급이 도시 변두리로 밀려나는 현상을 발견하고, 「런던: 변화의 양상(London : Aspects of change」이라는 책에서 젠트리피케이션(gentrification)이라는 용어를 사용하였다.

❙그림 3-1❙ 젠트리피케이션 발생과정

서구는 물론 우리나라도 도심부의 노후 주거지역 재개발로 인하여 중산층이 원주민인 저소득계층을 대체하는 주거 젠트리피케이션이 주된 사회적 문제였다. 최근에는 상업지역 재생과정에서 발생하는 급격한 임대료 상승으로 소규모 임차인이 대형 프랜차이즈로 대체되는 현상인 상업 젠트리피케이션이 사회적 이슈로 부상하였다[4]. 이러한 상업 젠트리피케이션은 방문객들에 의해 명소화를 동반하면서 관광 젠트리피케이션의 성격[5]을 가미하기도 한다. 즉, 명소화된 지역은 방문객들을 촉발하고 문화·예술적 콘텐츠가 강화되면서 관광 젠트리피케이션 양상을 보이기도 한다.

관광 젠트리피케이션은 상업 젠트리피케이션과 연관되는 개념이다. 두 개념 모두 방문객에 의한 공간 및 장소 소비를 바탕으로 하고 있다. 또한 기존의 주거지역에 대한 재생과정에서 문화예술적 접목에 성공하고, 타 주거지역에서 볼 수 없는 독특한 매력을 갖는 주거지의 경우에는 방문객의 유입이 증가하면서 관광 젠트리피케이션의 양상을 띠는 경우도 있다.

---

4 상업 젠트리피케이션이 발생한 지역은 서촌, 홍대, 경리단길, 가로수길 등이 대표적이며, 특히, 가로수길의 프랜차이즈 개수는 2007년에서 2014년 사이 30개에서 225개로 8배 가까이 증가했다.

5 문화·예술적 코드가 집중된 지역은 상업지역과 구별되고 세분화되면서 관광 젠트리피케이션 속성을 강하

젠트리피케이션이 도시에 미치는 영향을 긍정적인 영향과 부정적인 영향을 동시에 존재한다. 젠트리피케이션의 긍정적 관점으로는 지역의 갱신효과와 재활성화를 촉진하여 지방정부의 세수입과 재정이 증대되고 새로운 계층이 유입되어 사회적 혼합이 증가되는 측면이다. 부정적 관점으로는 부동산가격의 급상승에 따른 임대료 상승과 함께 인구의 강제적 이동이 초래되고 주민들을 중심으로 불만과 갈등이 증가한다는 것이다. 도시재생의 관점에서 젠트리피케이션은 긍정적 부분도 부정적 부분도 간과할 수 없는 딜레마(dilemma)인 것이다. 상업지역의 젠트리피케이션은 대중소비보다는 개인화된 소비로서 기호와 미학을 중시하는 소비양식으로 상업시설의 고급화를 촉진하게 된다. 이러한 과정 속에서 기존 상가의 정체성과 고유성을 가진 상점들이 감소하게 되고 장소성의 변형이 나타나게 된다.

상업지역의 젠트리피케이션 과정이 부정적 효과만 있는 것은 아니다. 지역에 상점이 증가됨에 따라 다양한 제품과 서비스가 제공된다는 점과 지역주민들의 지역에 대한 자부심이 높아지고 새롭게 조성된 상점이 제공하는 높은 심미성과 예술적 분위기는 지역의 이미지와 장소성을 강화하여 방문객을 증가시키고 지역 활성화에 기여하는 긍정적 부분도 있다. 또한, 잠재적 가치에 비해 떨어지는 현재의 가치(임대료 격차, Rent Gap)와의 격차를 조정해주며, 도시 차원의 부동산 가치를 조정하고 여과해주는 기능도 있다.

01.

관광 젠트리피케이션이란 무엇인가

■ 관광 젠트리피케이션 현상

도시는 그 자체가 매력적인 관광대상이다. 도시의 구조, 역사 문화유산, 건물의 건축기술, 그리고 도시지역의 전망과 경관은 도시를 방문하는 중요한 유인요소이자 관광동기를 부여한다. 지자체마다 관광은 지역발전의 주요 수단으로 부각되고 있다. 그러나 유명세를 치른 지역에 관광객이 급증함으로써 주거환경이 위협받게 되자 지역주민들이 피해를 입고 있다. 즉, 관광으로 인한 젠트리피케이션 현상이다.

도시의 젠트리피케이션은 평균소득이 증가로 건물의 매매가치가 증가하면서 임대료가 증가하고, 이에 저소득층 비율이 감소하며 부동산 개발자로 하여금 관광지화가 되어가는 과정에서 근린시설이 감소하며, 소규모 기업이나 엔터테인먼트 관련 가게들로 대체되어가면서 공간구조 변화가 진행된다[6]. 관광지화가 원주민들의 전통과 문화유산을 훼손시키지만, 동시에 원주민들이 중산층으로 전환될 수 있는 계기가 되기도 하는데, 특히 원주민들이 외부요인에 의한 지역일대의 셀프젠트리피케이션 현상을 자발적으로 유도하여 새로운 환경과 외부요인에 적응하는 경우도 발생한다[7].

---

6 Gotham, K. G, Tourism gentrification: The case of new orleans' vieux carre(French quarter). Urban Studies, 42(7), 1099-1121, 2005.

7 Chan, H. J., Iankova, K., Zhang, Y., McDonal, T., & Qi, X, The role of self-gentrification in sustainable tourism: Indigenous entrepreneurship at honghe hani rice terraces world heritage site, china. Journal of Sustainable Tourism, 24(8-9),

▍그림 3-2▍ 젠트리피케이션은 사회 갈등을 야기하기도 한다

관광지로서의 도약은 희생 없이 이루어지지 않는다. 관광은 상업적 가치를 만들기 위해 무제한 개발을 장려하는 경향이 있기 때문이다. 따라서 개개인의 관광객은 일시적으로 관광지를 방문하지만, 관광객의 지속적인 방문은 원주민들에게 부정적인 영향을 미칠 수밖에 없다.

관광도시는 관광을 지역재개발의 일환으로 경제 활성화를 추구하게 되지만, 이러한 개발은 대개 그 지역의 역사적 진실성을 무시한 채 민간 개발업자들이나 정부주도에 의해 유명 호텔, 유명 엔터테인먼트 빌딩 위주로 개발된다. 따라서 관광개발에 밀린 지역 주민들은 새롭게 등장한 제도적 불평등 속에서 경제적, 사회적 소외

1262-1279, 2016.

계층으로 남게 되며 흔히 거론되는 지역경제, 균형개발, 주민소득 증대, 고용기회 확대는 외부와의 종속상태를 위장하는 달콤한 단어로만 남게 된다. 더 큰 문제는 경제발전에 따라 신산업이 등장하면서 공공투자가 이어지는 가운데, 관광도시 개발이 순식간에 부활했다가 급히 식을 수도 있다는 것이다. 이는 관광의 본질적 측면을 간과한 채 관광을 도시의 경제적 발전을 위한 수단으로만 보았기 때문이라 할 수 있다

관광 젠트리피케이션이 발생하는 지역들은 지역개발과 급속한 자본의 진입으로 상업화 되고, 상업화를 부추긴 특수계층의 전입으로 원주민들이 도태되며, 도심이 삶의 터전으로서의 의미를 상실하고 외부인들을 위한 관광지가 되어가면서 공간의 변화가 지역의 자원과 정체성을 훼손시키게 된다. 그래서 결국 지속가능한 관광지로서의 한계를 나타내게 되는 것이 젠트리피케이션의 부정적 현상이다.

우리나라에서 나타나고 있는 젠트리피케이션 현상은 해외사례에 비춰볼 때 상이한 특징이 있다. 해외에서 나타나는 젠트리피케이션은 주거지를 중심으로 주거 젠트리피케이션이 주를 이룬다. 미국에서는 인종문제와 함께 게토화(Ghetto化)를 젠트리피케이션 현상의 주요 영향 요인으로 보고 있다. 그러나 한국을 포함한 아시아 지역은 아직까지 인종 혹은 게토화에 대한 요인을 젠트리피케이션 현상의 주요 영향 요인으로 보기 어렵다. 따라서 우리나라 도심지역에서 나타나고 있는 '관광 젠트리피케이션' 현상은 "전통 문화유산, 문화예술인과 같은 문화적 고유성이 내재되어 있는 특정 지역이 유명세를 치르며 관광지화 되어가는 과정에서, 그 지역의 잠재적인 투자가치를 인식한 중산층과 관광객이 몰려와 동네의 변

화 즉, 공간의 재구조화를 일으키는 복잡하고 역동적인 관광현상"이라 할 수 있다[8].

■ 관광 젠트리피케이션의 특징과 진행

관광은 대규모의 글로벌 호텔 체인, 여행사, 렌터카, 카드회사 등이 지배하는 산업이다. 동시에 관광은 지역 공간에 한정되어 다양한 지역 상품을 소비하는 산업이다. 따라서 관광은 관광객의 취향을 충족하는 지역의 문화와 역사, 독특함의 상품을 포함하는 지역적 기반의 활동의 총체이다. 관광 젠트리피케이션의 진행과정은 구조주의적적 접근과 인간주의적 접근의 통합 모델 형태를 보여준다. 구조주의적 접근 방식은 젠트리피케이션의 원인을 공급 측면에 중점을 두고 자본의 변화(지대격차, 가치차이 등)에 의한 경제적인 것으로 본다. 인간주의적 접근방식은 수요 측면에 중점을 두고 새로운 인구유입과 그들의 소비 및 행동 패턴에 원인이 있다고 보는 관점이다. 최근에는 젠트리피케이션을 산업구조 변화, 인구학적 변화, 정부정책 등 제도적 변화로 보는 것 보다는 젠트리피케이션 현상이 매우 다양한 형태를 띠고 있어 지역적 맥락에 따라 개별 분석을 통해 이해하는 것이 중요하게 인식되고 있다.

관광 젠트리피케이션은 관광 개발 및 투자, 인구통계적 변화, 물리적 변화, 문화 및 생활양식의 변화 등 4가지 측면에서 변화를 거치며 진행된다. 먼저 관광 개발 및 투자 단계는 관광 개발이 촉진

8 안지현·김남조, "관광 젠트리피케이션 현상에 대한 인과순환 구조와 정책지렛대 탐색", 관광학연구 제42권 제1호, 한국관광학회, 2018.

되고 부동산 가치가 증대되며, 쇼핑몰 등 소비 공간에 대한 민간 투자가 촉진된다. 또한 지역 경제를 재구성할 뿐만 아니라 인구통계적 변화를 야기한다. 인구통계적 변화 단계에서는 인구의 유입 및 이주에 따라 거주자 수, 소득수준, 거주 유형 등의 변화가 일어난다. 그리고 물리적 환경의 정비는 상업적 재활성화, 역사 보전, 지역 고유성 보호, 관광 및 문화시설 건설, 삶의 환경 개선, 기존 건물의 전시공간 활용 등이다. 이는 쇼핑센터, 호텔, 테마파크, 레스토랑, 카페 등 관광객과 신규 유입층의 욕구를 충족시키기 위한 소비 공간 증대로도 이어진다. 그러나 이러한 문화와 생활양식의 변화는 새로 유입된 새로운 자본에 의해 기존의 지역 특성은 사라진 채 획일화된 문화가 지배되어 그 지역 고유의 관광 매력을 저하시키는 결과로 이어질 수 있다.

최근 들어 도시의 일상적인 경험을 중시하는 관광이 확대되면서 관광 젠트리피케이션 현상 또한 다양하게 나타나고 있다. 관광 젠트리피케이션은 대규모 투자와 연계된 의도적 관광개발에 의한 젠트리피케이션의 모습을 보여준다. 그러나 최근 일어나고 있는 젠트리피케이션의 원인은 대규모 전략적 관광 개발 및 투자가 아니며, 상대적으로 적은 규모의 현상이 원인이 되어 도시 구조를 변화시키기도 한다. 또한 공간의 주거적·관광적 이용의 경계가 모호하기 때문에 도시 내 변화가 관광으로 인한 영향인지, 일반적인 도시 변화 과정상의 영향인지를 구분하기 어렵다. 따라서 이러한 지역은 역사·사회문화적 맥락을 중심으로 관광과 그 지역의 변화 관계에 대해 더 확인할 필요가 있다.

02.

젠트리피케이션으로 인한 주요 이슈

■ 임대료 인상 과정에서의 건물주와 임차인 갈등 심화

젠트리피케이션 발생지역은 임대료 상승으로 건물주와 임차인간의 갈등이 심화된다. 상가수요의 증가로 상가건물 임대차 거래에서 우월적 지위를 확보하게 된 일부 건물주 들이 부당한 요구를 하는 사례가 종종 있다. 또한 부동산 가치상승을 기대하고 건물을 매입한 건물주의 경우, 이전 임대차 계약을 승계해야 하는 의무가 있음에도 불구하고 상가건물 임대차 보호법에서 규정하는 비율을 상회하는 임대료 증액을 요구하기도 한다. 또한 부동산 가치 상승을 위해 입소문난 소규모 상점을 입점시키고 이후 임대료를 급격히 올리거나, 부동산 중개업자와 결탁하여 임대료를 상승시키기 위해 기존 임차인을 퇴거 시키는 경우도 발생하고 있다. 그리고 건물주가 주거용도의 건축물을 상업용도로 활용하기 위한 대수선 및 인허가 비용을 임차인에게 전가하는 경우도 발생한다. 임차인 간에 거래되어야 하는 권리금을 건물주가 가로채거나 임차인의 권리금 수수를 방해하는 갈등도 발생한다.

■ 유사업종의 밀집으로 상점간의 출혈경쟁과 매출 부진 발생

임차인간의 출혈경쟁과 매출 부진도 젠트리피케이션의 주요 이슈이다. 상업용 건물의 가치상승으로 투자목적으로 건물을 매입한 부재지주가 늘고, 임대료 상승으로 인해 임대료를 감당할 수 있는 특정 업종이 집중적으로 밀집하면서, 유사업종간의 경쟁 심화로 제로섬게임이 야기되고 있는 것이다. 그리고 상가 수요 증가에 따라 임대료는 큰 폭으로 상승했으나, 객단가와 회전률은 상승에 한계가 있어 매출이 임대료 상승폭을 따라가지 못하다 보니 수익감소로 폐업을 하는 경우도 나타난다. 매출이 부진하여 상권 활성화의 이익을 회수하지 못하는 업주들은 권리금 장사를 통해 이익을 보전하고자 하고, 이는 지역 내 상가건물 임대차 거래자체에 거품을 발생시킬 뿐 아니라, 상점이 변경되는 비율과 속도를 높이는 요인이 되기도 한다.

▪ 젠트리피케이션으로 인한 지역 고유성의 상실

젠트리피케이션에 의해 주거지가 상업지로 변화하는 사례가 증가하면서, 주거 환경 자체의 악화와 주거지의 고유성 상실이 이슈가 되고 있다. 특히, 상점의 증가로 외부에서 유입된 유동인구가 크게 늘면서 주차공간의 부족, 쓰레기 무단 투기의 증가, 소음과 사생활 침해 등의 문제가 나타나고 있으며, 외부 유입 인구를 고객으로 하는 상점이 증가함에 따라 기존에 근린생활시설의 기능을 수행했던 상점들이 줄어 거주민의 편익이 감소되는 것이다.

또한 수익성 좋은 특정업종들이 집중되면서, 고객을 공유해야 하는 상점간의 경쟁으로, 배후지역과 상생했었던 기존 상점 간 유대감과 지역애착도 사라지고 있다. 소비자의 취향에 부합하는 유사한 업종의 밀집으로 경관이 획일화 되는 것도 지역 고유성 상실을 부추기는 요인이 되고 있다. 현재 젠트리피케이션이 진행된 지역의 경우, 골목길 등 주거지까지 관광지화 하면서 관광객을 대상으로 하는 업종 위주로 변화함에 따라, 이전에 지녔던 고유의 장소성 소실은 물론, 주민과의 심각한 갈등도 표출되고 있다.

■ 사회·경제적 약자의 비자발적 이주 발생

젠트리피케이션으로 인한 가장 큰 사회적 문제는 영세임차인·주거세입자 등 사회·경제적 약자 계층이 쫓겨나거나 경제적 손해를 입는다는 것이다. 젠트리피케이션은 도시개발이나 도시 활성화 과정에서 어쩔 수 없이 발생하는 사회적 비용의 한 측면이라 비쳐질 수 있으나, 이 같은 현상의 피해자들이 대부분 중하위 계층의 소득층이나 영세한 세입자가 피해를 받는 것이 문제이다.

낙후된 지역에 문화예술인의 공방, 창의적 상점 등이 모여들면서 지역이 '뜨고', '핫한' 장소가 되어 상권이 활성화되나, 임대료가 상승함에 따라 활성화의 주체인 세입자는 오히려 높은 임대료를 감당할 수 없어 다른 지역으로 이주하게 된다. 상권의 변화 주기와 젠트리피케이션 속도가 점점 빨라짐에 따라 임차인은 시설비, 권리금 등 투자비용 회수에 대한 충분한 영업기간을 확보하지 못하고 이주해야 하는 문제가 발생된다.

■ 생활권 변화 및 다양성 감소

주거지의 과도한 상업화로 인한 주민편익 감소한다. 젠트리피케이션 발생지역에서 공통적으로 사업체수가 증가하고 주민등록인구가 감소하는 현상이 나타나는 등 주거지의 상업화로 인해 주거 약자의 유출, 주거지 기능의 약화, 커뮤니티 와해 등의 문제가 발생한다. 기존 주거지역에 주민을 위한 편의시설보다 일반 상업업종이 우세하게 되면서 주민들에게 필요한 생활편의 시설은 감소하고, 외부 관광객을 위한 상업시설이 확대됨에 따라 소음, 혼잡, 사생활 노출 등의 불편함에 노출될 수 있다.

업종의 다양성은 감소하고, 도시 모습은 획일적이고 지역의 특색 상실할 수 있다. 많은 사람들이 공통적으로 느끼는 다른 곳과의 차별성이 존재하는 지역은 많은 유동인구를 유입과 동시에 젠트리피케이션이 일어날 가능성이 높다. 특히 도심은 문화, 역사, 경제 기능 등이 집중되어 있는 도시의 핵심 공간으로 새로 개발된 지역과는 달리 오래된 것들의 매력과 이야기가 풍부한 장점이 있으며 독특한 분위기가 사람들을 유입시키는 원동력이 된다.

그러나 지역 특성 때문에 오히려 투기 대상지역이 되고 프랜차이즈 업종과 같이 대형 자본이 침투됨에 따라 기존 상권의 획일화, 업종의 다양성이 감소, 업종이 식·음료로 획일화된다. 주요 업종·용도가 단순화되고 어느 지역에서든 볼 수 있는 프랜차이즈 업종으로 대체되면서 기존의 특성 있던 도시 모습은 획일적이고 지역 특색이 상실되는 결과 초래하게 된다.

■ 공공의 재원·지원 투입에 의한 젠트리피케이션 발생

도시재생사업의 정책의도와 달리 공공 재원·지원으로 인한 지역경제 활성화의 혜택을 토지주·건물주가 무임승차하게 될 가능성이 높다. 많은 도시에서 인구감소 및 산업이탈 등 사회·경제적 활력 저하의 문제가 발생하면서 도심에 도시재생, 도심활성화사업 등의 중앙 및 지방정부 주도의 도시 재생사업을 수행하고 있다.

성공 재생사례에서는 관광객의 유입, 토지이용 변화 등의 요인에 따라 쇠퇴 지역이 활성화되나 세입자·임차인은 정책 과정에서 소외되게 된다. 사업대상지와 그 주변지역을 중심으로 부동산가격과 임대료가 오르면서 기존 거주민과 임차인의 삶의 터전을 상실하고 사업 이후 커뮤니티 관리 방안이 마련되어 있지 않아 커뮤니티가 해체되는 문제 발생하고 있다. 개발수요가 적은 지방의 경우, 도시재생사업 등과 같은 공공의 재원이 투입이 부동산 투자자본의 집중을 초래할 가능성이 높다. 또한 토지이용에 관한 대부분의 이익을 건물주가 독식하고, 그 가치를 형성하고 노력한 임대인의 몫은 미미한 수준이다.

도시재생사업이 외부인을 위한 관광위주의 사업으로 추진됨에 따라 원주민과 지역 영세 상인들은 삶의 터전에서 이탈하게 될 가능성이 높다. 실제 도시재생사업으로 추진되고 있는 사업들을 살펴보면 주민들의 편의를 위한 시설보다는 관광·외부인을 위한 시설 위주의 사업이 추진된다. 이로 인해 도시재생사업이 지역과 관광을 연계한 도시관광을 통해 지역을 활성화하고자 하는 정책을 펼치고 있으나 이는 성공할수록 원주민의 삶의 터전에서 이탈하게 될 가능성이 매우 높다. 도시재생의 성공이 의도되지 않은 부작용으로 이어질 가능성이 높아 도시재생 정책의 양면적 효과를 고려하여 부작용을 최소화하는 대책이 필요하다.

■ 장기적 관점에서 도시 경쟁력 상실

타 지역과의 차별성이 사라지면서 외부인의 방문이 감소하게 되고 상권이 축소되는 일련의 과정을 겪으며 장기적 관점에서 상업공간의 경쟁력을 상실할 우려가 있다.

고유의 역사성, 특정 업종이 집약되면서 인구가 유입되는 개성 있던 지역이 어느 지역에서나 볼 수 있는 프랜차이즈 업종으로 바뀌게 되면서 지역만이 가지고 있는 차별성과 경쟁력이 약화됨에 따라 임대인·임차인 모두에게 불리하게 된다. 소비자는 독특한 문화가 사라진 상업거리를 외면함에 따라 공간의 방문 횟수가 감소하고, 다양성 경험의 기회를 상실하여 다른 소비 공간을 찾아 떠나게 된다. 즉, 대기업 프랜차이즈가 유입되고 상업화가 과열되면서 문화·역사적 특성이 없는 '문화백화현상'이 발생할 수 있다.

상권이 개성이 상실되는 문제뿐만 아니라 높은 임대료로 인해 상업활동의 지속적인 영업기반 확보가 어려워 상권 자체가 침체될 가능성이 높다. 경쟁력을 유지하게 했던 업종과 사람이 빠른 속도로 바뀌면서 상권이 형성, 활성화, 침체까지 단기간에 경험하게 되면서 상업지역의 지속가능성이 약화된다. 높은 임대료가 형성되어 공실률이 증가하더라도 낮은 금리와 더 높은 임대료를 지불 가능한 임차인이 나타날 때까지 공실로 놔둠에 따라 공동화 현상이 지속된다. 임대인과 임차인 모두 상생하려면 합리적인 임차료 수준을 유지하고 동시에 공간의 장소성 관리가 중요하다.

03.

젠트리피케이션 대응 사례[9]

■ 미국 Burlington시 챔플레인 하우징트러스트(Champlain Housing Trust)

1982년 미국 버몬트(Vermont)주 Burlington시는 주택가격 상승과 주거환경 노후화를 극복하기 위한 대안으로 헨리조지(Henry George)의 토지가치 공유사상이 바탕이 된 공동체 토지 신탁(Community Land Trust; CLT)을 추진하고, 1984년 챔플레인 하우징 트러스트(Champlain Housing Trust; CHT)를 설립하였다. 이로써 미국 최대의 CLT로 성장하여 대표적인 지방정부주도형 CLT가 되었다. CLT 방식의 효과를 보여준 CHT는 처음 Burlington시로부터 25만 달러를 지원받아 시작되었고, 연방정부, 주정부, 시정부뿐만 아니라 개인 및 기업의 기부금, 재단기금 등에서는 지원을 받고 있다.

Burlington시 챔플레인 하우징 트러스트(Champlain Housing Trust; CHT)를 통해 지역주민의 주택 구입 및 거주 비용을 실질적으로 낮춤으로써, CHT의 경우 중간소득의 과반수가 넘는 60%에 해당하는 계층이 평균적으로 거주하게 되었고, 주거이동성 측면에서 75%가 일반 주택시장의 주택을 구입하며 이동하였고, 5%는 다른 CHT 주택으로 이주하는 등 주거사다리 역할을 수행하는 성과를 보였다. 젠트리피케이션 진행에 따라 상승하는 토지가치를 지역

9 박태원, "도시재생시대에 젠트리피케이션의 쟁점과 정책적 과제", 입법과 정책, 제13호, 2016.

내에 저장·순환시킴으로써 지속가능한 발전을 유도하고, 지역주민들이 지불가능하며 안정된 거주를 영위하도록 하는 기본토대를 구축하는 장점을 가지고 있다. 주택이 자산증식이나 투기 대상이 되는 데서 벗어나 안정된 삶터를 지속가능하게 제공하는 것으로 자리 잡도록 하기 위해서는 공동체토지신탁을 선택적으로 활용하는 방안을 검토할 필요가 있다.

■ 프랑스 파리시 상업가로 보호 정책

파리시는 1970년대까지는 도심 내 대형 상업건물이 입지하면 용적률 인센티브를 부여하는 등 도시계획차원에서 대규모 상업기능을 장려하는 정책을 추진하였다. 그러나 대규모 상업시설이 입점한 이후 상업가로에는 상업기능의 고급화, 체인화가 현저히 늘어나는 반면에 소규모 상점들이 감소하고 대형 단일 업종에 의한 독점적 잠식현상이 나타나면서 상권의 다양성이 떨어지고 상권 활력도 부진하게 되었다.

이러한 문제점에 대응하기 위해 소상공인의 보호를 위한 노력을 도시계획차원에서 추진해야한다는 사회적 필요성이 제기되었다. 파리시는 2006년 파리도시계획을 수립하여 400여개 특정가로를 세가지 유형으로 구분하여 보호상업가로를 지정하였다. 도시기본계획 차원에서의 거시적 보호정책은 보호가로를 통하여 가능하였지만, 보다 실질적이고 체감적인 골목상권 보호를 위한 미시적 정책이 필요하였다. 파리시는 이를 위해 2004년부터 비탈 카르티에(Vital′ Quartier)사업을 통해 골목상권 보호가 필요한 6개 지역에 시행하였고, 2006년에는 11개 지역으로 확대 시행하였다. 파리시는 SEMAEST[10]라는 기구를 통해 보호상업가로 안의 상가를 매입하여 일상생활에 필요하나 경쟁력이 약한 업종을 중심으로 지역 소상공인과 수공업자들에게 저렴한 가격에 임대하였다. 파리시는 SEMAEST에게 건물1층에 대한 상점과 토지에 대한 선매권을 주고, 상점 미 토지수용 비용과 수리비용, 임대 등 기타 운용비용에 대한 재정적 지원을 통해 상업지역의 활성화가 필요한 지역, 상업 다양화가 필요한 지역으로 구분하여 사업을 선택적으로 진행하였다. 이러한 정책을 통해 근린생활권에서 필수적인 상업기능의 보호와 상권다양화 효과를 보았고 골목상권보호라는 사업목표를 달성할 수 있었다.

■영국 런던 해크니(Hackney) 프로젝트 정책 사례

런던 해크니(Hackney)의 쇼디치(Shoreditch)는 과거 16세기말 극장지구로서 역사적 명소였으나, 17세기 이후 슬럼화가 진행되었고, 20세기 들어 해외이주자에 의한 다문화지역으로 변화하였다. 1996년 토니블레어 수상은 '런던을 위한 디자인(Design for London)'정책을 바탕으로 쇼디치 재생 프로젝트 사업을 진행하였다. 2012년 런던올림픽을 앞두고 해크니 프로젝트를 통해 랜드마크적인 건축물을 공공디자인 측면에서 건설하고 공간재생을 촉진하고자 하였다. 하드웨어적 정책과 더불어 문화예술적 소프트웨어 촉진정책을 동시에 추진하여 문화예술적인 장소성을 강화하였다.

해크니 프로젝트 추진으로 쇼디치 지역에 지역재생의 활력이 살

10 파리동부개발공사(Societe d'economie mixte d'amenagement de l'est de Paris)

아났고, 문화예술가와 젊은 창업가와 같은 창조계급들이 모여들기 시작하였다. 해크니 자치구는 쇼디치의 문화산업과 창조산업 활성화를 위한 협약과 함께 지역축제, 창업 전반에 대한 지원을 제공하였고 특히 산학협력을 통한 창조산업육성에 정책적 노력을 추진하였다. 또한, 지역공동체회복과 도시재생을 위한 쇼디치개발신탁(Shoreditch Development Trust)을 설립하여 공동체 운동을 전개하였고, 해크니 협동조합회(Hackney Cooperative Development)를 조직하여 무단점유된 토지에 대한 임대를 통해 지역커뮤니티 활성화에 기여하였다. 런던 해크니(Hackney) 프로젝트 정책을 통하여 쇼디치는 슬럼화를 극복하고 문화예술을 통한 지역이미지 갱신에 성공하였고 신산업으로서 IT산업이 새롭게 유입되는 창조적 도시재생의 사례가 될 수 있었다.

■ 독일 에렌펠트(Ehrenfeld) 레이첼(RACHEL) 프로젝트

독일 라인강변 인구 100만의 쾰른시 서부에 위치한 에렌펠트는 1970년대까지 슬럼화된 지역으로 노동자계층의 주거지였으나, 2009년 도시재정비 사업이 완료되면서 새로운 도시이미지로 갱신되었으며 젊은 계층들이 선호하는 커뮤니티로 변화하였다. 그러나, 지역의 환경개선에 따라 주택임대료가 급등하였고 주거지역의 상업화 양상도 발생하게 되었다.

이러한 젠트리피케이션의 부작용에 대한 조짐이 현실화되자 지역주민들은 에렌펠트 공동체 정원(Gartenbahnh of Ehrenfeld)을 만들었고, 이동 가능한 상자에 식물을 재배하여 지역주민간의 공유경제를 실천하였다. 이 개념은 단순히 공동 작물 재배에 그치지 않고 누구나 짓고 살 수 있는 건축프로젝트인 레이첼(RACHEL) 건축 프로젝트로 발전되었다. 레이첼 프로젝트는 25,000유로에 25m² 규모의 주택모듈로 에너지자립이 가능한 공동주거단지를 지향한다. 지역주민과 젊은 건축가들의 자율적 협력을 바탕으로 젠트리피케이션의 속도를 늦추고 부작용을 극복할 수 있는 대안으로서 레이첼 프로젝트가 진행 중이다.

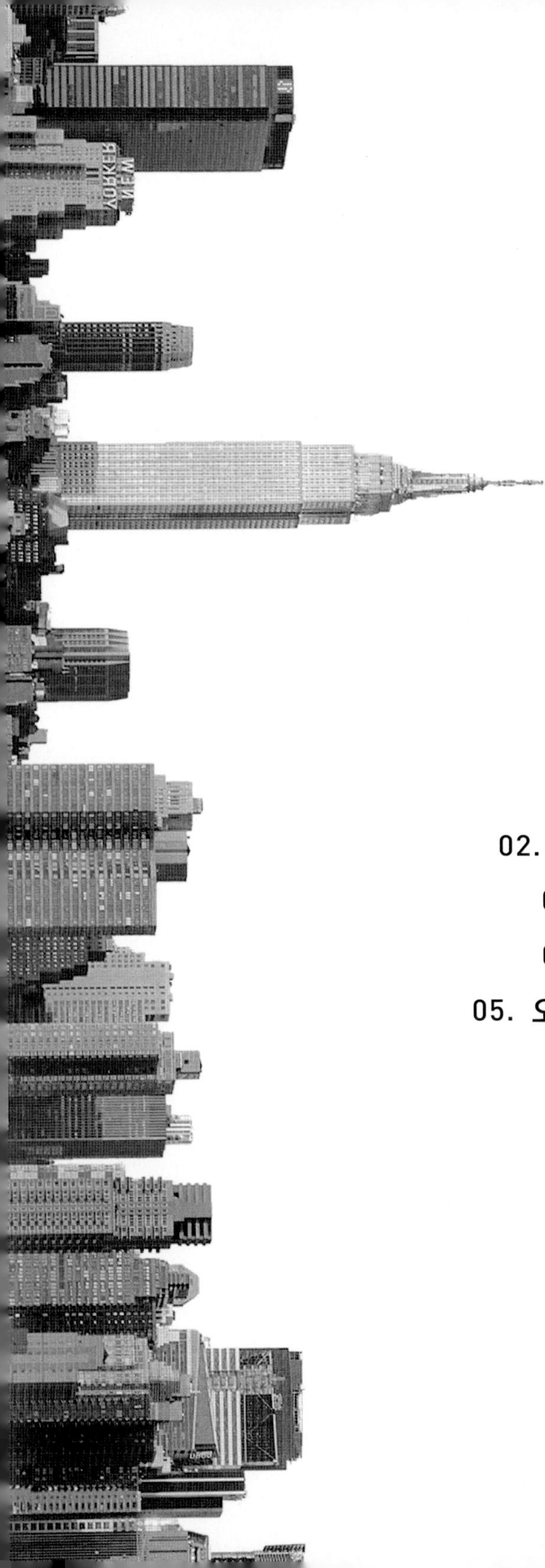

제8장
오버투어리즘

01. 오버투어리즘 현상
02. 오버투어리즘 발생 이유
03. 오버투어리즘의 특징
04. 오버투어리즘의 영향
05. 오버투어리즘의 대응 사례

운하로 유명해 연간 2000만명의 관광객이 찾는 이탈리아의 베네치아가 2020년 발생한 신종 코로나바이러스로 관광객이 급감하면서 운하가 맑아지는 현상이 나타났다. 이탈리아 전역에서 봉쇄 상태가 계속됨에 따라 베네치아 운하를 흐르는 물이 맑아지면서 작은 물고기들이 떼지어 헤엄치는 모습도 나타났다. 베네치아의 환경운동가들은 크루즈선들이 베네치아의 취약한 지반을 마모시키고 대기오염을 유발한다고 주장해왔다. 일각에서는 오버투어리즘(overtourism)의 폐해로 베네치아의 사례를 들기도 했다.

01.
오버투어리즘 현상

2018년 7월, 스페인 바르셀로나 도심을 활보하는 관광용 2층 버스 여러 대에 기습적으로 현수막이 내걸렸다. 관광객으로 가득 찬 버스 위에 올라탄 시위대는 "지역주민들의 희생으로 치러지는 '오버투어리즘'(overtourism, 과잉관광)을 멈추라"고 외쳤다. 그리고 한달 앞서 바르셀로나의 유명 관광지인 구엘 공원에 복면을 쓴 활동가들이 등장해 공원 기둥에 스스로를 사슬로 묶는 퍼포먼스를 진행했다. 관광이 지역과 지역민들을 착취한다는 의미였다. 바르셀로나의 곳곳에 '관광이 도시를 죽인다.(Tourism Kills the City)'는 문장이 쓰인 스티커가 거리 곳곳에 나타났다.

┃그림 3-3┃ 스페인 바르셀로나 주민들의 오버투어리즘의 반대 문구

저가항공과 공유숙박의 확산과 맞물려 관광산업은 빠른 속도로 확장하고 있다. 그러나 유명 관광도시들은 관광 명소를 찾는 엄청난 인파로 몸살을 앓고 있다.

오버투어리즘[11]은 지나치게 많은 수의 관광객이 방문함에 따라 지역 주민들의 삶의 질이 악화되는 현상을 의미한다. 인구 160만 명의 바르셀로나에 2018년에만 3천2백만명 이상의 관광객이 방문했다. 수백 대의 관광버스로 인한 교통체증, 주거지로 침투한 공유숙박, 그로 인한 소음과 쓰레기, 오르는 집값, 주민들이 운영하던 소규모 레스토랑의 자리는 관광객을 위한 호텔과 기념품점, 다국적 의류기업으로 대체됐다. 삶의 터전 한복판에 밀려드는 관광객으로 일상을 위협받는 주민들 사이에 '반(反)관광 정서'가 높아졌다. 2017년 바르셀로나시에서 실시한 인식조사에서 '더 많은 관광객이 와도 될 것'이라는 응답이 2007년 50%에서 10년 만에 35%로 하락했다. 지역의 관광 수용력이 포화상태에 이르렀다는 주민들의 인식이다.

오버투어리즘 문제를 겪는 유명 도시들은 어떻게 대처하고 있을까? 단순하지만 확실한 대책은 수요를 억제하는 것이다. 관광세(tourism tax)를 부과하거나 관광객 수를 제한하는 방법이 대표적이다. 호텔 신축 허가 중단이나, 불법 공유숙박 단속 강화 등 관광산업에 대한 규제를 강화해 공급을 억제하는 방안도 있다. 그러나 관광총량을 억제하는 정책에는 딜레마가 존재한다. 삶의 터전으로서

11 오버투어리즘(과잉관광, Overtourism)이란 학술적으로 정립된 용어는 아니다. 2012년 해럴드 굿윈(Harold Goodwin) 맨체스터메트로폴리탄대 교수가 스페인 바로셀로나와 이탈리아 베니스 등 관광으로 고통 받는 유럽 도시의 문제를 진단하며 자신의 트위터(@goodwinhj)를 통해 처음 사용되었으며, 관광 산업의 폭발적 성장을 배경으로 몇 년 사이에 전 세계적으로 널리 쓰이는 용어가 됐다.

의 지역을 보존하기 위해 관광 수요나 공급을 억제할 수 있지만, 자칫 관광산업 의존도가 높은 지역 경제에 타격을 줄 수 있는 위험성도 존재한다. 관광수입에 대한 의존도가 보다 높은 도시의 경우 억제 정책이 지역경제 악영향을 미칠 수 있다. 관광 총량의 억제와 분산을 넘어, 관광은 '관리'될 때 지속적으로 성장할 수 있다.

02.

오버투어리즘 발생 이유

오버투어리즘의 이유

오버투어리즘의 문제는 관광객 숫자가 아니라 관리 능력에서 비롯한다. 작은 수의 관광객조차 버거워하는 도시(지역)가 있는 반면 더 많은 수의 관광객도 아무런 문제가 없는 곳도 있다. 오버토어리즘의 발생 이유로는 대규모 방문객, 관광객에 의한 지역주민 삶의 질의 침해, 관광목적지의 환경적 지속가능성에 대한 위협, 관광객의 경제적 기여 부족[12] 등이다.

오버투어리즘의 문제를 야기하는 3대 주요 요소[13]는 다음과 같다. 첫째, 성수기에 관광객의 밀집이 더 악화되기 때문이다. 관광객의 숫자가 절대적으로 너무 많아 일부 지역이 과밀 되었다는 인식이나 관광객과 마주치지 않는 지역주민을 위한 공간이 더 이상 남아있지 않다는 것이다. 둘째, 과도하게 부정적인 관광객의 영향력이다. 다수의 관광객이 지역주민들의 보행도로를 점거하거나 관광지역 인근에 주정차한 관광버스로 인해 도로가 정체되는 경우 등이다. 셋째, 관광객을 위한 서비스(업)의 물리적 영향력 역시 불안을 야기할 수 있다. 지역주민을 위한 상권 대신 관광객을 위한 호텔, 음식점, 까페 및 소매점의 과도한 급증을 예로 들 수 있다.

12 Seraphin, H., Sheeran, P., & Pilato, M, Over-tourism and the fall of Venice as a destination. Journal of Destination Marketing & Management, 2018.

13 UNWTO et al., 'Overtourism'? Understanding and Managing Urban Tourism Growth beyond Perceptions, 2018.

■ 오버투어리즘의 문제

관광지의 과도한 관광객의 밀집은 지역주민 소외, 관광의 질 저하, 인프라 과부하, 자연훼손, 문화 및 유산에 대한 위협 등으로 나타난다[14]. 지역주민 소외는 관광산업 활성화로 인한 임대료 상승, 지역성향 변화, 관광객의 소란 등에 대한 문제를 의미한다. 더욱이 관광객이 지출하는 금액의 100%가 지역경제 내에 머무는 것이 아니라는 인식이 지역주민의 불만을 높였다. 그리고 관광객 입장에서는 관광명소 입장을 위해 늘어선 줄과 대기 시간, 혼잡 또는 짜증으로 인해 관광의 질이 저하되고 있다. 관광객이 이용하는 인프라의 대부분이 지역주민을 위한 상업, 위생, 교통 등으로도 사용되기 때문에 관광객으로 인한 전력 및 물 부족, 하수 및 쓰레기 처리 용량 초과 등의 문제가 발생한다. 관광객으로부터 비롯한 오염, 자연자원의 남용, 폐기물처리 시설의 미비 등으로 인해 관광지역의 자연환경이 훼손된다. 마지막으로 문화유산에 남겨진 낙서와 같이 세계적인 유산을 손상시키는 등 유·무형의 문화 및 유산에 위협을 가하는 경우도 있다.

또한 오버투어리즘의 부정적 문제는 환경적, 경제적, 사회문화적 측면에서도 살펴볼 수 있다. 환경적 측면에서 관광객의 과도한 증가는 환경오염, 경관훼손, 생태계 파괴, 쓰레기 증가, 오폐수 증가, 소음 공해, 교통체증 및 주차 문제, 빛 공해 등 다각도의 부정적 영향을 일으킬 수 있다. 경제적 측면에서는 관광수용력을 초과하는 관광객 증가가 일어나면 지역주민 중심의 경제에서 관광객 중심의 경제로 변화하면서 물가상승, 상권의 변화, 부동산투기 및

14 McKinsey & Company and World Travel & Tourism Council, Coping with success: Managing overcrowding in tourism destinations, 2017.

임대료상승 등의 부정적 영향이 발생하게 된다. 사회문화적 측면에서는 관광객과의 교류가 일상화되면서 지역정체성의 변화, 지역문화의 훼손, 주민공동체의 붕괴, 상업문화 및 소비문화 침투, 전통적 가치 및 규범의 상실, 범죄율 증가 등이 발생하게 된다.

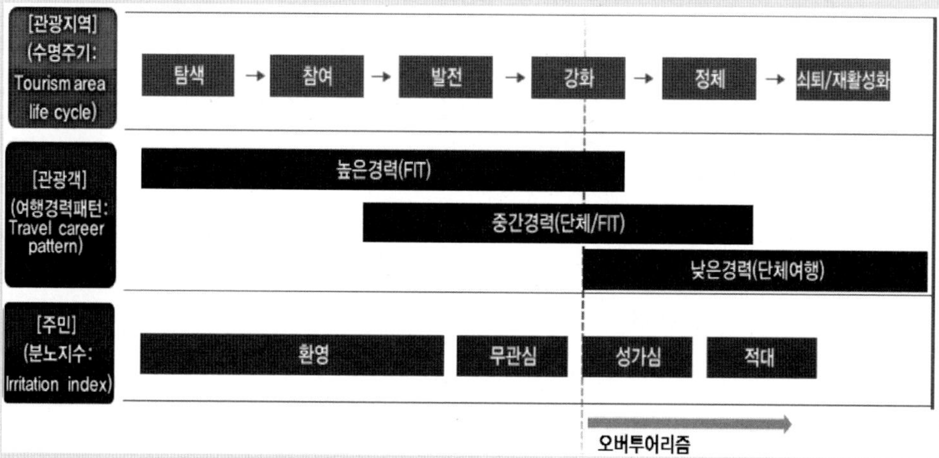

┃그림 3-4┃ 오버투어리즘 발생 이론[15]

15 박주영·정광민, "오버투어리즘 현상과 대응방향", 한국문화관광연구원, 2018.

03.
오버투어리즘의 특징

■ 투어리스트피케이션

오버투어리즘의 첫 번째 특징이라고 할 수 있는 투어리스트피케이션(touristification)[16]은 오버투어리즘 진행 과정에서 전통문화유산, 문화예술과 같이 관광자원적 가치가 있는 특정 지역이 유명세를 치르면서 관광지화가 되어 지역의 잠재적인 투자가치를 인식한 중산층과 관광객이 몰려와 지역의 변화와 공간의 재구조화를 일으키는 등 현상이 나타나는 것이다.

투어리스트피케이션은 관광 트랜드와도 직접적인 연계가 되어 있는데, 도시지역의 전망(길, 가로수 길 등이 보이는 경치), 역사적인 도시, 심지어 주민들의 생활과 쉼터 등이 관광객들의 주요 방문요인으로 작용하면서 지역주민들이 피해를 입고 있는 것이다. 즉 관광객이 주민들의 삶의 영역에 들어오면서 관광 상업화로 인해 지역 주민들의 터전인 주거환경이 위협받고 있는 것이다.

투어리스트피케이션은 전 세계적으로 대두되는 사회문제로 여겨지고 있다. 일본에서도 오버투어리즘 현상이 나타났으며, 에어비앤비와 같은 셰어링 기업 등의 수익활동 활성화로 인해 관광객의 주민생활권 침해와 위협하는 등의 문제가 크게 대두되고 있다. 이에 일본의 일부 지방정부는 평일 민박 영업 금지 등을 조례로 제정

16 투어리스트피케이션(touristification)은 'touristify(관광지화되다)'와 지역개발에 따라 본래 주민들이 본래의 생활터전에서 내쫓기는 현상을 의미하는 'gentrification(젠트리피케이션)'의 합성어를 의미한다.

하거나, 민박을 영업할 수 있는 기한을 설정하는 민박 총량제를 도입할 목적으로 하는 조례제정 등의 움직임을 보이고 있다.

스페인의 바로셀로나의 경우에도 외래관광객의 유입으로 지역주민들의 삶의 질이 저하되어, 원주민들의 삶을 보장하기 위해 지역관광산업시장에 대한 단체관광객 출입 일부 제한하고 있다.

우리나라에서도 서울 북촌 한옥 마을과 이화동 벽화마을과 같은 곳에서는 주민들의 생활영역에 관광객들이 유입되면서 원주민들이 밀려가는 이른바 투어리스트피케이션 현상을 찾아 볼 수 있다. 2006년에 착수한 이화동 벽화 마을은 도시 속 예술 사업을 계기로 당초 문화복지와 도심재생 실현을 목적으로 조성되었지만, 마을이 유명해 지고, 많은 관광객들이 몰리면서 주거의 장소가 관광지화 되었다. 이에 주민들의 사생활 침해 문제와 다양한 피해가 발생함에 따라 관광객과 지역민의 갈등은 고조되고 있다.

■ 투어리즘포비아

오버투어리즘의 두 번째 특징은 투어리즘포비아[17](Tourism-Phobia)라 할 수 있다. 투어리즘포비아는 지속가능한 관광성장에 있어서 가장 큰 장애요인이며, 이는 관광관련 기업은 물론 정부와 시민단체 그리고 여행자가 책임감을 가지고 개선을 위해 노력해야 한다.

투어리즘포비아는 사회적 갈등 양상으로 볼 수 있다. 관광지 등의 관광자원개발과정에 있어 특정 관광자원에 대한 지역주민의 감

17 관광을 의미하는 Tourism과 공포나 혐오 등을 의미하는 phobia의 합성어이다.

정반응은 다양하며, 관광객으로 인한 자극수용 정도와 환경의 변화에 따라서 지역 주민의 감정이 달라진다. 또한, 이러한 감정변화를 분노지수로 나타낼 수 있는데, '행복감(Euphoria)' → '무관심(Apathy)' → '짜증(Irritation ≒ Annoyance)' → '적대감(Antagonism)'의 순으로 나타난다. 오버투어리즘에 따라 나타나는 지역주민의 감정변화로 대표되는 투어리즘포비아는 분노지수 중 '짜증'과 '적대감'에 해당되는 것으로 볼 수 있다. 이러한 감정의 변화양상이 갈등형태로 나타나는 것은 일반적으로 한쪽이 다른 쪽으로부터 손해를 보았다고 인식할 때 발생하는데, 갈등의 원인에 대한 인식을 바탕으로 관광의 갈등을 해석할 수 있다. 즉, 제한된 자원에 대한 투쟁이 있을 때 사회적 갈등이 발생하며, 이러한 갈등에서 관광객이 지역주민에 대한 생활 권리를 빼앗거나 사생활을 침해 하는 등의 역할을 함에 따라 지역주민들이 반감을 가질 수 있다. 그리고 관광 기업체가 주민들과 시민운동가들을 추방하려고 시도 할 때 육체적으로 그들을 공격하고 심지어는 관광관련 행동을 무력화하기 위한 물리적 시도를 하는 것으로 볼 수 있다. 이러한 투어리즘포비아는 관광산업의 지속가능성과 직결되어 있는 문제이다. 따라서 투어리즘포비아와 같은 관광갈등을 미연에 방지하기 위해서는 정책 의사결정이 필요하다. 예컨대, 일부에서는 관광산업 전반에 대한 강화로 일자리를 창출하고 경제 활성화 촉진 등을 목표로 하는데 반해 다른 한편으로는 주택가격인하와 주민생활의 질 향상 등의 이유로 관광산업 육성을 지양할 수 있다.

04.

오버투어리즘의 영향

오버투어리즘은 지역사회에 환경, 교통, 사생활, 안전, 사회문화적, 경제적 측면의 문제 등의 문제를 야기한다. 환경적 측면에서는 관광객과 관광가이드로 인한 소음, 쓰레기 무단투기, 노상방뇨 등 청결 관련 문제가 발생한다. 교통측면에서는 무단주차 및 주차장 부족, 관광버스 주정차로 인한 공해, 교통체증, 교통사고 위험 등이 발생한다. 사생활 침해는 관광객이 주민의 거주공간에서 관광함으로써 관광객의 무단촬영, 사유지 무단침입 등이 발생한다. 사회문화적 문제로는 절도, 폭력, 길거리 흡연, 공동체 변화(인구구조 및 주민구성의 변화, 주민 간 교류 감소 및 갈등), 지역문화 훼손(상업문화 및 소비문화 침투, 지역의 역사적 맥락이나 전통과 무관한 싸구려 상품으로 이미지 훼손, 지역의 가치 및 규범의 변화, 장소정체성 상실 등)이 발생한다. 경제적 문제로는 주민 편의 업종이 감소하고 관광객 대상 업종이 증가하는 등 상권이 변화하고, 부동산 및 물가 상승이 발생한다.

오버투어리즘에 대해서 지역공동체 내 여러 이해집단 간 극명한 입장 차이를 보이며 갈등이 발생되고, 공동체가 균열되는 현상이 발생한다. 같은 지역주민이더라도 부동산 소유자는 관광활성화로 부동산 지가가 상승하므로 긍정적 반응을 보일 수 있으나, 세입자는 임대료 상승이 부담이 된다. 관광객 유입으로 상권 활성화가 기대되더라도, 기존 토착거주 상인은 지역민을 대상으로 기초생활을 영위하는 상권이었기에 관광상권으로의 변화에 부정적이며, 유입

상인에게는 새로운 상권 형성으로 경제적 이익 창출의 기회가 된다. 마을사업에 대해서도 관광 개발보다는 열악한 생활환경 개선을 바라는 주민과 관광개발을 바라는 주민으로 나누어진다.

오버투어리즘으로 인해 주민 정주권 피해가 발생하면 대표적으로 관광객과 지역주민 간의 갈등이 발생하지만, 지역주민 내에서도 관광객을 대상으로 수익 창출을 하자는 입장과 정주권이 우선인 입장으로 의견이 양분된다. 관광객으로 인해 피해를 보니 이를 이용하여 수익활동이 가능하도록 지구단위계획을 해제하여 달라는 의견과 경관 보존, 지역 보존 또는 정주권 보호를 위해 오히려 더 강화를 요구하는 주민으로 의견이 나뉘며 주민 간에도, 주민과 지자체 간에도 갈등이 발생하기도 한다. 주민 간 의견이 첨예하게 대립될 경우 행정에서는 어느 한 편만 들 수 없어 현행을 존치하는 경우가 생기며 이러한 경우, 행정에 대한 불신과 저항감이 더욱 커지기도 한다.

오버투어리즘 현상 자체로도 지역 내 여러 집단 간에 갈등이 발생하지만, 오버투어리즘에 대응하기 위한 방안 자체도 집단 간의 갈등을 야기한다. 오버투어리즘 대응 정책 유형은 관광객 대상 정책(총량 제한, 시·공간적 분산 등), 사업체 대상 정책(관광세 부과, 사업체 규제), 지역주민 대상정책(공동체 강화, 혜택 제공, 공공시설 지원) 등으로 유형화할 수 있다. 오버투어리즘을 대응하기 위한 방안의 방향이 관광객 제한과 같은 관광수요 억제 중심일 경우에는, 주민이나 정책담당자에게는 긍정적일 수 있으나 관광객 대상 상인에게는 경제적 위협이 되기도 한다.

05.

오버투어리즘의 대응 사례

제주도

제주도는 2000년대 이후 중국인들의 관광이 본격적으로 시작되고 2007년부터 개발되기 시작된 올레길이 내국인 관광객들에게 큰 인기를 끌면서 관광객이 급증하기 시작했다. 제주도의 관광객 수는 2011년 874만 명 수준에서 2015년 1,366만명, 2016년 1,585만 명으로 연평균 10.3% 증가하며 빠른 속도로 늘어나고 있다. 관광객뿐만 아니라 상주인구도 1987년 50만 명에서 2016년 약 66만 명으로 늘어났다. 관광객 증가에 따라 범죄율, 사생활 침해, 교통체증이 심화되면서 주민의 삶의 질에 부정적 영향을 미치고 있으며 쓰레기 처리용량, 하수처리 용량을 초과하면서 오염수의 바다 방류 등 환경문제로까지 비화되고 있다. 제주공항은 연간 3천만 명이 이용하고 있으나 시설규모나 종사원 숫자가 부족하여 불편을 야기하고 있으며 이는 제2공항 건설을 둘러싼 갈등으로까지 확장되었다. 밀려드는 관광객과 외지인들로 인해 섬 곳곳에 펜션, 게스트하우스, 카페 신축이 진행되어 지가 및 임대료 폭등으로 인한 문제도 발생하였다.

제주관광공사는 2007년 4월 '제주관광 수용력 연구' 용역을 실시하여 제주도의 적정 관광수용력에 대한 예측을 하였다. 제주도 당국은 공공하수처리용량의 기준을 상향하여 상주인구 80만 명, 체류 관광객 25만 명 등 105만 명을 기준으로 하수처리 능력을 갖춰 나갈 수 있도록 각종 계획지표를 변경해 나가고 있다. 2017년 8월부터는 우도의 교통문제 해결을 위해 차고지가 우도면이 아닌 외부 렌터카 및 전세버스의 통행을 제한하였으며 장기적으로는 렌터카와 이륜자동차의 자율감축을 유도하고 성수기에 실시하던 차량 총량제를 연중 실시를 검토하고 있다. 또한 방문객 급증으로 환경훼손을 겪고 있는 한라산을 보호하기 위해 관람료를 인상하여 관광객 수를 제한하기로 하였다. 내·외국인 관광객에게 '환경보전기여금' 형태의 관광세를 부과하는 방안을 추진 중이며, 기여금은 제주도의 환경보전, 환경개선, 환경부문 공공일자리를 만드는데 사용될 예정이다.

■ 이탈리아 베니스

이탈리아 북부 도시인 베니스는 118개의 섬과 200여 개의 운하로 이루어진 물의 도시도 곤돌라, 수상택시, 수상버스 등으로 잘 알려져 있으며 산마르코광장, 두칼레궁전 등 역사유적으로도 유명하다. 2017년 기준 매일 6-12만 명, 연간으로는 2,400만 명의 관광객들이 방문하고 있으며 이 가운데 900만 명이 숙박관광객이다. 특히 매일 3-4만 명의 관광객들이 대형크루즈를 통해 방문하고 있다.

관광객들의 급증으로 인해 발생하는 소음증가, 임대료·생활비 증가, 기존의 지역커뮤니티 붕괴 등의 문제가 발생하였고 2016년 6월부터 대형크루즈 반대 및 반(反)관광 시위가 시작되었다. 관광객으로 인한 삶의 질 악화로 인해 1955년 175,000명이었던 베니스의 인구는 2017년 기준 54,000명 이하로 감소하였으며 향후 40,000명 이하까지 감소가 예상되고 있다. 2017년 9월에는 문제의 심각성을 전 세계로 알리고자 베니스에서 국제적 시민연대인 국제강제퇴거법정(International Tribunal for Evictions, ITE)이 개최되기도 하였다.

베니스市는 오버투어리즘 문제에 대응하기 위해 다음과 같은 방안을 시행하였다. 베니스로의 출입통제를 위해 본토와 연결된 4개의 다리에 교통경찰이 통제하는 회전문 검문소를 설치하여 도시의 일일 입장 관광객 수를 조절하고 있다. 특히 리알토다리, 산마르코광장 등 주요 지점에 관광객 수 측정을 상시적으로 실시하고 일정 수준 초과 시 주민 및 상인을 제외한 관광객의 접근을 제한하고 있으며, 주요 관광지에 관광객 수 측정 장치를 사용하도록 권고하고 있다. 또한 사전에 주차공간을 확보한 차량만 베니스에 진입이 가능하도록 하고 일정 규모 이상의 크루즈 선박의 입항 금지를 추진하고 있다. 이외에도 숙박시설의 추가 허가 금지 및 산마르코 광장의 외국음식 식당 개업 금지를 시행하고 있으며, 성수기 및 연휴기간 관광객의 메인도로 진입 제한으로 이면도로 및 비인기지역으로 관광객 분산을 유도하고 있다. 또한 지역 주민에게 수상버스 우선 탑승권을 제공하는 등 혜택을 부여하고 있다. 소음발생, 유적지 캐리어사용, 공공장소 수영복 착용, 운하 수영, 쓰레기 투기 등에 대해서 벌금을 부과하고 있다.

■ 스페인 바르셀로나

스페인 동부에 위치한 스페인 제2의 도시인 바르셀로나는 세계적인 화가 피카소, 건축가 가우디 등 많은 예술가를 배출한 도시로 잘 알려져 있으며 유네스코 세계문화유산인 사그리다 파밀리아 성당, 구엘공원 등 수많은 역사유적이 위치해 있다. 매년 약 3,000만 명의 관광객이 방문하는 대표적인 관광도시로 관광산업은 바르셀로나 지역경제의 13%를 담당하고 있으며 도시 내에 13만 개의 일자리를 창출하고 있다. 그러나 관광객 증가로 인한 쓰레기, 소음 증가, 일탈행동이 증가하고 있으며 시내 임대료가 폭등하여 주민들이 외곽으로 이주하는 현상이 발생하는 등 주민의 삶의 질과 주거권에 대한 우려가 늘어나고 있다. 특히 에어비앤비 등 공유숙박이 급속히 발달하면서 구도심 상당수의 주민들이 아파트를 공유숙박으로 임차하여 재임대하는 방식으로 수익을 거두는 불법 공유숙박이 약 8,000여 곳에 이르고 있다. 관광객으로 인한 교통체증으로 출퇴근 시간이 급증하는 등 불편이 지속되고 있으며 상권 변화로 인해 도시의 지역적 정체성 상실에 대한 우려가 증가하고 있다. 따라서 시는 관광수입보다는 바르셀로나의 문화적 정체성을 지키는 방향의 강력한 오버투어리즘 대책을 시행중이다.

바르셀로나시는 다음과 같은 오버투어리즘 대응책을 시행하고 있다. 우선 시내에 신규호텔에 대한 영업허가를 중단하고, 단기 임대아파트 승인 유예 및 구도심 신규 접대시설 허가를 중지하였다. 2012년부터는 바르셀로나의 호텔에서 숙박하거나 아파트를 임대하는 경우 관광세를 부과하고 있다. 또한 불법 공유숙박에 대한 관리를 강화하기 위하여 에어비앤비의 DB에 바르셀로나 시정부가 접근할 수 있는 계약을 체결하여 승인 없이 운영되는 에어비앤비 리스트에서 삭제하고 호스트를 확인하여 벌금을 부과하였다. 보케리아시장, 사그라다 파밀리아 성당, 구엘공원 등 유명관광지의 관광객 수 및 입장시간을 규제하고 일부 관광명소에 대해서는 단체관광객의 입장을 금지하고 있다. 특히 사그라다 파밀리아 성당 근처에는 관광버스 주정차를 금지하고 구역 구분(10분 정차, 2시간 주차, 일반주차 등 3가지)을 실시하고 있다. 또한 “Barcelona is Much More(바르셀로나는 여기뿐이 아니다)” 캠페인을 통해 관광객을 다른 지역으로 분산시키는 노력을 지속하고 있다. ICT 기술을 활용하여 소음과 오염수준을 모니터링하기 위해 주요 장소에 스마트시티즌 센서를 부착하고 있으며 지역주민의 삶의 질에 미치는 관광의 영향에 대한 통계 데이터 수집을 강화하고 있다.

2015년부터는 공무원, 학계, 지역주민 등으로 구성된 관광위원회를 구성·개최하여 도시관광 문제 해결을 위한 다양한 이해관계자의 의견을 수렴하고 있다. 관광위원회의 역할은 시 정부 고문 및 자문, 지속가능성을 보장하는 관광캠페인 제안, 매년 그 해의 관광을 평가하고 개선안 제안하는 연차보고서 발간, 갈등 소지 있는 안에 대한 선 대응 등이다.

■ 부산 감천문화마을

부산 사하구 감천동 일대에 위치한 감천마을은 전형적 달동네 마을로 산자락을 따라 계단식 주거형태로 독특한 장소성을 형성하고 있다. 마을의 노후화에 따라 인구가 감소되는 등 쇠퇴가 지속되었지만 2009년 마을 미술 프로젝트에 이어 2010년 콘텐츠 융합형 관광협력 사업에 연이어 선정되면서 좁은 골목길에 벽화들과 그림들이 장식되고 카페와 공방, 가게들이 들어서면서 전국적인 관광지로 명성을 얻기 시작하였다. 2012년 마을입구에 전자계측기를 설치하여 방문객수를 추계한 이후 2012년 약 10만 명 수준이던 방문객 숫자가 2015년 138만 명에 이르렀고, 2017년에는 205만 명을 기록하는 등 급격히 증가하였다. 그러나 방문객 증가에 따라 마을주민들은 소음, 쓰레기 무단투기, 주차난, 교통체증, 사생활 침해 등으로 고통을 호소하기 시작했으며 주민들의 관점차이로 주민간의 갈등상황이 발생하기도 하였다.

감천마을을 방문하는 관광객들로 인한 지역주민들의 피해를 저감하기 위해 에티켓 관광을 유도하는 안내표지판을 설치하였다. 감천마을의 주요 관광 동선을 비롯해 마을 입구 등에 방문객 에티켓과 10가지 약속을 게시하였으며, 곳곳에 '이곳은 사람이 사는 거주지입니다' 혹은 '문을 열지 마세요' 등의 안내표지를 부착하여 관광객으로 하여금 마을에 살고 있는 주민들을 배려하고 행동을 조심할 수 있도록 유도하였다.

또한 지역주민들이 감천마을을 찾는 관광객을 대상으로 관광사업을 하고, 이를 통해 창출한 경제적 이익을 지역주민 모두를 위해 사용함으로써 관광객 방문으로 인한 긍정적 효과를 극대화하고 있다. 감천마을의 소수 주민들이 모여 시작한 주민협의회는 2013년 (사)감천문화마을주민협의회로 공식화되었고 2014년에는 사회적기업으로 인증을 받아 주민주도의 사업실행의 기반을 마련하였다. 주민협의회는 2017년 현재 카페 2곳, 감내맛집, 고래사어묵, 주차장, 게스트하우스, 아트숍 등 총 9개의 매장을 운영하고 있으며 30명의 마을주민을 고용하고 있다. 마을 사업장의 매출 가운데 주민인건비 및 관리비를 제외한 대부분의 수익은 주민복지기금으로 환원되고 있다.

2016년 6월부터 스탬프 지도(2,000원)를 1인 1매 판매하기 시작하였으며 지도는 복잡한 마을의 골목구조를 쉽게 안내하고 있으며, 포토존을 소개하고 스탬프투어를 통해 마을엽서를 제공한다. 10인 이상 단체관광객의 경우에는 사전 방문예약 및 마을안내해설 예약을 필수적으로 받고 있으며 스탬프 투어 지도를 의무적으로 구매하도록 하고 있다. 이 밖에도 마을 내 상점 운영시간을 오전 9시부터 오후 6시까지 운영하도록 제한하여 마을에 거주하는 주민들의 소음 피해를 최소화 하고 있다. 마을 노인들을 위해 마을 사업장 수익금으로 '감내 작은 목간'이라는 공중목욕탕을 설치해 운영하고 마을 빨래방을 운영하여 노인들을 위한 이불 빨래도 무료로 제공한다. 또한 관광객으로 인한 교통문제를 해결하기 위해 주민들만을 대상으로 운영하는 마을버스인 '행복 버스'를 운행하고 있다.

제4부

관광도시의 경쟁력

제9장

관광도시 경쟁력 지표

01. 관광경쟁력 개념

02. 국제관광경쟁력 지표

03. 지역관광 발전지수

04. 지역관광경쟁력 진단모형

05. 해양관광경쟁력 지수

01.

관광경쟁력 개념

관광 경쟁력에 대한 접근은 크게 관광산업 경쟁력과 관광목적지 경쟁력으로 구분된다. 관광목적지로서 지역의 잠재력을 평가할 수 있는 관광 경쟁력에 대한 개념은 다양한 학자들에 의해서 논의되어왔다. 지역의 관광 경쟁력은 관광목적지 상품수명주기를 지속 연장시킬 수 있는 능력이라 할 수 있다. 또한 관광목적지의 경제적, 사회적 여건 등을 바탕으로 한 창출과정을 통해서 지역의 관광생산성을 지속적으로 달성할 수 있는 지역의 총체적 능력으로 보기도 한다. 많은 학자들에 의해 연구된 관광 경쟁력 모델들은 지역관광 경쟁력의 특성이나 구성 요소들을 체계적으로 설명하고 있으나 실증적인 분석이 어렵다는 제약을 가지고 있다. 이러한 관광 경쟁력에 대한 연구는 관광지의 수요와 공급 측면뿐만 아니라 관광목적지에 영향을 미치는 외부환경 요인을 강조하고 있다. 예를 들어 관광정책, 관광목적지 관리의 측면을 모두 고려한 통합적 틀을 제시하고 있다. 특히 최근에는 관광 경쟁력의 개념에 있어 관광목적지의 행정, 관리, 인적자원 등의 개념들이 강조되고 있다.

세계경제포럼(WEF)에서는 관광경쟁력을 "한 국가의 관광여건이 국제관광시장에서 지속적으로 부가가치를 창출할 수 있는 국가의 관광생산성과 관련된 총체적 능력"으로 정의하고 있다. 즉, "국가의 발전과 경쟁력 강화에 기여하는 여행 및 관광부문의 지속적인 개발을 가능하게 하는 일련의 요소 및 정책의 총체"로 보고 있다. 다음 표는 관광경쟁력의 개념에 대한 학자들의 정의이다.

❙표 4-1❙ 관광경쟁력 개념 정의

경쟁력 개념	주요내용	연구자
관광생산성	관광목적지 경쟁력은 다양한 결정요인에 형성되며 경쟁력을 측정하는 개념으로 생산성이 중요	Crouch&Richie(1999)
	관광산업의 경쟁력이 높다는 것은 관광산업의 생산성이 높다는 것을 의미	Dwyer et al(2000)
	관광목적지 경쟁력은 관광과 관련된 이해관계자를 만족시킬 수 있는 적절한 생산성을 지속시킬 수 있는 능력	Buhalis(2000)
	관광생산성을 지속적으로 창출할 수 있는 지역의 총체적 능력	심원섭(2004)
관광수요 및 관광수입	관광목적지경쟁력은 관광객수 및 관광수입과 같은 양적자료 로 측정가능	Kozak&Rimmington (1999)
재방문의사	관광경쟁력을 측정하는 대리변수로 재방문의사 강조	Murphy et al(2000)
	관광경쟁력이란 시장포지션과 시장점유율을 지속·유지하는 능력	d'Hauteserre(2000)
관광상품 수명주기	관광목적지 경쟁력은 관광목적지의 관광상품 수명 주기를 지속적으로 연장할 수 있는 능력	Butler(1980)
부가가치 창출	관광경쟁력을 경쟁목적지와 비교-현재시장 위치 유지하면서 그것의 가치를 지속가능하게 하는 부가가치상품 축적·창조하는 능력	Hassan(2000)
	관광산업을 분석단위로 관광경쟁력 정의-한나라의 관광시장 및 여건, 관광자원, 인력자원, 인프라 구조 등이 국제관광시장에서 지속적 부가가치 창출 및 국부 증가시키는 능력	김철원(2000)

자료 : 문화체육관광부, 세계경제포럼 관광경쟁력지수 심층분석 및 제고방안연구, 2018.

02.

국제관광경쟁력 지표

관광경쟁력지수(TTCI)는 세계경제포럼(WEF)이 전 세계 140여개 국가를 대상으로 관광산업과 직·간접적으로 연관이 있는 항목을 분석하여 관광산업에 대한 국제 비교를 통해 유용한 정보를 제공하고 관광산업의 발전을 저해하는 요인을 제거하여 전체적인 관광 경쟁력을 제고하기 위하여 개발되었다.

세계경제포럼은 2007년부터 관광경쟁력지수 보고서를 발간하고 있으며 2009년부터는 격년으로 지수를 산출하고 있다. 각 국가들은 관광경쟁력지수를 국가별 관광 분야의 현황, 잠재력, 지속가능성 등을 평가하여 각 국가의 관광정책 수립의 기초 자료로 활용하고 있다.

관광경쟁력지수는 전 세계 136개 국가에 대해 동일한 기준을 적용하므로 동일 시점에 지역 간 비교 및 국가별 지수를 통한 대륙별 분석이 가능하다는 특징이 있다. 다만 기준시점이 없으므로 지수 값을 바탕으로 동일지역 간에 시점 간 비교를 하는 것은 불가능하다.

관광경쟁력지수는 2007년부터 2013년까지 3개 분야(대분류)로 구성되었으나, 2013년 4개 분야로 확장되었다. 세부적으로 4대 분야내에 14개 부문(중분류)과 90개 지표(세부지표)가 포함되었다. 90개 지표 중 직접관광지표는 19개이며 간접관광지표 39개, 국가경쟁력 지수와 동일한 지표 32개로 이루어진다. 관광경쟁력지수의 세부지표는 2007년 58개에서 2008년 71개, 2013년 79개, 2015년 90개까지 지속적으로 증가해 왔으며, 2017년에는 2015년과 같은 90개 세부지표를 활용해 지수를 산출했다.

｜표 4-2｜ 세계경제포럼 관광경쟁력 지표

분야/대분류	부문/중분류	세부지표 개수
환경조성	비즈니스 환경	12
	안전 및 보안	5
	보건 및 위생	6
	인적자원 및 노동시장	9
	ICT 준비 수준	8
관광정책 및 기반조성	관광 우선순위	6
	국제 개방성	3
	가격경쟁력	4
	환경지속 가능성	10
인프라	항공 운송 인프라	6
	육상 및 항만운송 인프라	7
	관광서비스 인프라	4
자연 및 문화자원	자연자원	5
	문화자원 및 비즈니스 여행	5

자료 : World Economic Forum, The Travel & Tourism Competitiveness Report 2019.

세계경제포럼은 관광경쟁력지수 분석 결과에 따라 전 세계 140여개 국가를 서열화하고, 5개 대륙으로 분류하여 4개 대분류, 14개 중분류별로 분석한다.

관광경쟁력지수 지표체계와 같이 관광경쟁력지수를 산출하기 위해 총 90개 지표 중 59개는 국제기구의 통계데이터를 활용하며, 나머지 31개 지표는 전문가 설문조사를 통해 도출한다. 통계데이터는 국제항공운송협회, 국제민간항공기구, 유엔세계관광기구, 세계여행관광협회, 유네스코 등 관광과 직·간접적으로 관련이 있는 국제조직 및 기구에서 발간한 보고서와 데이터를 활용하며, 전문가 설문

조사는 세계경제포럼에서 세계적인 기업의 경영자와 산업계 리더를 대상으로 실시하는 Executive Opinion Survey 결과를 활용한다.

관광경쟁력지수를 구성하는 4개 분야의 각 부문은 동일한 영향력을 가지고 있으며, 14개 부문의 각 세부지표도 동일한 영향력을 가지고 있다. 다만 각 분야에 속한 부문의 수가 다르고, 각 부문에 속한 세부지표의 수가 다르기 때문에 최종적으로 관광경쟁력지수에 영향을 미치는 90개 세부지표의 영향력에는 차이가 있다.

참고로 2019년 세계경제포럼의 관광경쟁력 평가 결과에서 우리나라는 종합순위가 140개 평가대상 국가 중 16위로 2017년보다 3단계 상승했다. 이는 2007년 첫 평가 이후 역대 최고 순위이다. (2007년 42위, 2009년 31위, 2011년 32위, 2013년 25위, 2015년 29위, 2017년 19위, 2019년 16위)

4대 분야별로 살펴보면, 관광정책 및 기반 조성(47위 → 31위) 순위가 제일 크게 상승했고, 인프라 분야(27위 → 16위), 환경 조성 분야(24위 → 19위) 순위도 올랐다. 자연과 문화자원 분야는 세부부문 순위 상승에도 불구하고 24위로 2017년보다 2단계 하락했다.

세부적인 14개 부문별로는 관광정책 우선순위(63위 → 53위), 환경지속가능성(63위 → 27위), 관광서비스 인프라(50위 → 23위) 등 12개 부문의 순위가 상승했다. 반면에 국제개방성(14위 → 17위), 가격 경쟁력(88위 → 103위) 등 2개 항목의 순위는 하락했다.

국가별로는 스페인, 프랑스, 독일이 2017년과 동일하게 각각 1, 2, 3위를 기록하는 등 상위 10위권 국가 구성의 변동은 없었다. 한편, 아시아 태평양 지역 국가 중에서는 홍콩(11위 → 14위)과 싱가포르(13위 → 17위), 뉴질랜드(16 → 18위)의 순위가 하락했고, 중국이 15위에서 13위로 2단계 상승했다.

03.

지역관광 발전지수

문화체육관광부는 대다수의 국민들이 관광산업이 지역경제에 매우 큰 영향을 미치고 있다고 인식하고 있지만 지역의 관광발전 정도와 잠재역량 등 지역의 관광 여건과 특성을 종합적으로 파악하고 진단할 수 있는 실용적인 지표가 부재하다고 평가하고, 2015년 '지역관광발전지수 지표체계'를 개발했다.

지역관광발전지수는 상징적인 관광발전지역을 기준으로 지자체 간 상대적인 관광 발전 정도를 나타내는 지수로서 지역의 관광공급 능력, 관광소비 여건, 정책역량 등을 평가할 수 있는 복합지표로 구성된다.

지역관광발전지수는 자원 및 인프라 등 관광목적지로서 수용력과 관광객 및 지역주민의 관광 소비력, 공공부문의 관광정책역량 등을 종합적으로 지수화하여 지역의 관광발전 수준을 측정할 수 있는 도구로 활용할 수 있다. 2년 주기로 분석되는 지역관광발전지수 결과를 바탕으로 상징적인 관광발전지역이라고 할 수 있는 1등급 지역을 기준으로 지자체 간 관광발전 정도를 비교할 수 있으며, 동일시점을 기준으로 하는 지역 간 비교와 동일지역을 기준으로 하는 시점 간 비교도 가능하다. 또한 분석 결과가 축적되면 장기적인 관점에서 거시적 지수변동률도 비교할 수 있다.

■ 지표 구성

지역관광발전지수의 지표체계는 3개 대분류, 7개 중분류, 21개 소분류, 34개 세부지표로 구성된다.

관광수용력지수는 관광목적지에 매력적인 관광자원을 개발하고 관광기반시설을 조성하여 지역의 관광공급 능력 및 환경을 총체적으로 파악하기 위한 지표 체계이다. 관광수용력지수는 관광자원분포와 관광인프라로 구성되어 있으며, 주요 항목으로는 자연생태자원, 역사문화자원, 숙박, 안내 등을 포함하여 총 16개 세부지표로 구성된다.

관광소비력지수는 정부의 내수시장 활성화 기조에 맞추어 지역으로 유입되는 관광객의 양적, 질적 성장 정도와 내수시장의 근원지로서 지역민의 관광활동 잠재력, 관광을 통한 지역관광산업 발전 정도 등을 파악하기 위한 지표 체계이다. 관광소비력 지수는 지역관광효과와 지역민 관광활력으로 구성되어 있으며, 주요 항목으로는 관광객 수, 만족도, 관광지출액, 관광활동여건 등 총 9개 세부지표가 포함된다.

관광정책역량지수는 관광객과 지역민이 보다 나은 관광을 향유할 수 있도록 지역의 관광 진흥을 위한 지방정부의 정책적 노력을 파악하기 위한 지표 체계이다. 관광정책역량지수는 관광정책환경, 인적역량, 지역홍보로 구성되어 있으며, 주요 항목으로는 관광정책사업, 관광예산, 정책인력, 홍보정책, 매체홍보 등 9개 세부지표가 포함된다.

| 표 4-3 | 지역관광발전지수 지표체계

대분류(3)	중분류(7)	소분류(21)	세부지표(34)
관광 수용력 지수	관광 자원분포	자연생태자원	· 자연공원 면적, 자연휴양림 면적, 자연명승지 면적
		역사문화자원	· 문화재 수, 박물관 수
		관광(단)지	· 관광(단)지 면적
		관광시설	· 관광이용시설 수
		관광축제	· 관광축제 개최 일수, 스포츠 이벤트 개최 일수
	관광 인프라	숙박	· 일반숙박업 객실수, 관광숙박업 객실수, 관광숙박업 객실이용률
		안내	· 관광안내소 수, 관광안내인력 활동일수
		교통	· 시티투어 버스 운행횟수
		안전	· 사동차 천대당 교통사고 빌생건수, 5대 범죄발생 건수
관광 소비력 지수	지역 관광 효과	관광객 수	· 관광객 수
		관광만족도	· 관광만족도
		관광지출액	· 관광지출액
		관광산업	· 관광사업체 비율, 관광마을 매출액
	지역민 관광활력	인구구조	· 인구, 인구성장률
		관광활동여건	· 경제활동 참가율
관광정책 역량지수	관광정책 환경	관광정책사업	· 관광개발 사업 건수, 관광 관련 조례제정 건수
		관광예산	· 재정자립도, 관광예산 비율
	인적 역량	정책인력	· 관광공무원 비율, 공무원 교육프로그램 이수비율
		관광교육	· 관광종사원 교육프로그램 예산비율
	지역 홍보	홍보정책	· 관광홍보행사 참여건수
		매체홍보	· 보도자료 건수

자료 : 문화체육관광부, 2019 지역관광발전지수 동향분석.

2019년 전국 지자체를 대상으로 평가한 결과 광역 및 기초 자치단체에서 지역관광발전지수 평점이 상승한 것으로 분석되어 관광수준이 전반적으로 향상된 것으로 나타났다. 각 자치단체별 평가등급은 다음 표와 같이 나타났다.

┃표 4-4┃ 2019년 자치단체 지역관광발전지수 평가등급

구분	광역자치단체 (17)		기초자치단체 (152)	
	2017	2019	2017	2019
1등급	4	5	9	9
	강원, 경기 전남, 제주	강원, 제주, 전남 경기, 경북	강릉, 거제, 경주 고성, 단양, 속초 순천, 울릉, 평창	평창, 여수, 정선 경주, 순천, 울릉 속초, 거제, 창원
2등급	2	3	15	12
3등급	2	2	32	45
4등급	3	1	34	30
5등급	1	2	33	29
6등급	5	4	29	27

자료 : 문화체육관광부, 2019 지역관광발전지수 동향분석

04.
지역관광경쟁력 진단모형

지역관광 경쟁력 제고를 위하여 문화체육관광부와 한국관광공사는 2010년 지자체의 관광 수용태세 경쟁력을 진단하는 '관광 수용태세 경쟁력지수'를 개발하고 지자체 스스로 관광 수용태세를 평가 및 개선할 수 있도록 하였다.

2010년 시범 진단을 시작으로 2016년까지 6년간 약 77여 개 시군을 대상으로 지자체 관광수용태세 진단이 진행되고 있으며 공모 과정을 통해 컨설팅 사업 대상 지자체를 선정하였다. 지자체 관광 수용태세 진단은 인적자원, 지적자원, 지자체 거버넌스, 하부구조 및 기반시설 등 5개 차원과 함께 62개 평가 지표로 구성하여 진단하고 컨설팅 하여 지역관광 수용태세를 개선하였다.

다만, 평가 결과에서 제시된 분야를 좀 더 명확하게 정의하여 지원 사업으로 연계하는 세밀성은 미흡한 것으로 평가된다. 지자체 스스로 관광 수용태세를 평가 및 개선한다는 초기의 정책적 목표가 지자체를 위한 단순 컨설팅 사업으로 변질되었고, 공유 확산 방안이 미흡한 것으로 지적되고 있다.

우리나라 지역관광을 살리는 관광경쟁력 시스템을 구축하기 위해서는 현존하는 관광경쟁력 순위 발표 체계로서 권위를 가지고 있는 WEF-TTCI의 관광경쟁력 체계, 지자체 관광수용태세와 지역관광 발전지수 측정 및 활용 사업에 대한 장단점을 분석하여 우리나라 실정에 부합되고 차별화할 수 있는 새로운 지역관광 경쟁력 진단 및 관리 사업이 개발되어야 한다.

그리고 2017년에는 '관광수용태세 진단 모형(2010~2016)'의 비교가능성, 자료 구득성을 개선하고 일부 지자체만을 대상으로 관광수용태세 진단 및 개선 컨설팅을 제공하던 것을 전국 단위로 확대하기 위해 '지역관광경쟁력 진단모형'을 개발하고, 2018년 최초로 전국을 대상으로 한 분석을 진행했다. 향후 전국 17개 광역지자체와 226개 기초지자체의 관광경쟁력을 주기적으로 진단하여 분석 결과가 축적되면 자료의 연속성 및 신뢰성에 기반하여 지자체 간 관광경쟁력 정도를 비교할 수 있으며, 동일 시점을 기준으로 지역 간 비교와 동일지역을 기준으로 하는 시점 간 비교도 가능하다. 또한 장기적인 관점에서 거시적 지수변동률도 비교할 수 있다.

2019년 기준 지역관광경쟁력 진단 모형의 지표체계는 5개 대분류, 15개 중분류, 15개 핵심지표, 42개 차별화지표로 구성된다. 중분류는 핵심지표와 차별화지표로 구성되는데, 핵심지표는 대분류의 5가지 영역을 대표하고 모든 지역을 진단할 수 있는 지표를 의미하며, 차별화지표는 지역별 특수성을 반영할 수 있는 지표를 의미한다.

| 표 4-5 | 지역관광경쟁력 진단 모형 지표 체계

대분류(5)	중분류(15)	세부지표	
		핵심지표(15)	차별화지표(42)
관광정책	정책	관광 육성 계획	관광정책 우선순위 관광조례제정 건 수 정부 연계사업 참여 수
	예산	관광 지출 비중	관광 보조금 지출 비중 관광 홍보마케팅 예산 비중
	조직	관광 공무원 비중	관광 전담부서 유무 관광 전문직공무원 유무 관광 공무원 교육프로그램 이수비율 DMO 조직 유무
관광자원 집적	숙박시설	관광숙박업 객실 수	관광숙박 이용률 호텔등급지수
	관광시설	관광객이용시설 수	유원시설 수 관광(단)지 수 컨벤션 및 전시시설 수 문화기반시설 수
	특화관광자원	지역문화관광축제 수	문화재 수 세계자연문화유산 수 자연휴양림 수 지정 문화관광축제 유무
관광수요 촉진	관광접근성	이동수단 운행 횟수	철도 운행횟수 항공 운항횟수 시티투어 운행횟수 렌터카 회사 수
	여행사상품	지자체 여행사 수	우수 여행상품 수
	관광홍보	스마트안내체계 지수	문화관광해설사 수 관광관련 박람회 참가횟수 관광통역 안내원 수 목적지브랜드 지수
	관광품질	관광품질인증 종류 수	랜드마크 평판 관광지 안전
포용적 성장	지속가능한 관광	지속가능한 관광에 대한 인식 수준	오버투어리즘 방지
	소외계층 수용성	무장애관광지 수	시니어관광프로그램 유무 열린 관광지 유무
	지역기반관광	지역기반관광 운영	지역기반 관광프로그램 수
관광성과	관광효과성	관광GRDP 기여율	관광고용의 기여도 MICE개최건수 주요관광지 방문객 수 내국인 방문객 수 외국인 방문객 수
	관광가치 창출	만족도	재방문의도 방문객 성장률 타인 추천 의사

자료 : 한국관광공사, 지자체 관광경쟁력 강화 사업

05.

해양관광경쟁력 지수

해양관광의 경제적 파급력이 강조되면서 해양관광 활성화를 위한 다양한 정책들이 추진되고 있다. 국내 해양관광은 대규모 해양관광단지 개발, 해양관광시설 확충, 해양 관광길 개발 사업 등 다양한 정책사업이 동시다발적으로 진행되고 있으나 정책 추진의 당위성을 판단하고 객관적으로 정책 효과를 예측할 수 있는 수단은 미흡하였다.

정책적 필요차원에서 국내 해양관광 실태를 파악하기 위한 다양한 지표들이 개발되었지만 개별적·분절적으로 분석되어 결과의 활용성이나 정책적 성과는 크지 않았다. 이에 따라 한국해양수산개발원에서는 국내 해양관광의 경쟁력을 종합적으로 판단할 수 있는 지수를 개발하여 지역별로, 해양관광 산업별로 해양관광 경쟁력을 분석의 기초를 마련하였다. 이를 통해 향후 연안지역의 해양관광 육성 정책 수립을 위한 정책적 근거 및 수단 제시가 가능하다.

지수 개발은 해양관광 활성화 수준을 객관적이고, 과학적으로 판단할 수 있도록 해양관광 목적지의 관광공급, 관광수요, 관리 및 운영·정책 등 내·외부적인 환경을 고려하였다. 개발 과정에서 선행연구 및 전문가 심층 인터뷰를 통해 초기 문항을 도출한 후 전문가들의 내용 타당도 조사를 거쳐 지수의 객관성을 확보하고, 지표에 가중치를 부여하고 지수화하기 위해 전문가 AHP 조사를 실시하는 과정을 거쳤다. 이 같은 일련의 과정을 거쳐 최종적으로 해양관광 공급지수, 해양관광 수요지수, 해양관광 정책역량지수로 구성된 3

개의 대분류와 6개 중분류, 15개 소분류, 44개 세분류의 해양관광 경쟁력 지표를 개발하였다. 이를 이용해서 각 지자체별로 해양관광 분야별 산업의 경쟁력을 비교평가 할 수 있을 것이다.

또한 섬관광목적지, 도시, 해양관광지, 농촌관광지 등을 대상으로 관광 경쟁력 지표를 개발한 선행연구 분석을 통해 해양관광 경쟁력 지표 체계 개발에 반영하였다. 그리고 문화체육관광부의 '지역관광발전지수 지표체계'와 한국관광공사의 '관광 수용태세 경쟁력지수', 세계경제포럼(World Economic Forum)의 관광경쟁력지수(TTCI: Travel & Tourism Competitiveness Index), OECD의 관광경쟁력지표 등 국내외 관광 경쟁력 지수의 체계 및 평가 방법도 고려하였다.

해양관광 경쟁력 지수는 해양관광만이 가지고 있는 특성을 반영하고, 해양관광지의 공급, 수요, 운영, 관리, 정책 등 다양한 측면이 고려되어 개발된 지표를 바탕으로 해양관광지 간의 비교 가능한 값으로 환산하여 제공하는 것을 목적으로 하였다.

이러한 과정을 거쳐 44개 최종 지표를 도출하였다. 해양관광 경쟁력 지수의 구체적인 내용은 다음 표와 같다.

|표 4-6| 해양관광 경쟁력 지수

<table>
<tr><th>대분류</th><th>중분류</th><th>소분류</th><th>세부지표</th></tr>
<tr><td rowspan="23">해양 관광 공급 지수</td><td rowspan="10">해양관광 매력물</td><td rowspan="3">자연자원</td><td>해수욕장 수</td></tr>
<tr><td>해안둘레길(해파랑길, 해안누리길 등) 길이</td></tr>
<tr><td>해양보호구역(해양생태계, 해양생물, 습지, 해양경관 보호구역) 수</td></tr>
<tr><td rowspan="5">문화자원</td><td>지역축제 수</td></tr>
<tr><td>문화재 수</td></tr>
<tr><td>어촌체험마을 수</td></tr>
<tr><td>개방 등대 수</td></tr>
<tr><td>박물관(전시/관람관) 수</td></tr>
<tr><td rowspan="2">관광지 및 관광단지</td><td>관광지 지정 개소 수</td></tr>
<tr><td>관광단지 지정 개소 수</td></tr>
<tr><td rowspan="13">해양관광 수용력</td><td rowspan="2">숙박시설</td><td>관광숙박업 객실 수</td></tr>
<tr><td>어촌민박 수</td></tr>
<tr><td rowspan="2">교통시설</td><td>대중교통 접근성(광역버스, 열차, 항공, 선박등 운항횟수)</td></tr>
<tr><td>시티투어버스 운영 유무</td></tr>
<tr><td rowspan="5">해양레저 스포츠 시설</td><td>낚시 어선 수</td></tr>
<tr><td>수상레저 사업장 수</td></tr>
<tr><td>수중레저 사업장 수</td></tr>
<tr><td>마리나 계류 선석 수</td></tr>
<tr><td>해양레저스포츠 체험교실 수</td></tr>
<tr><td rowspan="3">안전 및 정보</td><td>해양관광 안전사고 발생 건수</td></tr>
<tr><td>해양경찰 수</td></tr>
<tr><td>관광안내소 수</td></tr>
</table>

대분류	중분류	소분류	세부지표
해양 관광 수요 지수	해양관광 평가	관광객 수	주요지점 관광객 수
			해양레저스로츠 체험교실 참여자수
			어촌체험마을 참여자수
			해수욕장 이용객 수
			낚시어선 이용객 수
			해양관련 박물관/전시관 이용객 수
		관광만족도	해양관광 만족도
			재방문 의향
			타인추천 의사
		관광 소비액	해양관광활동 관광소비액
	지역경제 효과	관광소득 창출	주요 해양관광시설(어촌체험마을, 어촌관광휴양단지, 해양레저체험교실) 매출액
			연안지역관광사업체 수
			연안지역관광사업체 매출액
		관광 기간	주요지점 관광객 수 성수기 비율(계절성)
해양 관광 정책 역량 지수	인력양성	주민역량 강화	지역주민 관광 관련 프로그램 이수비율
			관광 관련 인력 양성 프로그램 수
		주민인력 규모	바다해설사 수
			지역주민 경제활동 인구 수
	관광행정	관광 정책 인력/예산	해양관광 관련 공무원 비율
			해양관광 부문 예산 비율
		관광 정책	해양관광 담당 전문부서 유무
			해양관광 기본계획 및 실행계획 수

자료 : 최일선·홍장원·이정아, 해양관광 경쟁력 지수 개발 연구, 해양수산개발원, 2019.

제10장

관광도시 경쟁력 강화전략

01. 전략수립 구조

02. 외부환경 분석

03. 내부역량 분석

04. 중장기 전략수립

01. 전략수립 구조

우리나라의 많은 지자체에서 향후 지역 발전과 경제 활성화로 관광도시 육성을 추진하고 있다. 이를 위해 도시재생, 어촌뉴딜 정책 수립에 관광 전략을 도입하고 있으며, 랜드마크 조성은 물론 축제, 영화제 개최 등 다양한 관광 컨텐츠를 개발하고 있다.

이를 위해 지자체에서는 지역의 관광 여건을 조사 및 분석하고 관련 통계자료를 이용하여 지역의 관광객 특성 및 관광산업 분석을 시행하고 있다. 그리고 지역을 방문한 관광객을 대상으로 설문조사도 실시한다. 그리고 국내외 타 관광 도시의 사례 조사도 실시하며, 관광객 수요에 부합하고 지역문화관광자원을 활용한 관광도시 육성에 박차를 가하고 있다. 그리고 지자체 차원 뿐만 아니라, 마을이나 개별 관광지 단위에서도 보다 많은 외부 관광객 유치를 위해 같은 노력을 추진하고 있다. 그러나 관광도시의 경쟁력 강화를 위한 전략 수립에 적합한 Tool이 부족하고, 한국관광공사나 전문 컨설팅기관을 이용하기에는 비용 측면에서 부담이 되기 때문에 쉽게 접근하기 힘든 점이 있다.

따라서 관광도시로서 중장기 전략 수립을 위해 경영컨설팅에 사용되는 Tool을 토대로 관광도시 경쟁력 강화를 위한 전략 수립 방향을 제시하였다. 경영전략은 경쟁에서 이기는 방법이라고 할 수 있다. 기업들이 경쟁에서 살아남기 위하여 필요한 경영전략을 수립하고, 이행하는 데 필요한 여러 가지 분석기법을 사용한다. 분석

기법이 중요한 이유는 전략적 사고능력이 분석과 종합을 통하여 배양될 수 있기 때문이다. 중장기 전략 수립에 사용된 용어 중 '조직'은 지자체나 관광 추진주체가 될 수 있을 것이고, '사업'은 관광 컨텐츠 및 정책이며, '경쟁사'는 타 지자체 및 경쟁 관광지, '고객'은 방문관광객으로 이해하면 된다.

관광도시로의 체계적인 중장기 전략수립에 필요한 거시분석, 산업구조분석 등의 외부 분석과 가치사슬분석 등의 내부역량분석 그리고 비전 설정, 신규 관광사업 추진전략 등의 중장기 경영전략의 순으로 내용을 정리하였다.

기존의 교과서나 출판물들이 대부분 이론과 사례에 치우쳐 있는 점에 감안한다면 현실적으로 작성되고 있는 전략의 이미지를 얻기는 쉽지 않다. 따라서 지자체 담당자나 관광객 유치를 위한 전략에 관한 업무를 맡고 있는 분들이 쉽게 모방하거나 습득할 수 있도록 구성하였다.

중장기 전략은 외부환경분석부터 시작한다. 외부환경분석은 통제할 수 없는 외부의 상황이나 조건, 영향, 요인들을 분석하는 단계이다. 내부역량분석은 내부의 시각에서 보다 구체적으로 내부의 구성요소가 무엇이며 어떤 자원이 경쟁우위의 근본적인 원천이 되는가를 밝히는 단계이다. 여기에서는 성장분석, 가치사슬분석, 조직문화진단 등이 포함된다.

마지막 단계로 이러한 분석단계를 통해서 실질적인 전략을 수립하는 단계이다. 비전수립, SBU전략수립이나 신규사업진출 전략을 만드는 단계이다.

이러한 관광도시 중장기 실행계획 수립을 위한 전체 구성과 단계도는 다음 [그림 4-1]과 같다.

❙ 그림 4-1 ❙ 관광도시 중장기 실행계획 수립 전체구성 및 단계도

각 단계별 분석 내용은 다음과 같다.

■ 외부환경분석

경영의사 결정 및 경영성과에 영향을 주는 외적환경으로 거시환경과 산업 환경으로 나누어 분류한다. 거시환경은 도시의 관광산업에 영향을 주는 정치·경제·사회·문화·기술적 요인을 포함하며 산업 환경은 관광객·경쟁자·공급자의 움직임을 중심으로 하는 환경을 의미하며 이를 이해하여 경영의사 결정에 참고 하고자 하는 것을 목적으로 한다.

■ 내부역량분석

지자체나 도시 내부의 시각에서 보다 구체적으로 관광도시로의 성장을 위한 구성요소가 무엇이며 가지고 있는 어떤 자원이 경쟁우위의 근본적인 원천이 되는가를 밝히는 것이다. 내부역량분석에는 가치사슬분석, 조직구조분석, 조직문화진단, 핵심역량분석 등이 포함된다.

■중장기 전략수립

중장기 전략수립이란 7-10년 정도의 장기적인 시각을 가지고 환경적 변화에 대응하고 환경의 변화를 능동적으로 창조하기 위해 전략적 방향을 설정하는 것이다. 남들은 보지 못하는 미래의 환경과 그 환경에 맞는 위상을 미리 정하는 비전설정 부터 시작해서, 전략적 사업단위(Strategic Business Unit)에 대한 전략, 신규사업 개발에 대한 전략이 포함되어 있다.

02.

외부환경 분석

① 외부환경분석의 정의

전략을 수립하는 기본적인 단계가 외부환경 분석인데, 그것은 외부환경변화에 무관심하다가 치명적인 충격을 받지 않도록 장기적인 건강을 확보하는 데 지극히 중요한 부분이다.

조직은 자신의 외부환경을 분석함으로써 외부로부터 주어지는 기회나 위협을 이해하고 그 결과로 기회는 이용하고 위협으로 부터는 대비할 수 있는 전략을 세우게 된다.

조직의 경영의사 결정 및 경영성과에 영향을 주는 조직 외부환경으로 거시환경과 산업 환경으로 나누어 분류한다. 거시환경은 조직이 속한 산업에 영향을 주는 정치·경제·사회·문화·기술적 요인을 포함하며 산업 환경은 조직이 속한 산업 내 고객(관광객)·경쟁자·공급자의 움직임을 중심으로 하는 환경을 의미한다.

② 외부환경 분석의 목적

조직 활동에 큰 영향을 주는 동인(drivers) 들이 어떻게 조직에 있어서 현재와 미래의 기회(opportunity)와 위협 (threat) 요인으로 작용하는가를 분석하여, 조직 전략 수립의 기본 자료로 활용한다.

외부 환경 분석을 통해 도출된 결과와 내부 능력 분석 결과를 종합하여 조직의 전략적 시사점과 중장기 발전 전략을 수립한다.

③ 외부환경 분석의 단계

- 거시 환경 분석
- 산업 구조 분석
- 경쟁 지역 분석
- 고객(관광객) 분석

■ 거시 환경 분석

① 거시환경분석의 정의

거시환경분석은 중장기 전략수립의 가장 기본이 되는 분석으로 사회적 환경분석이라고도 한다. 이는 조직의 단기적인 활동에 직접적으로는 영향을 미치지 않지만 장기적으로 영향을 미치게 되는 일반적인 조직 환경과 조직이 속한 산업에 영향을 주는 정치, 경제, 사회, 문화, 기술적 요인을 분석하여 이해하고자 하는 것이다.

② 거시환경분석의 목적

- 조직활동에 큰 영향을 주는 동인(Drivers)을 분석 함.
- 영향요인이 어떻게 조직의 현재와 미래의 기회와 위협요인으로 작용하는 가를 분석하는 것이 목적임. 조직전략수립의 기본자료로 활용하기 위함.

③ 거시환경분석의 산출물

- 경제적 환경의 영향 분석
- 기술적 환경의 영향 분석
- 정치적·법적 환경의 영향 분석

- 사회문화적 환경의 영향 분석
- 기타환경의 영향 분석
- 영향력과 중요도를 기준으로 우선순위 결정
- 산업전망에 대한 함의(Implication)

| 표 4-7 | 거시환경분석의 요소

구 분	세부 요소
정치환경 요인	정치권력과 정책노선 규제완화, 민영화 조세, 특허 통일, 남북경협 개혁정책, 지원정책 무역 장벽 및 자유화 부패, 정치적 리스크 법규
경제환경 요인	GDP성장율 금융/재정정책 소비성향 산업구조 변화 임금수준 이자율, 환율 구조조정 가처분소득수준 원유가, 금융시장 시장/경쟁 구조
사회·문화 환경요인	인구구조 소비자 라이프스타일 환경, 에너지에 관한 관심 노동력 유연성 여성의 사회진출 교육수준
기술환경 요인	신기술 신제품 혁신 정책적 지원 산업/경제의 디지털화 정보기술(IT) 기술혁신 및 확산 인터넷 기반기술
기타환경 요인	기타(관광과 관련된 기타 거시환경 요인이 있을 경우 추가)

환경요인	주요 항목	현재	미래	기회	위협
정치					
경제					
사회문화					
기술환경					
기타					

거시 환경 분석 결과 산업에 미칠 핵심적인 미래의 기회/위협 요인과
그 영향에 따른 산업 전망을 중심으로 그 시사점을 정리함.

기회 요인과 위협요인 서술 중 불확실성이 크고, 영향도 및 중요도가
큰 요인을 중심으로 당사가 속해있는 산업에 미치는
영향과 전망을 종합 정리함.

┃그림 4-1┃ 기회와 위협요인 인식도 분석 탬플릿

Political Key Factors • • • •	Economic Key Factors • • • •
Social Key Factors • • • •	Technological Key Factors • • • •

- 산업 및 시장에 변화를 초래하는 Key Drivers의 정의
- 산업 특성 및 동향의 Pattern을 분석하고 전략적 시사점을 도출함

┃그림 4-2┃ 거시환경 분석을 위한 PEST 분석 탬플릿

■산업 구조 분석

① 산업구조분석의 정의

특정조직의 과업환경에서 중요한 요인들을 이해하고자 하는 것을 산업구조분석이다.

관광도시를 추구하는 조직이나, 관광 단체 등은 여기서 말하는 산업은 관광산업으로 이해하면 된다.

산업분석은 최근에 들어서는 그 테두리나 중요성 자체가 흐려지고 있으나 조직에 가장 밀접하고도 직접적인 환경의 분석이라는 기존의 의미는 퇴색되지 않고 있다. 산업구조분석은 산업의 경쟁강도와 수익성 및 산업의 구조적 매력도를 결정하는 5가지 경쟁요인을 분석하여 특정조직의 과업환경을 이해하고자 하는 것이다.

② 산업구조분석의 목적

- 다섯 가지 경쟁요인들이 상호작용함으로써 발생하는 경쟁의 원인과 각각의 경쟁 강도를 파악
- 다섯 가지 경쟁요인에 대한 이해를 통해 경쟁요인들이 지닌 경쟁 강도를 파악
- 조직이 고려해야 할 주요 경쟁요인을 도출
- 산업의 이윤잠재력, 즉 산업의 매력도를 파악
- 미래 산업환경을 예측

③ 산업구조분석의 산출물

- 경쟁요인의 원인 분석
- 경쟁강도 분석

- 공급자들의 협상력
- 구매자(관광객 등)들의 협상력
- 잠재적 진입자의 위협
- 대체재의 위협
- 산업의 매력도 결정
- 미래 산업환경에 대한 강도의 변화를 예상

④ 산업구조분석의 구성요소

- 경쟁정도
- 잠재적 진입자
- 구매자(관광객 등)의 협상력
- 공급자의 협상력
- 대체재

⑤ 산업구조분석의 수행방법

산업구조분석은 아래의 5가지 경쟁요인을 중심으로 세부요인을 검토하고 그 정도를 보통 3등급(상, 중, 하) 또는 5등급(상, 중상, 중, 중하, 하)으로 표시하고, 종합은 그 평균을 기록한다.

가. 경쟁 정도(Rivalry)

한 산업 내에서 조직들은 상호 의존관계에 있다. 한 경쟁조직의 움직임은 다른 경쟁조직에 필연적으로 영향을 미치기 때문에 보복적 조치나 그에 상응하는 반응을 보이게 된다. 때문에 조직의 이윤은 산업군의 경쟁 정도와 밀접한 관계가 있다.

- **경쟁사의 숫자와 규모** : 경쟁사의 숫자가 많거나 규모와 영향력에

있어서 비슷한 경쟁자가 많이 있을 때 경쟁정도는 심화되게 된다. 극단적으로 경쟁사가 하나뿐이라면 독점의 경쟁 정도는 전혀 없는 상태가 되며, 경쟁사가 하나 둘씩 생길 때마다 경쟁이 심화되는 것으로 생각하면 된다.

- 산업 성장률 : 빠르게 성장하는 산업은 시장 자체가 계속 커지기 때문에 일반적으로 많은 조직들 모두에게 그 산업 내에서 성장할 수 있는 기회를 제공하게 된다.
- 혁신의 정도 : 산업 내에서 제품의 혁신 정도(관광 컨텐츠나 관광도시의 혁신 수준)가 낮다는 것은 제품간의 차별화가 이루어지지 않는 것을 의미하고 그것은 다른 제품이나 서비스 사이에 전환비용이 낮다는 것을 의미한다. 이러한 경우에 소비자가 그때 그때 최저가의 제품이나 서비스(관광 도시)로 옮겨 다니게 되고, 그 결과로 조직간의 경쟁은 심화되면서 경쟁으로 이어질 것이다.
- 고정 비용의 비율 : 어떤 조직의 고정비용이 높다거나 어떤 사업의 고정 비용 비중이 높다면, 조직들은 총비용 밑으로 가격을 떨어뜨려서라도 최소한 고정비용은 커버하려고 할 것이다. 즉, 높은 고정비용은 가격경쟁으로 유도하게 되어 경쟁 정도를 심화시키는 경향이 있다.
- 퇴거 장벽 : 조직이 어떤 사업을 포기하고 빠져 나가고자 할 때 여러 가지 이유나 형태로 퇴거를 어렵게 하는 장벽이 존재할 수 있고, 그렇다면 조직은 차라리 산업 내에 남아서 경쟁하는 쪽을 택함으로 산업전체의 경쟁 정도가 높아지게 될 수 있다.
- 특수 목적의 자산 : 특정의 제품을 만드는 데가 아니면 쓸모가 없는 시설이나 장비가 있을 수 있다. 특수목적의 자산을 가진

조직으로서는 그 산업을 벗어나는 유일한 길은 모든 것을 버리고 나가는 것이다. 이 경우 오히려 더 큰 손실을 보게 되므로 퇴거를 다시한번 생각하게 된다.

- **다른 사업과의 전략적인 연계** : 사업부가 여러 개 있을 때 한 가지 사업이 매력적이지 못하더라도 그 사업과 다른 사업부와의 관계 때문에 포기하지 못하는 경우이다. 수익이 낮은 사업이 수익이 높은 사업에 중요한 재료나 다른 투입물을 제공하고 있다면 수익이 낮다고 하여 쉽게 포기하지는 못할 것이다.
- **감정적인 장벽** : 하부 관리자 등 개인수준에서도 자주 일어나지만 전략적인 수준으로 갈수록 심화되는 현상이다. 어떤 산업에 진입하는 결정에 많은 영향력을 끼친 최고 경영자가 자신의 실수를 받아들이기 싫어하기 때문에, 객관적으로 낮은 성과에도 불구하고 계속 투자를 하게 되는 경우이다.

나. 잠재적 진입자(Potential Entrants)

잠재적 진입자는 산업 구조 분석에서 진입장벽과 더불어 중요한 하나의 결정요인을 차지하고 있다. 진입장벽이 낮아서 잠재적 진입자의 위험이 클수록 그 산업의 매력도가 떨어진다고 할 수 있다. 진입장벽에 영향을 미치는 요인으로는 다음과 같은 것들이 있다.

- **규모의 경제** : 규모의 경제는 크기와 관련된 비용면에서의 우위를 말하는데, 어떤 산업에 이미 규모의 경제가 이루어져 있다면 신규 진입자로서는 비슷한 수준의 비용구조를 가지고 경쟁하기 위해서 진입 시 대규모로 진입하거나, 혹은 소규모로 진입하되 비용 측면에서 불이익을 당하는 것을 의미하므로, 시장진입을 다시 한번 생각하게 된다는 것이다.

- **차별화** : 차별화가 이루어져 있는 산업에 새로 진입하기 위해서는 기존 경쟁자에 대한 소비자 충성도(customer loyalty)를 극복하기 위해 많은 투자를 해야 한다.
- **자본 투자요구수준** : 어떤 산업에서 경쟁하기 위해서 막대한 자본을 투자해야 한다면, 특히 그 투자가 회수하기도 힘들고 초기에 대량으로 들어가는 연구개발비나 시설비와 같은 것이라면, 강력한 진입장벽으로 작용할 수 있다.
- **전환비용** : 전환비용이란 구매자가 특정 제품을 쓰다가 다른 제품으로 바꿀 때 한번 발생하는 비용이다. 이러한 전환비용이 높다면 새로운 진입자는 고객을 끌어들이기 위해 비용이나 성능에 있어서 월등한 차이를 내야만 하고 그것이 부담으로 작용하게 된다. 컴퓨터 소프트웨어는 전환비용이 높은 산업의 좋은 예이다.
- **유통경로 확보 여부** : 새로운 진입자가 산업에서 성공하기 위해서 유통망을 확보해야만 한다면 그것도 진입장벽으로 작용할 수 있다. 새로운 진입자가 그 유통망들로 하여금 조직 제품을 취급하도록 설득하려면 높은 판촉비용 등 많은 투자를 해야 할 것이다.
- **정부 규제** : 정부가 산업에 들어올 수 있는 경쟁자의 수를 제한하거나 그 조건을 까다롭게 하여 인위적으로 경쟁 정도를 규제하는 것이다. 정부규제하에 있는 조직들은 경쟁력이나 비용의 효율성이 그다지 중요한 요소가 아니고 이윤의 수준도 규제되는 경우가 있기 때문에, 오랜 정부규제하에 있던 조직들은 보통 경쟁력이 떨어지는 것이 문제이다.

다. 구매자의 협상력(Bargaining Power of Buyer)

구매자가 가격인하 압력을 가하는 능력, 더 높은 품질과 서비스를 요구하는 협상력 등을 의미하며 구매자 혹은 구매자 집단의 힘이 강해질수록 산업에는 위험요소로 작용할 수 있다. 구매자가 협상력을 가지게 되는 요인은 다음과 같다.

- 구매자가 조직으로 부터 대량의 구매를 하는 경우.
- 구매자가 후방으로 수직 계열화를 하여 제품을 스스로 생산해낼 잠재력이 있는 경우.
- 제품이 표준화되어 차별화가 전혀 이루어지지 않은 경우.
- 공급자를 바꿀 전환비용이 아주 낮은 경우.
- 구매하는 제품이 구매자가 생산하는 제품의 일부로 쓰이는데 구매자가 생산하는 제품이나 서비스의 최종적 품질이나 가격에 큰 영향을 미치지 못하는 경우.

라. 공급자의 협상력(Bargaining Power of Suppliers)

공급자가 제품에 대해 가격/서비스의 질을 조절할 수 있는 능력을 말하며 공급자의 협상력이 클수록 산업에 위험요소로 작용한다. 공급자의 협상력이 커지는 요인은 다음과 같다.

- 소수의 공급자가 다수의 구매자를 상대로 거래하는 경우.
- 공급자 전환비용이 아주 큰 경우.
- 공급자 제품에 대한 대체재가 없는 경우.
- 구매자가 구입하려는 제품이나 서비스의 양이 공급자 집단이 만들어 내는 제품이나 서비스의 극히 일부분에 불과하여 공급자에게 중요하지 않은 사업일 경우.

마. 대체재(Substitutes)

한 산업 안에 있는 모든 조직들은 다른 산업에서 대체제품을 만드는 조직들과 경쟁하고 있다고 할 수 있다. 대체재는 그 모양에 있어서는 다르지만 소비자의 욕구를 다른 제품과 같이 채워 줄 수 있는 제품을 말한다. 그만큼 산업 구조 분석에 있어서 중요한 비중을 차지하지만 통상적으로 한 산업의 대체산업이 어떤 것들이 있는지 정확히 파악해 내는 것은 어려운 분석이다.

이러한 대체품이 산업의 경쟁강도에 미치는 영향력은, 기존조직이 가격을 결정함에 있어 대체품이 잠재적인 가격상한선에 영향을 미친다는 것이다. 대체품의 경쟁강도는 다음과 같은 경우에 높아진다.

- 대체품과 기존제품의 효능이 유사한 경우.
- 구매자의 성향이 대체품에 대해 호감을 가지고 있는 경우.
- 대체품의 가격이 기존제품보다 낮거나 효능이 좋을 경우.
- 대체품의 가격 및 효능이 미래에 계속 낮아질 것으로 예상되는 경우.
- 대체품으로의 교체비용이 적을 경우.

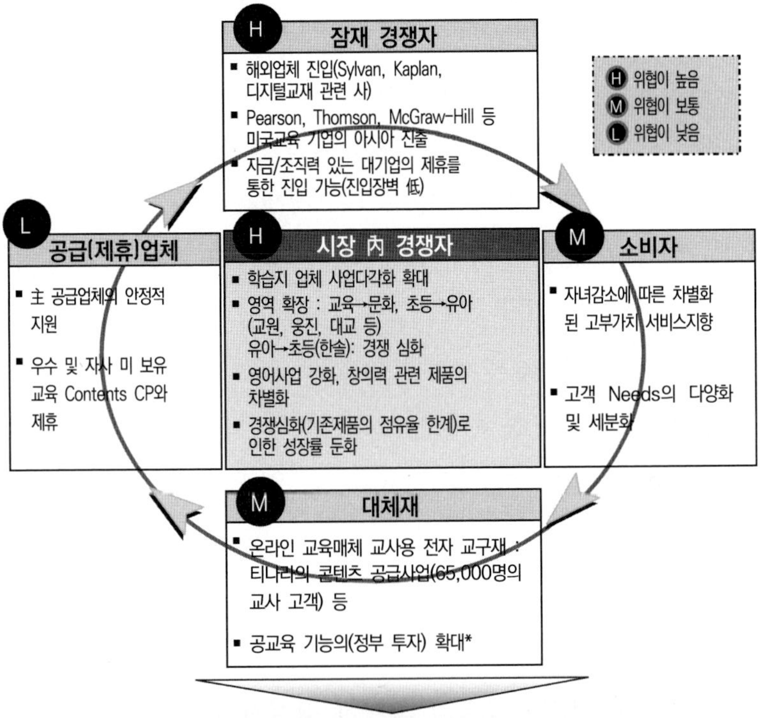

Implication

- 교육사업 시장에서 성장의 한계를 인식 사업 영역의 수직 및 수평적 계열 다각화 현상이 두드러짐 따라서 시장 내 경쟁심화가 지속될 것으로 사료됨.
- 학습지 이외의 교육시장에 대한 다국적 기업의 진출 가속화가 예사오디며 이는 자사의 신규사업 진출의 장애 요인 및 제휴의 기회 확대 등이 예상됨.
- 다양한 고객 Needs에 부응하는 차별화된 제품 및 서비스 전략 시행 및 고부가가치 제품 출시에 적극적으로 참여해야. 함 공교육 기능강화와 연계된 사업 적극적 진출.

┃그림 4-3┃ 산업구조분석 사례

경쟁사(경쟁 도시) 분석

① 경쟁사(경쟁 도시) 분석의 정의

조직이 이윤의 극대화라는 목적을 가장 효과적으로 달성하기 위해서 상품, 기술이나 경영능력 등에서 경쟁자가 가지지 못한 능력을 보유하기 위해 경쟁자와 경쟁상황에 대한 이해를 하고자 하는 것으로 정의할 수 있다.

이와 함께 경쟁사를 분석하는 것은 항상 조직에 대한 상대적 개념이며, 이는 경쟁사 분석이 바로 조직분석이 되는 것을 의미한다. 결국 경쟁사분석과 조직분석은 항상 동시에 이루어져야 한다는 것을 의미한다.

② 경쟁사 분석의 목적

- 경쟁사에 대비된 조직의 상대적 경쟁지위를 파악 함.
- 현재 경쟁사의 전략을 파악 함.
- 경쟁사의 행태와 대응반응을 예측하기 위해 경쟁사를 분석 함.
- 경쟁사 분석의 궁극적 목적은 조직의 지속적 경쟁우위를 확보하기 위한 과정임.

③ 경쟁사 분석의 산출물

- 주요 행위자(Player) 분석
- SWOT 분석 결과도
- 주요 경쟁자의 경쟁력 및 전략적 방향성
- 최선의 관행(Best Practice)의 경쟁력 및 전략적 방향성
- 해당조직에 주는 함의(Implication)

④ 경쟁사 분석의 구성요소

경쟁사 분석을 위해서는 다음과 같은 요인들을 평가하여 경쟁사에 대한 대응전략을 수립할 필요가 있다.

- 미래목표
- 가정적 판단
- 현행 전략
- 강점과 약점

가. 미래목표

경쟁조직의 미래 목표 분석이 경쟁조직 분석에서 가장 중요한 요소이다. 미래 목표를 파악하면 개개 경쟁조직들이 현재의 상황과 결과에 만족하는지, 또 그러한 성과를 바탕으로 기존의 전략을 수정할 가능성이 있는지, 그리고 외부환경 및 다른 조직들의 움직임에 대응하는 태도 등을 예측할 수 있다.

경쟁조직의 여러 가지 목표를 진단할 때는 흔히 재무적인 목표를 제일 먼저 들지만, 포괄적인 진단에서는 시장우위나 기술수준, 사회적 책임과 같은 질적 측면의 목표들도 포함시키는 것이 보통이다.

- **계량적 목표와 비계량적 목표** : 경쟁자는 항상 다양한 목표를 갖고 있다. 그리고 그들의 목표는 계량화될 수 있는 것도 있고, 그렇지 못한 것도 있다. 따라서 경쟁자의 목표 분석은 양자를 다 포괄해야 한다.
- **계층별 목표의 명확화** : 경쟁전략은 전략사업단위 수준에서 수립되지만 전략사업단위의 목표만을 파악해서는 경쟁사의 목표를 올바로 파악할 수 없다. 만일 경쟁자가 그룹을 형성하고 있는 큰 조직이라면 그들의 목표를 전략사업단위 차원의 목표, 조직

차원의 목표, 그리고 그룹 차원의 목표로 대별해야 하며, 전략사업단위 차원의 목표가 조직 차원의 목표, 더 나아가 그룹 차원의 목표와 어떻게 연결되어 있으며 어떠한 영향을 받는지 파악해야 한다.

- 경쟁조직의 목표와 경쟁전략 : 경쟁조직의 목표를 분석해야 하는 가장 중요한 이유는 경쟁조직들의 핵심적인 목표를 파악하게 되면 치열한 경쟁이나 보복적 조치를 유발 시키는 경쟁영역 또는 쉽게 진입할 수 있는 사업영역을 파악할 수 있기 때문이다.

나. 가정적 판단

경쟁조직 분석의 두번째 핵심적인 요소는 경쟁조직 내에 묵시적, 암시적으로 흘러 다니는 가정적 판단을 밝혀내는 것이다. 이러한 가정적 판단은 명시적으로 표출된 것이 아니고 조직의 경영자, 관리자들이 그런 줄 믿고 있는 사항들이다.

- 조직에 대한 가정적 판단 : 모든 조직은 자신이 처한 입장에 대한 여러 가지 가정적 판단에 따라 움직인다. 예를 들어 어느 조직은 스스로를 사회적인 인식이나 책임을 지닌 조직으로 생각하고 또 산업 내에서 주도적 역할을 하는 조직으로 판단한다. 자신이 차지하고 있는 입장에 대한 이 같은 가정에 따라 그 조직의 행동양식이나 내외 환경변화에 대한 대응방법이 달라지는 것이다.
- 경쟁사에 대한 가정적 판단 : 조직이 조직에 대한 가정적인 판단을 하는 것처럼 경쟁사에 대해서도 가정적인 판단을 한다. 예를 들어 경쟁사는 큰 조직이기 때문에 소품종 대량생산을 하고, 따라서 소규모 시장에는 관심이 없을 것이라고 가정하기도 한다. 또한 경쟁사는 외국 회사이기 때문에 국내에서 유통경로를

확보하기가 어렵고 따라서 위협적인 경쟁자가 되지 않을 것이라고 가정할 수도 있다. 자신의 상황에 대해 경쟁사의 가정적 판단은 정확할 수도 정확하지 않을 수도 있다. 그 판단이 정확하지 않다면 그 허점을 이용할 수 있는 전략적 수단을 얻게 되는 셈이다.

- 산업에 대한 가정적 판단 : 모든 조직은 자신에 대한 가정적 판단의 경우처럼 자신이 활동하는 산업에 대해서도 가정적 판단에 근거해서 활동한다. 예를 들어 자신이 속한 산업을 경쟁조직은 성장기에 속한다고 판단하나, 자신은 퇴조기에 접어들었다고 판단하여 전략을 수립하고 있는 경우가 있다.
- 고객에 대한 가정적 판단 : 조직들은 고객에 대해서도 어떤 가정적 판단에 근거하여 전략을 수립하고 있다. 예를 들어 어느 조직이 시장에서 고객의 가장 큰 신뢰를 받고 있다고 믿고 있는 것이다. 또한 고객은 조직의 브랜드를 보고 의사결정을 하고 있다고 가정적 판단을 할 수 있다.

다. 현행전략

경쟁조직 분석의 세번째 구성요인은 개개 경쟁조직의 현행 전략을 파악해서 명세서를 작성하는 일이다. 이러한 전략은 명시적으로 드러날 수도 있고 내재적인 형태를 취할 수도 있으며, 또 언제나 일정한 형태를 취하는 것이 아니고 여러 가지 모습으로 나타난다.

그러나 경쟁자의 현행 전략을 파악하기 전에 반드시 과거의 전략도 자세히 살펴보아야 한다. 실제로 경쟁자의 과거 전략이 실패한 것이라면 그러한 경험에 의해 미래에는 과거와 유사한 전략을 사용하지 않을 것이라고 판단해야 한다.

라. 강점과 약점

경쟁사의 제조능력, 마케팅능력, 영업능력, 조직력, 경영진의 관리능력 등 전반적인 경쟁우위에 관한 능력을 분석하는 작업이다.

마진이 낮은 OEM 생산의 구조적 한계를 극복하기 위해서 각 경쟁사들은 고 부가가치의 특화된 제품 생산 및 자사 브랜드화 등을 통한 차별화를 시도하고 있음

	자사	경쟁사 1	경쟁사 2
주력 상품	▪ 상품1 ▪ 상품2	▪ 상품1 ▪ 경쟁사1 특허 상품 등	▪ 상품2 ▪ 경쟁사2 주력상품 등
주요 고객	▪ 주요 고객 (기업/수요자) ▪ 거래처 등	▪ 주요 고객 (기업/수요자) ▪ 거래처 등	▪ 주요 고객 (기업/수요자) ▪ 거래처 등
마케팅	▪ 최종 고객니즈 분석을 통한 적극적인 마케팅이 미흡하고, 생산량 및 납기가 강점	▪ 최종 소비자 중심의 시장 분석 및 특허 제품으로 공격적 마케팅 ▪ 자사 브랜드화 추진	▪ 바이어의 요구에 수동적 대응 ▪ 기술 강점을 바탕으로 마케팅
유통/채널	▪ 별도의 판매법인이나 전문화된 채널은 없으며, 수출팀별로 주요 바이어 관리	▪ 미국 현지에 ▪ 자사의 판매법인 운영	▪ 별도의 판매 법인 없음

Impli-cation

- OEM/ODM 방식의 생산업체들은 주요 사업 영역, 핵심 상품, 핵심 고객 등이 전반적으로 유사하며, 상품 개발 기술적인 측면에서 차별화를 시도하고 있음
- 경쟁사 1의 경우 자사 브랜드화 및 독립적 유통망 확보를 시도하고 있음

▎그림 4-4▎ 경쟁사 전략 분석 사례

■ 고객(관광객) 분석

① 고객분석의 정의

조직이 경쟁전략을 수립하기 위해서는 소비자가 왜, 언제, 어떻게 구매하고 재화나 서비스를 소지하는가를 포괄적으로 설명해 주는 체계가 필요하다. 이를 위해서는 소비자의 복잡한 행동을 이해해야 한다.

고객분석은 지금까지 분석되어 온 실제 시장의 변화요인들을 일반적 시장변화와 경쟁사의 변화로 구분하여 고객욕구차원에서 재분석하는 것이다. 그리고 구체적인 전략 수행방법 및 조직내 문제점 해결방안을 고객의 시각에서 재구축하는 것으로 정의할 수 있다. 즉, 고객에게 소개되어 사용되기까지 조직제품이 어떻게 인식되고 있는지 파악하는 것이다.

② 고객분석의 목적

- 고객의 욕구와 필요의 변화를 이해하기 위함.
- 고객에게 제공하는 것은 무엇이고, 경쟁사는 고객에게 무엇을 주고 있는지를 이해하기 위함.
- 분석하고 있는 조직이 차지할 고객층을 분석하기 위함.
- 기존 제품의 위상을 제고하기 위함.
- 경쟁사와 제품 차별화를 위함.

③ 고객분석의 산출물

- 시장상황분석
- 의사결정과정분석

- 의사결정단위분석
- 속성분석
- 인지도분석
- 상표차별화분석
- 고객 목록과 구매자 행태(Profile & Buying Behavior)
- 주요 생산품의 특징(Key Product Features)

④ 고객분석의 구성요소

- 고객의 행동이해
- 시장세분화
- 목표시장 선정
- 지각도 및 제품 포지셔닝

⑤ 고객분석의 수행방법

가. 고객 행동이해 단계

고객행동을 간단한 그림으로 모형화 시킨 것이다. 이 모형은 기본적으로 자극-반응 모형에 기초를 둔 것으로, 고객의 반응은 결국 고객의 구매의사 결정에 의해 이루어지는 것이다. 따라서 분석의 초점은 고객의 구매의사 결정과정과 이에 영향을 미치는 외적 요인들에 맞추어지게 된다.

구매의사 결정에 영향을 미치는 외적 요인들로는 우선 고객의 개인적 특성이 있을 수 있고, 또한 고객에게 영향을 미치는 환경적 요인과 조직의 경쟁전략 자체를 들 수 있다. 고객의 반응이 회사내로 전파되는 피드백 과정에서 두 가지 경로가 있다.

하나는 제품구매 후 그 제품을 사용한 고객으로부터 직접 피드백 되는 경로이고, 다른 하나는 조직 제품에 대한 고객반응이 경쟁 조직에 의해 활용되어 이에 대한 경쟁전략 수립시에 고려하게 되는 과정이다.

나. 시장세분화 단계

시장을 세분화하는 과정에서 가장 중요한 것이자 출발점은 '과연 고객들을 어떤 기준으로 가지고 나눌 것인가' 하는 것이다. 시장을 세분화하는 기준은 소비자의 욕구, 성격, 개성, 나이 등과 같이 조직이 제공하는 제품과는 무관하게 고객의 특성을 시장수요와 연결시켜 구분하는 경우와 조직의 활동에 대한 반응을 중심으로 하는 경우로 크게 나눌 수 있다.

- 지리적 세분화 : 소비자의 욕구와 반응은 지역적으로 다르므로 시장을 국가, 시, 도, 군과 같이 지역별로 세분화는 것이다.
- 인구 동태적 세분화 : 고객을 나이, 성, 가족규모, 소득, 직업, 교육정도, 종교 등으로 나누는 것을 말한다. 일반적으로 가장 많이 쓰이는 세분화 방법이다.
- 심리도식적 세분화 : 동일한 인구동태 집단에 속하는 사람도 다른 심리적 특성을 가지고 있으므로 이러한 세분화가 필요하다. 고객을 사회계층, 생활 스타일, 개성 등에 의해 세분화하는 것을 말한다. 인구동태적 변수는 기초적인 정보를 수집할 때 주로 쓰이지만 심리 도식적 변수는 구매자의 태도나 생활 스타일을 반영하기 때문에 개성을 중요시하는 고객들을 분석할 때 매우 의미가 깊다.

• 행동적 세분화 : 제품 관련 세분화라고도 하는데 실제의 제품이나 제품 속성에 대해 구매자가 가진 지식, 태도, 용도 및 반응 등에 따라 구매자를 세분하는 것이다.

다. 목표시장에 대한 시장조사

세분화를 실시한 후에는 각 세분시장 중 목표시장을 결정하고 다시 목표시장에 대한 구체적인 시장조사를 실시하여야 한다.

한편 이와 같은 시장 세분화는 결국 크게 나누어 조직의 특성에 따른 세분화, 제품별 특성에 따른 세분화, 구매의사 결정단위에 따른 세분화로 분류해 볼 수 있다. 그런데 실제 세분화 작업에 돌입하면서 종종 부딪치게 되는 문제 중 하나가 어떠한 기준을 사용할 것이며 어디까지 세분화 할 것인가이다. 그러나 이에 대한 완벽한 정답은 존재할 수 없다.

그것은 조직의 목적과 산업의 특성에 따라 달라지기 때문이다. 단지 하나의 가이드라인이 될 수 있는 것은 세분화 기준들이 각기 분석의 용이성과 분석의 정확성에서 차이가 난다는 것이다. 구체적으로 살펴보면, 조직특성에 따른 세분화는 분석은 용이하나 정확성은 떨어지는 반면 구매의사 결정 단위에 따른 세분화는 정확성은 높으나 분석의 용이성이 떨어진다. 따라서 각 조직은 각기 조직의 목적과 능력에 맞춰 분류기준을 선택해야 할 것이다.

라. 목표 시장 선정

고객의 행동을 이해하고 시장 세분화를 통해 고객의 충족되지 않은 욕구를 파악했다면 이를 경쟁전략과 연결시키기 위해 세분화된 시장의 매력도를 평가할 필요가 있다. 세분시장을 평가할 때는 다음과 같은 세 가지 요인을 검토하여야 한다.

- **세분시장의 규모와 성장성** : 세분시장의 규모가 그 시장을 개발하는 데 노력할 수 있을 만큼 적정한 규모를 가지고 있어야 한다. 아무리 세분시장이 매력적이라 하더라도 규모가 매우 작거나 혹은 앞으로 시장규모가 커질 가능성이 없다면 굳이 그 세분시장에 참여할 필요가 없다. 이런 의미에서 세분 시장의 규모와 성장성을 파악하는 것은 조직이 참가할 세분시장의 경제성을 평가하는 것이다.
- **세분시장의 구조적 매력도** : 적정 규모와 성장 전망이 높은 세분시장 중 수익성의 관점에서 구조적 매력성이 있는 것이 목표시장으로 적합하다. 보통 산업구조 분석틀을 이용해서 세분시장을 평가한다. 다섯 가지 경쟁요인이 장기적 수익성에 미치는 영향을 평가함으로써 세분시장의 구조적 매력성을 평가하는 것이다.
- **조직목적과 자원** : 비록 어떤 세분시장이 규모가 적당하고 성장성이 있으며 구조적인 매력도가 있다고 하더라도 그 세분시장에 대응하는 조직의 목적과 적합하지 않거나 조직이 조직 분석을 통해 파악한 자신의 강·약점과 비교할 때 적합하지 않으면 아무런 소용이 없다. 자신이 강력한 경쟁우위를 확보할 수 있는 세분시장이 바람직하다.

마. 시장조사와 마케팅 전략

목표시장이 결정되면 구체적인 마케팅 전략을 수립하여야 하며,

이러한 작업의 핵심적 요소는 구매동기 혹은 고객욕구의 파악이다. 그런데 조직의 경쟁력 분석에서와 마찬가지로 구매 욕구의 파악 역시 경쟁자와 동시에 분석되지 않으면 안된다.

왜냐하면 고객 욕구를 분할하였을 때 다른 제품이 강점을 갖는 부분은 어디이며 약점은 무엇인가, 반대로 우리 제품의 강점은 무엇이며 약점은 무엇인가를 구체적으로 비교해 볼 때만 우리 제품의 개선사항을 찾아낼 수 있기 때문이다.

- 고려상표군 : 제품을 구매하는 경우 대부분의 사람들은 몇 가지 상표를 동시에 머리 속에 떠올려 놓고 있다가 최종적인 순간에 하나를 선택하게 된다. 이와 같이 최종 구매 의사결정 순간까지 구매자의 머리 속에서 경쟁하게 되는 상표명을 지칭하여 전문용어로 고려상표군이라고 한다. 따라서 바로 이 고려상표군에 속하는 상표명들이 실제 목표시장의 경쟁상표들이고 이들의 파악하는 것이 목표시장 내 시장조사의 첫번째 작업이다.
- 고객욕구의 파악 : 시장조사의 가장 핵심적 요소는 고객 욕구의 파악이다. 이를 위해 사용되는 방법은 크게 두 가지로 나누어 볼 수 있다.
  - 심층면접조사 : 심층면접을 실시하는 것으로, 조직 내 판매원이나 외부 전문가들과의 면담을 통하여 구매자들이 중요하게 생각하는 요소가 무엇인지를 찾아내는 것이다.
  - 관찰법 : 실제 제품 사용자들의 행동을 좇아다니며 그들의 구매 행동을 관찰해 보는 것이다. 이와 같은 방법은 전문가들에 의해서만 사용될 수 있는 것으로, 고객의 행동 하나하나를 정교하게 관찰하고 분석할 수 있는 능력이 필요하다.

- **충족되지 않은 욕구의 발견** : 고객분석의 또 다른 목적은 지속적 경쟁우위를 지닌 제품개발이나 전략개발에 기초를 제공할 수 있는 고객의 충족되지 않은 욕구를 파악하는 것이다. 일반적으로 충족되지 않은 욕구를 파악하여 기회와 위협으로 연결시키는 시장조사 기법에는 다음과 같은 것들이 있다.
  - **토론법** : 제품을 사용한 경험자와 함께 제품에 관해서 토론을 하는 토론법이 있다.
  - **문제점 조사방법** : 이 방법은 우선 제품이 지닌 잠재적인 문제점 리스트를 작성한 다음 이러한 문제점들을 100-200명의 응답자에게 의뢰해서 문제점의 중요도 및 발생빈도, 해결책의 존재 정도 등과 같은 기준으로 우선순위를 정하는 방법이다.
  - **편익구조 분석법** : 이는 사용자들이 원하는 편익을 파악하고 기존 제품에 대해 이러한 편익이 어느 정도 충족되고 있으며 이러한 편익을 충족시키기 위해 어떤 제품이 공급되어야 할 것인가를 확인하는 방법이다.
  - **고객 만족도 조사** : 동일집단에 대해 정기적으로 질문함으로써 만족도의 변화를 발견하는 방법이다.

바. 지각도 및 제품 포지셔닝 맵

구체적인 전략을 수립하기 이전에 목표시장에서 분석된 고객군의 특성에 따라 상품을 포지셔닝하는 단계이다. 다음 [그림 4-5]는 제일제당이라는 회사에서 "컨디션"이란 쌀즙을 이용한 음료를 시장에 출시하기 전에 과연 신제품의 제품 포지셔닝을 어떻게 해야 할 것인가?를 분석한 것이다.

	Description	잠재 규모	주요 서비스 니즈	공통 니즈
Segment A	중산층의 중장년층으로서 보험에 대한 니즈가 가장 두터운 고객군	**만명	A	XXX
Segment B	저소득 중장년층으로서 중저가 상품 소비군임	**만명	B	
Segment C	사회 초년생의 젊은 고객층으로서 중장기적인 마케팅 전략이 필요	**만명	C	
Segment D	고소득 중년층으로서 상속 및 노후의 안락한 생활 유지에 관심이 많음	**만명	D	

| 그림 4-5 | 고객군의 주요 Profile 사례 분석

03.

내부역량 분석

① 내부역량분석의 정의

산업구조와 같은 외부환경변화에 주목하는 분석과 비교해 볼 때 조직의 내부의 시각에서 보다 구체적으로 조직의 구성요소가 무엇이며 조직이 가지고 있는 어떤 자원이 경쟁우위의 근본적인 원천이 되는가를 밝히는 것이며, 내부역량분석의 요점은 조직고유의 독특한 자원이나 능력, 핵심역량을 찾아내거나 개발하여 그 곳에다 집중적으로 자원을 투자하고 그것을 최대한 효과를 내도록 이용(leverage)하여 지속적인 경쟁우위를 만들어 내는 것이다.

즉, 외부에서 주어지는 기회를 이용할 수 있기 위해서는, 혹은 외부의 위협으로 부터 스스로를 지키기 위해서는, 조직내부의 능력과 자원, 그리고 그의 적절한 운용이 필요한 것이다.

② 내부역량분석의 목적

- 회사의 현재 및 미래 경영능력을 분석
- 조직의 강·약점 도출
- 지속적인 경쟁우위 창출

③ 내부역량분석의 단계

- 가치사슬분석
- 조직문화진단

- 핵심역량분석
- SWOT분석

■가치 사슬 분석

① 가치사슬분석의 정의

경쟁우위의 원천을 분석하기 위해서는 개별 조직의 수행하는 모든 활동을 점검해 보고 이러한 제반 활동들이 어떻게 상호 작용하는가를 체계적으로 알아보아야 한다. 이 때 필요한 체계적인 분석도구가 바로 가치사슬이라는 개념이다.

가치사슬은 한 조직의 활동을 전략적으로 연관성이 있는 몇 개의 활동들로 나누어, 원가가 발생하는 원천과 조직의 제품을 경쟁사의 제품과 차별화 시키는 원천을 밝혀내기 위해 도입된 개념이다.

제각기 다른 조직들을 각각의 활동들로 세분화하여 서로 비교하기 위해서는 조직활동에 대한 기본적 틀이 필요하며 이러한 필요에 따라 조직의 모든 활동을 전략적 단위활동으로 구분해 놓은 것으로 정의할 수 있다.

② 가치사슬분석의 목적

- 회사전체의 비즈니스 프로세스 연구
- 정해진 프로세스에 대한 비용 할당
- 서로 다른 프로세스에 의해 발생된 가치 설정
- 부문이 최적으로 운용되고 있는지 여부를 검증(Cost, Speed, Efficiency)

③ 가치사슬분석의 산출물

- 프로세스 각 단계별 강/약점
- 프로세스 각 단계별 주요 이슈
- 전략적 과제도출
- 원가구조 및 차별화 요인 분석

④ 가치사슬분석의 구성요소

- 본원적 활동
- 지원활동
- 활동유형

⑤ 가치사슬분석의 수행방법

회사 및 각 사업부의 가치사슬을 작성해 봄으로써, 가치창출에 기여하는 활동들을 도출해 내고, 그 활동들의 강·약점, 원가구조 및 차별화 요인을 분석하여 경쟁우위 구축 및 강화를 위한 전략을 수립, 실천하는 방법이다

가. 본원적 활동(Primary Activities)

본원적 활동은 다섯 가지 활동으로 나누어지는데 각 활동은 조직의 전략과 조직이 속해 있는 산업의 특성에 따라 다시 여러 가지 활동으로 나누어 질 수 있다

• 물류투입활동 : 생산활동에 필요한 투입요소를 공급업자로부터 받아서 저장하고 운반하는 것과 관련된 활동으로 자재관리, 보관, 재고관리, 장비 사용계획, 공급자에 대한 반품과 같은

활동이 포함된다.

- 운영활동 : 투입요소를 최종 제품으로 만드는 활동으로서 여러 가지 기계작업, 조립, 설비유지, 검사, 기계설비 운영과 같은 활동이 포함된다. 이는 전통적인 개념인 생산관리에서 초점이 되는 활동을 말한다.
- 물류산출활동 : 이는 제품을 구매자에게 유통시키기 위한 수집, 저장과 관련된 활동 및 구매자에게 제품이 직접 유통되는 활동인 완성품 보관 자재관리, 운송장 관리, 주문처리, 유통계획과 같은 활동이 포함된다. 일단 생산된 제품을 창고에 수집, 저장해 두었다가 주문이 들어오면 이를 구매자에게 운반해 주는 활동과 관련된 모든 활동이 포함된다.
- 마케팅과 판매활동 : 구매자가 제품을 구매하도록 하기 위한 활동으로서 광고, 판매촉진 판매원에게 판매량을 할당하는 활동, 경로선택과 경로 관리 활동, 가격을 설정하는 활동 등이 포함된다. 이는 전통적인 마케팅 개념에서 물적 유통 활동(주로 운반, 수송과 관련된 활동)이 제외된 개념이다.
- 서비스활동 : 서비스 활동은 제품가치를 유지하고 증진시키기 위한 활동으로서 제품 설치, 수리, 제품 사용방법 교육, 부품 공급, 제품조정과 같은 활동이 포함 된다. 조직은 제품을 판매하고 대금을 받는 것으로 모든 것이 끝나는 것이 아니다. 구매자를 위해 판매된 제품의 가치를 계속 유지시키거나 증진시키는 서비스 활동까지 끝내야 조직의 의무를 다하는 것이다.

나. 지원활동(Support Activities)

지원활동은 네 가지 활동으로 나누어지는데 본원적 활동과 마찬가지로 산업의 특성에 따라 다시 여러 가지 구분되는 활동으로 나누어질 수 있다.

- 획득활동 : 획득활동이란 구매되는 투입요소 자체에만 국한되는 것이 아니라 구매되는 투입요소와 관련된 기능을 포괄하는 활동을 말한다. 획득활동은 조직 활동 전반에 걸쳐 발생하므로 모든 활동의 담당자가 획득 활동을 하게 된다.

이처럼 획득 활동의 담당자가 분산되어 있기 때문에 때때로 구매요소의 부족이 발생하거나 정밀한 품질검사가 생략되기도 한다. 구매담당부서가 많은 가치활동에 관련되어 있으며 전반적인 조직 정책에 따라서 활동해야 하는 경우에도 개별적인 획득활동을 특정 가치 활동과 연관시킬 수 있다.

획득활동 수행에 드는 비용이 비록 절대금액은 적더라도 전체비용에서 중요한 부분을 차지하는 경우에는 획득 활동의 성과가 종종 조직의 원가우위나 차별화 우위에 큰 영향을 주고 있다는 점을 간과해서는 안 된다.

- 기술개발활동 : 모든 가치 활동에는 노하우나 제반 절차, 공정기술 형태의 기술이 포함되어 있다. 대부분의 조직에서 사용하는 기술의 종류는 매우 광범위하다.

기술개발은 제품과 공정을 개선하기 위해 수행되는 여러 가지 범주의 활동들을 포함하는데 기술개발 활동은 기술개발 부서인 엔지니어링 부서에서 전담하는 것이 보통이나 사실 이러한 활동은 명확히 인식되지 않은 상태로 조직의 모든 활동에서 나타난다.

- 인적자원관리 활동 : 인적자원관리 활동에는 채용, 훈련, 교육, 보상 등 인사관리의 제반활동이 포함된다. 인적자원관리 활동은 개별적으로 본원적 활동과 지원활동에 대한 지원을 하기도 하며 노사협상과 같은 전체 가치사슬에 대한 지원을 하기도 한다. 인적자원관리 활동도 다른 지원활동과 마찬가지로 조직의 상이한 부문에서 일어나므로 지속적이고 일관적인 정책을 실시하기가 힘들다.
- 조직 하부구조 : 조직의 하부구조를 형성하고 있는 활동에는 일반관리 및 기획업무, 재무관리, 회계, 법률문제관리, 대 정부관리 그리고 품질관리가 있다. 이러한 활동들은 다른 지원 활동과 달리 대체적으로 전체 가치사슬을 지원하는 것이 보통이다.

다각화된 조직의 경우는 조직하부구조 활동이 각 사업부와 이를 총괄하는 모회사로 나뉘어져 있는 데 비해 단일 사업부를 가진 조직의 경우는 조직 하부구조 활동이 하나의 통합된 형태를 보인다. 조직의 하부구조 활동은 단지 일반경비 개념으로만 취급되기도 하지만 사업에 따라서는 경쟁우위를 창출하는 중요한 원천이 되기도 한다.

다. 활동유형

이처럼 본원적 활동과 지원활동은 경쟁우위를 형성하기 위해 서로 다른 역할을 수행하게 되는데 이를 다음과 같이 세가지 활동유형으로 나누어 볼 수 있다.

- 직접 활동 : 조립, 부품생산, 판매원 활동, 광고, 제품설계, 채용활동처럼 구매자 가치를 창출하는 데 직접적인 역할을 하는

활동.

- 간접 활동 : 유지보수, 시간계획, 설비관리 판매원관리, 연구관리, 공급자관리 등 위에서 말한 직접적 활동을 수행하기 위해 계속적으로 필요한 제반 활동.
- 품질보증 활동 : 감독, 검사, 시험 재검토, 확인, 조정, 재작업 등 다른 활동의 질을 개선시켜주는 제반 활동. 조직의 많은 가치활동이 품질에 영향을 미친다는 점에서 볼 때 품질보증 활동은 품질관리(Quality Management)와는 다른 개념이다.

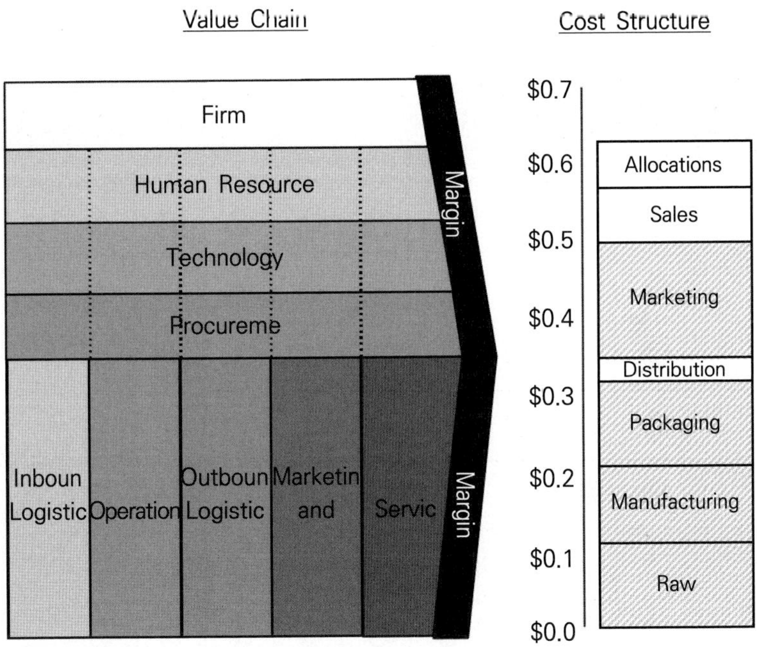

- 가치사슬 영역별 Key Activities, Feature, Strength/Weakness, CSF 도출
- Porter 초기에는 주로 비용구조 및 내부역량 진단의 목적으로 사용되었음.

| 그림 4-6 | 가치사슬 Cost Structure 분석 사례

| 그림 4-7 | 지원활동과 본원적 활동 분석 사례

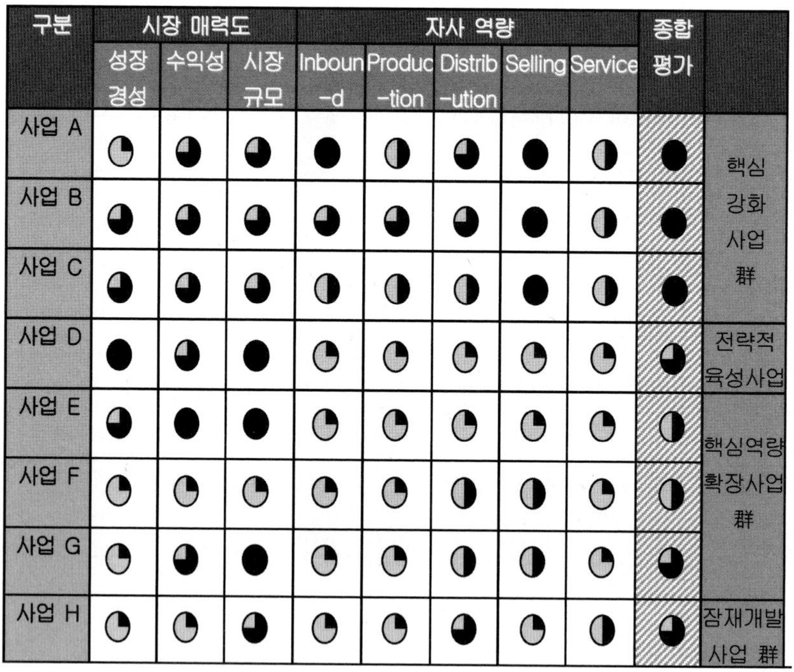

| 그림 4-8 | 내부역량 결과 종합 사례

■조직 분석

① 조직문화진단의 정의

조직문화는 조직의 구성원들이 배우고 공유하며 한 세대에서 다음세대로 전해 내려오는 믿음, 기대, 가치들의 집합이다. 보통 조직문화는 창업자의 가치와 조직의 사명(Mission)을 반영한다.

즉, 조직에게 다른 조직과는 구별되는 정체성을 제공해 준다. 그 외에 조직문화는 연구개발, 고객서비스, 품질과 같은 조직 내에서 가장 강조되고 지배적인 성향들도 포함된다.

따라서 조직을 전략적으로 관리하려는 사람들에게 조직전체의 문화 혹은 사업부의 문화에 대한 이해는 대단히 중요하다. 전략을 담당하는 최고 경영자는 이러한 문화의 중요성을 인식하고 필요한 전략적 변화에 걸림돌이 되는 문화적 요소는 고쳐 나갈 수 있어야 한다.

② 조직문화진단의 목적

- 조직풍토와 조직구조, 의사소통, 인사제도 전반에 대한 만족도에 대한 분석을 하고, 새로운 조직문화 구축을 위한 시사점 도출을 목적으로 한다.
- 또한 현행 조직기능과 수행과업을 분석하여 조직기능 재편과 경영개선 과제를 도출해 내는 것을 목적으로 한다.

③ 조직문화진단의 산출물

- 인사, 복지 등에 대한 직원들의 만족도 분석
- 조직문화 분석목적에 따른 직원들의 인식도 분석
- 조직문화의 특성

- 조직구성원들이 이해할 수 있는 준거기준 도출

④ 조직문화진단의 구성요소

- 조사목적의 명확화
- 조사설계
- 설문작성
- 자료처리 및 분석

⑤ 조직문화진단의 수행방법

가. 조사목적의 명확화

무엇을 조사할 것인가에 대해서 명확화하는 단계이다. 조사를 요구하는 CEO나 조직의 요구에 대해서 조사목적을 명확히 확인하고 개념에 대해서 정의하는 단계이다.

나. 조사설계

조사목적이 명확하게 도출되었다면, 이에 대한 조사설계를 해야 하는 데, 이 단계에서는 조사지역과 범위, 표본추출방법, 표본구성, 조사방법, 조사횟수, 일정 등이 정해진다.

다. 설문작성

주어진 조사목적에 맞는 설문을 작성하는 단계로, 목적을 세분화하여 설문지를 작성한다. 이때, 질문유형, 순서, 척도 등을 결정함으로 응답자들의 이해하기 쉽고, 편견배제에 유의하여야 한다. 작성된 설문지에 대해 파일럿 테스트를 통해 오류를 수정하고 설문지를 확정한다.

라. 조사 및 자료처리

조직내부에서 조사가 실행될 시에는 객관적인 현상의 도출보다는 응답자들의 편견들이 개입되어, 도출된 현상이 과대화 되거나 과소화 될 여지가 있다. 가능하면 훈련된 면접원을 중심으로 조사를 하는 것이 좋은 조사에 도움이 된다. 조사를 한 뒤에는 전산 처리를 한다. 물론 이 때에도 입력오류 등 여러 가지 오류에 대해서 관심을 가지고 제거에 노력해야 한다.

마. 자료분석 및 보고서 작성

각종 통계패키지를 통해서 조사목적에 맞게 자료를 분석한다.

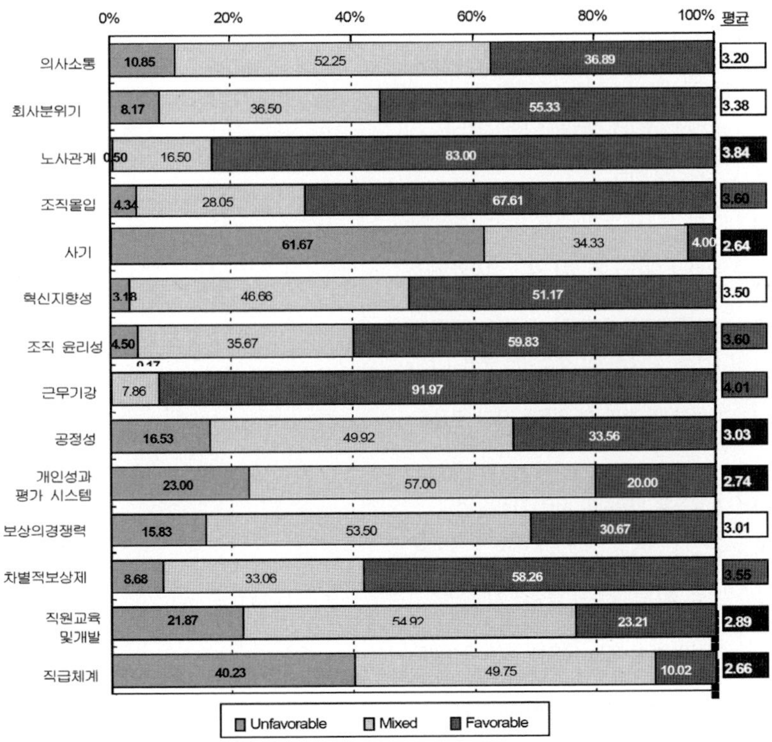

❙그림 4-9❙ 조직문화진단 사례

| 표 4-8 | 조직분석에 활용되는 탬플릿

No	질문항목	평가 척도				
		전혀 그렇지 않다	그렇지 않다	보통이다	그렇다	매우 그렇다
1	그룹이나 회사차원에서 추구하는 비전에 대해 잘 알고 있다.					
2	갈등이 발생하면 갈등의 원인을 밝힌다.					
3	동료 간에 의사소통이 잘되고 있다.					
4	업무계획은 명료하고 이해하기 쉽다.					
5	구성원들은 고객중심적인 태도가 형성되어 있다.					
6	나는 코리아나의 일원임을 자랑스럽게 생각한다.					
7	의사결정 시 필요한 정보와 자원이 상부에 편중되어 있다.					
8	상사는 무엇을 해야 할 지에 대해 명확히 지시해 준다.					
9	구성원들은 단결되어 있으며 동료의식을 가지고 있다.					
10	나는 L전자인으로서 소속감을 느낀다.					
11	상하·동료 간에 조직 또는 개인에 관한 문제에 대하여 자유롭게 이야기한다.					
12	계획달성을 위한 구체적인 추진 절차가 개발되어 있다.					
13	우리 회사는 고객만족을 충분히 강조하고 있다.					
14	부하의 의견을 개의치 않고 상사의 생각대로 의사결정을 한다.					
15	구성원들간에 인간적인 관심이 부족하다.					
16	갈등을 받아들이고 해소하는 분위기가 형성되어 있다.					
17	나는 내가 해야 할 업무에 대한 결정을 내릴 때 의견을 제시할 기회가 적다.					
18	갈등의 원인이 파악되면 신속하게 대처한다.					
19	동료들은 협동하며 서로 지원해 준다.					
20	성과가 기준에 미치지 못했을 때 원인을 철저히 분석한다.					
21	우리 회사는 우수한 품질과 서비스를 추구한다.					
22	회사의 방침 또는 목표를 모든 구성원이 공유한다.					
23	상사와 부하 간의 의사소통이 원만하게 이루어진다.					
24	부서 간 의사소통이 잘 되고 있다.					

■ 핵심 역량 분석

① 핵심역량분석의 정의

핵심역량은 조직이 소비자들에게 특별한 효용을 제공할 수 있게 하는 기술이나 지식의 묶음으로 정의할 수 있다. 즉, 조직을 성공으로 이끄는 하나의 제품이 아니라 여러 제품들의 바탕이 되는 핵심적인 노하우나 기술, 그것도 단순한 한 가지 기술이 아닌 복합적인 지식이나 기술의 묶음이기 때문에 경쟁자가 쉽게 모방하지 못하는 능력을 말한다.

이는 다양한 형태의 유형 및 무형자산과 조직능력에 기반을 두고 있으며, 사용한다고 해서 없어지지 않으며 지속적인 학습과 공유를 통해 더욱 향상된다.

핵심역량이 중요한 것은 핵심역량의 개발이나 획득에 실패했을 때는 단지 하나의 제품시장에서만 제외되는 것이 아니라, 그것이 적용되는 광범위한 시장기회를 잃는 것을 의미하기 때문이다.

② 핵심역량분석의 목적

- 경쟁자와 차별화 된 역량의 확인.
- 조직의 열위역량의 확인.
- 자원배치의 우선순위의 결정.

③ 핵심역량분석의 산출물

- 우위역량과 열위역량의 산출
- 우위역량과 열위역량에 대한 정도
- 경쟁사의 핵심역량 분석
- 필요역량의 산출

④ 핵심역량분석의 구성요소

- 주요 핵심역량 선정
- 우위역량과 열위역량 분석

⑤ 핵심역량분석의 수행방법

가. 핵심역량 진단 프로세스

조직 내부적으로 가진 역량의 수준을 측정하기 위한 프로세스는 다음과 같이 이루어진다.

- 주요 핵심역량 선정
- 진단실시
- 분석실시

나. 영역별 주요 조직역량을 선정

주요 조직역량을 업계표준이나 인터뷰를 통해서 기준을 선정한다. 다음으로 프로젝트팀의 검토와 수정작업을 한다. 핵심역량을 파악하여 그 리스트를 작성하기 위해서는 다음과 같은 과정을 거친다.

- 핵심역량을 파악하는 과정은 즉흥적이거나 정치적이어서는 곤란하다. 조직 내 각 부서나 사업부들은 누구나 자신의 분야와 관계된 능력이 사적으로 가장 높은 우선순위를 받기를 원할 것이고, 그럴 경우 각 부서간의 파워싸움으로 번질 가능성이 많다.
- 이러한 조건하에서 제품이나 서비스로부터 출발하여 핵심 역량을 풀어낸다.
- 가능성이 있는 여러 가지 능력들이 대상으로 떠올랐을 때는, 위에서 논의한 대로 핵심역량이 될 만한 기술과 그렇지 않은

것들을 구별한다.

- 핵심역량은 여러 가지 지식이나 기술들의 묶음이므로, 개별 기술들을 의미 있는 몇 가지 역량으로 묶어 낸다.
- 향후 의사소통이나 자원배분에 문제가 없도록 조직 내 모든 사람이 이해하고 동의할 수 있는 명칭을 붙인다.

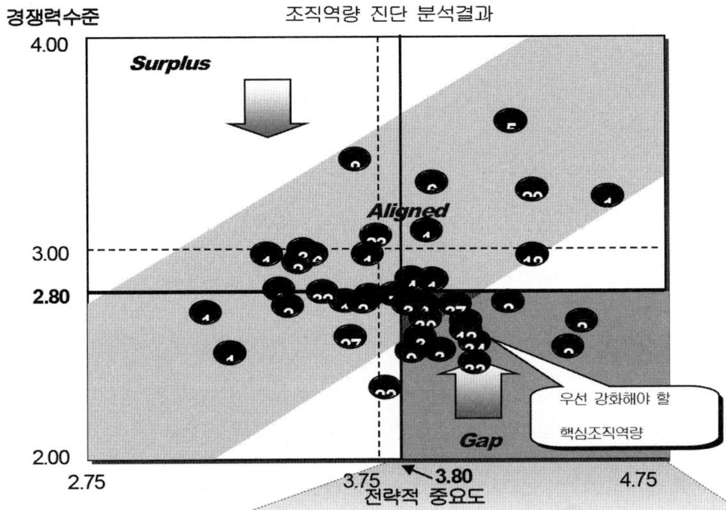

영역	No	조직역량
비전 수립	2	비전에 대한 직원 공감대 형성
Portfolio 전략	9	사업 Portfolio 관리
	11	신규사업 타당성 검토
	12	신규사업기회 파악
판매/마케팅	21	브랜드/제품 홍보
	24	채널관리
Process	30	Value Chain
	31	신규사업 개발 Process
인적 자본관리	33	핵심 인재 확보
	34	전략적 성과관리
	35	핵심 인력 개발
조직 관리	36	커뮤니케이션
	37	신속/합리적인 의사결정
	38	지점 지원

그림 4-10 조직역량 진단 분석결과 사례

■SWOT 분석

① SWOT 분석의 정의

각종 전략들은 외부환경과 내부환경의 분석 결과를 토대로 수립하게 되는데, 이때 전략이라 함은 넓게는 조직의 미션과 비전, 목표, 여러 단계에서의 전략 등이 모두 포함된다.

강점(Strength), 약점(Weakness), 기회(Opportunity), 위협(Threat)의 머리글자를 따서 SWOT분석이라고 불리는 상황분석은, 외부의 기회와 내부의 강점간에 전략적인 적합성을 찾아내는 동시에 외부적인 위협에 대처하고 내부적인 약점을 보완하는 길을 모색하는 과정이라고 할 수 있다.

SWOT분석을 통하여 경쟁우위의 원천이 될 수 있을 조직의 독특한 역량을 찾아 내는 것도 중요하지만, 적절한 자원의 부족으로 인하여 현재는 활용을 하지 못하는 기회요소를 파악하는 것도 중요하다. 현재 주어진 내부능력으로만 달성 가능한 기회를 찾게 되면 장기적이고 전향적인 발전을 꾀할 수 없게 되는 문제가 있기 때문이다.

② SWOT 분석의 목적

- 외부 환경분석을 통한 기회요인과 위협요인 파악
- 내부분석을 통한 강점과 약점의 파악
- 강점을 강화하고 약점을 극복하는 전략 수립
- 조직의 전체상황을 평가

③ SWOT 분석의 산출물

- 환경에 대한 기회와 위협요인 도출
- 조직의 강점, 약점 도출
- 경영전략에 대한 함의(Implication)

④ SWOT 분석의 구성요소

- 기회요인
- 위협요인
- 강점요인
- 약점요인

⑤ SWOT의 수행방법

가. 경영 전략 목표 수립

SWOT 분석을 통하여 목표로 하는 경영전략을 명확히 한다.

나. SWOT의 분류 정리

- 조직 외부 환경이 분석 조직의 사업에 영향을 미치는 요소를 분류하고, 이들 요소들을 기회 요인과 위협 요인으로 나누어 정리한다.
- 분석조직의 역량에 대해 외부환경과 경쟁사와 비교하여 지니고 있는 강점과 약점을 분석하고 주요 요소들을 강점과 약점으로 분류한다.

다. SWOT 매트릭스의 작성

외부 환경변화의 기회요인, 위협요인과 조직자원 및 능력의 강점과 약점을 상호 연계시켜 전략대안을 개발하기 위하여 SWOT 매트릭스(SWOT MATRIX)를 이용한다.

라. SWOT에 대한 전략 수립 시 고려사항

- SWOT 매트릭스를 작성할 시 분석 조직의 전략을 수립해야 한다. 이때의 기본적인 관점은 외부 요인에 대한 분석 조직의 대응이다.
- 분석조직의 내부 요인은 통제가 가능한 변수이지만, 외부 요인은 대조직의 경우는 외부 요인에 대해 통제도 어느 정도 가능하지만 일반적인 조직들은 통제가 불가능하기 때문이다.
- 기회요인에 분석조직의 강점을 활용하는 전략(SO 전략), 기회요인에 분석조직의 약점을 보완하여 대처하는 전략(WO 전략), 위협 요인에 분석조직의 강점을 활용하는 전략(ST 전략), 위협 요인에 분석조직의 약점을 보완하는(WT전략) 전략을 도출하여 정리한다.

마. SWOT분석의 한계

SWOT은 그 개념의 단순성으로 인하여 전략을 도출해 내는데 유용한 분석일 수는 있지만 한계가 많다는 것에 유념하고 분석을 하여야 한다.

- 주관적인 작업이다 : 각 요인들을 SWOT 중의 하나로 정하고 그 결과 조직이 SWOT 매트릭스의 어떤 사분면에 위치하는가를 결정하는 것은 상당히 주관적인 작업이다. 현실적으로 한 가지 요소를 사람에 따라 강점 혹은 약점으로 볼 수도 있고, 한 가지 요소가 실제로 위협이 되는 동시에 기회요소일 수

도 있다.

- 경영자의 관점이 중요하다 : 경영자들이 자신의 강점과 약점을 어떻게 생각하고 있는가에 따라서도 환경의 위협과 기회요소에 대한 평가가 달라진다. 사실 여부와는 달리 내부적인 강점을 많이 지니고 있다고 생각하는 경영자는 외부에서 일어나는 일들을 기회로 생각하고 공격적이고 과감한 결정을 내릴 확률이 많고, 내부적으로 약점이 많다는 생각하는 경영자는 같은 현상을 오히려 위협으로 느껴 소극적이고 방어적인 전략을 쓸 확률이 많다.

- 구체적인 전략을 창출하지 못한다 : 전략들이 전반적인 방향을 제시하며 구체적인 전략의 내용들은 아니다. 더욱이 외부기회와 내부강점만을 가진 조직들이 아주 드물듯이, 외부위협과 내부약점만을 가진 조직들도 많지는 않다. 오히려 거의 모든 조직들은 외부환경으로부터 위협과 기회 요소들의 컴비네이션에 직면할 것이고, 내부적으로는 강점과 약점의 조합 보유하고 있을 것이다. 따라서 많은 조직들은 사분면 중 어느 한 곳에 정확하게 위치하는 것이 아니라 중심점 쪽으로 몰리면서 선상에 걸치게 될 것이다. 그 결과, 명확한 전략보다는 서로 모순되는 복수의 전략으로 결론이 날 가능성이 높다.

제4부 관광도시의 경쟁력

❙표 4-9❙ SWOT 분석 Tool

SWOT 분석	기회(Opportunity) – – – – –	위협(Threat) – – – – –
강점(Strength) – – – – –	SO전략(강점을 이용한 외부환경 기회의 활용 전략 방안) – – – – –	ST전략(강점을 이용한 외부환경 위험의 대응전략 방안) – – – – –
약점(Weakness) – – – – –	WO전략(약점을 보완한 외부환경 기회의 활용 전략 방안) – – – – –	WT전략(약점을 보완환 외부환경 위협의 대응전략 방안) – – – – –

04.

중장기 전략수립

① 중장기 전략수립의 정의

중장기 전략수립이란 7-10년 정도의 장기적인 시각을 가지고 환경적 변화에 대응하고 환경의 변화를 능동적으로 창조하기 위해 사업을 재 구조하기 위한 전략적 방향을 설정하는 것으로 정의할 수 있다. 따라서 일정계획과 같이 상세한 계획을 의미하는 것이 아니라, 백지에 사람의 형체를 어렴풋이 알아볼 수 있도록 윤곽을 잡는 것을 의미한다.

그러므로 중장기경영 전략에서 가장 중요한 이슈는 '미래에도 우리 조직이 성장하고 번영하기 위해서는 어떠한 사업들을 해야 하는가에 관련된 사업의 선택이 핵심이다.

② 중장기 전략수립의 목적

- 사업구조의 변혁을 통해 조직을 혁신
- 시대조류에 대응한 신제품 개발이나 서비스의 개발을 계획적으로 추진
- 현재수익과 미래수익의 균형을 맞춤
- 전사의 목표를 명확히 하여 전략의 우선순위를 정하고, 이에 따라 올바르게 자원을 배분
- 전 사원에게 미래의 비전을 제시하고 동기를 부여하여 조직의 경영체질을 강화
- 장기적인 목표를 명확히 설정함으로써 단기적인 행동에 지침

을 마련하고, 조직전체의 목적과 부문의 목적을 일치

③ 중장기 전략수립의 단계

- 비전수립
- SBU 전략수립
- 신규사업진출전략
- 시나리오 작성

■ 비전 수립

① 비전수립의 정의

전략의 효과적인 수립과 실행에 있어서 가장 중요한 것이 바로 조직전체의 몰입(commitment)을 얻어내는 것이다. 자신을 희생해 가면서 조직을 위해 맡은 일에 최선을 다해 열성적으로 하는 몰입이 생기는 데는 비전이 결정적인 역할을 한다.

이 때 비전이란 한 조직의 미래에 대한 이미지로 총체적인 조직의 미래상을 말한다. 비전은 한 조직이 여러 활동을 통해 도달해야 하는 종착지로 현재보다 성공적이고 더 바람직한 미래상을 기술해 놓은 것이다.

비전은 오래 동안 변하지 않기는 하지만 그래도 정기적으로 변하는 요소로서 "언제까지 어떤 회사가 된다"라는, 어떻게 보면 조직전략, 경쟁전략, 기능전략, 그리고 그것을 숫자로 표현한 재무적인 목표까지도 종합적으로 포괄하게 된다. 혹은 재무적인 목표가 비전을 수치화한 것으로 볼 수도 있다.

② 비전수립의 목적

- 조직에 목표의식과 의미를 부여
- 사업의 전략방향과 조직운영의 행동기준을 제공
- 조직구성원에게 동기부여와 참여의식을 유발함으로 조직활성화에 기여

③ 비전수립의 산출물

- 비전 선언문
- 미래 사업영역 (Business Domain 설정)
- 성과목표(Performance Targets) 확립
- 성과지표 개발
- 핵심 전략과제 (key Strategic Initiatives) 도출

④ 비전수립의 구성요소

올바른 비전을 수립하기 위해서는 최고경영자는 미래 경영환경에 대한 흐름(Trends)을 읽을 줄 아는 식견(insight)과 직관력(Intuition) 그리고 그와 같은 미래관을 조직 구성원들이 공유할 수 있도록 하기 위한 리더십을 필요로 한다. CEO의 의지가 반영된 전략적 비전을 수립하기 위한 핵심요소는 다음과 같다.

- 미래관의 설정
- 회사 열망의 구체화
- 조직 역량의 확인
- 세계 수준의 벤치마킹

⑤ 조직 비전 및 전략 수립의 원칙(SMART)

- Specific(모호하지 않고 명확한)
- Measurable(측정 및 정량화가 가능하고)
- Attainable(획득 가능하고 진취적인)
- Relevant(상위 경영 목표와 정합되는)
- Time-Framed(특정기한 내에 달성가능한 목표)

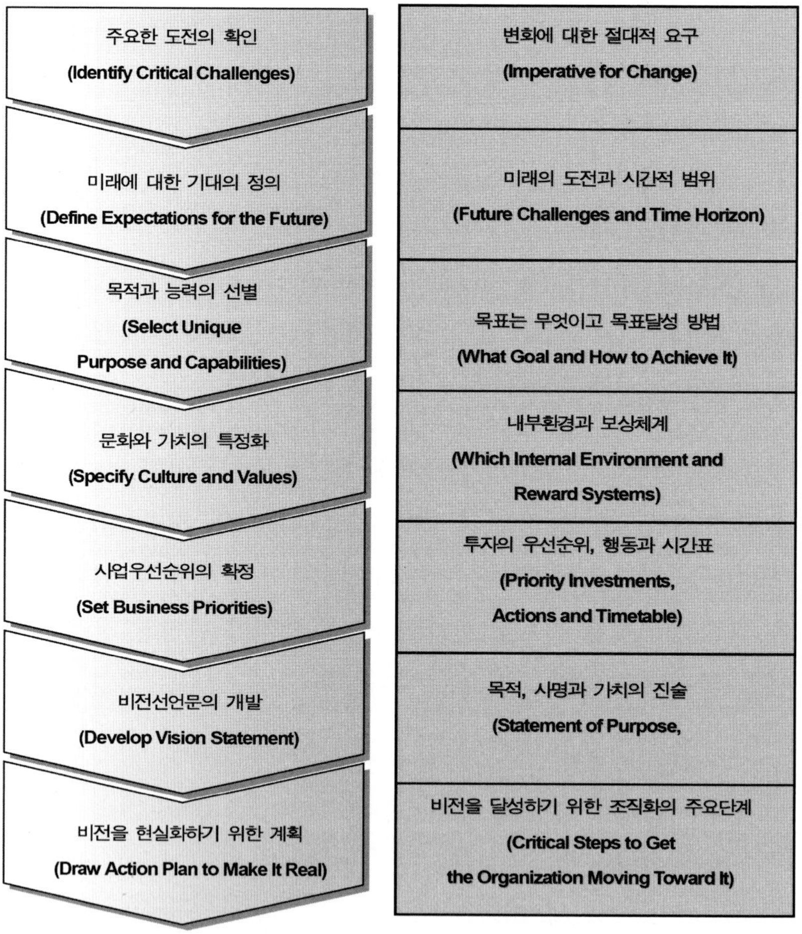

| 그림 4-11 | 비전수립 과정

SBU 전략 수립

① SBU 전략수립의 정의

전략사업단위(SBU: Strategic Business Unit)란 분명한 경쟁자 및 고객을 대상으로 제품이나 서비스를 제공하는 사업조직 단위를 의미한다. 사업수준의 전략은 특정한 개별적인 제품시장을 대상으로 핵심역량을 개척하여 경쟁우위를 얻고자 설계된 통합되고 조정된 몰입과 행동들의 집합이다.

사업전략의 핵심은 경쟁할 산업이 조직전체 차원으로부터 이미 선택되어 있다는 점이다. 나아가 사업에서 경쟁을 능가하는 경쟁우위를 어떻게 달성할 것인가를 그 초점으로 하고 있다. 시장을 의미하는 고객은 사업수준의 전략의 초점이 된다.

② SBU 전략수립의 목적

- 조달, 생산, 마케팅 등 조직의 핵심활동을 수행함에 있어서 경쟁조직보다 상대적으로 앞서는 핵심역량을 개발해 최대한 활용함으로써 사업의 경쟁우위 확보
- 사업단위의 경쟁전략 수립 접근방법은 전략 수립의 대상이 사업부로서, 실제로 경쟁이 발생하는 사업영역을 대상으로 경쟁우위를 차지하기 위한 전술적 전략을 마련
- 사업단위별로 나누어 경쟁자를 보다 쉽게 인식

③ SBU 전략수립의 산출물

- 업계동향 및 추세
- 경쟁자의 행동 예측

- 조직분석
- 고객분석
- 시장점유율
- 전략대안의 구체적인 실행 수단

④ SBU 전략수립의 구성요소

- 전략사업단위의 설정
- 산업구조 분석
- 경쟁사 분석(조직분석)
- 조직의 위치분석

⑤ SBU 전략수립의 수행방법

가. 전략사업단위의 정의

SBU 전략수립의 출발점은 전략사업단위에 대한 규정이다. 전략사업단위는 기본적으로 계획실체(Planning Entity), 즉 하나의 계획이 적용되는 대상이어야 한다. 이와 동시에 반드시 경쟁실체(Competity Entity), 즉, 특정 경쟁자를 대상으로 하여 경쟁을 벌이는 주체여야 한다.

전략사업단위의 정의의 목적은 회사가 속한 시장을 전체적으로 조망하면서 유리한 위치를 찾아내고자 하는 것이다.

나. 산업구조에 대한 분석

산업구조에 대한 분석은 산업의 5가지 경쟁요인에 대한 분석과 이들을 통합한 동태적 변화과정을 파악하는 것이 중요하다. 또한 산업내에서 유사한 전략을 취하는 전략집단의 구분도 상당히 중요하다.

다. 경쟁자 분석과 고객분석

경쟁의 목표인 고객에 대해서 분석을 해야 한다. 또한 조직에 대해서도 분석해야 하는데 조직분석은 경쟁조직과 별도로 진행되는 것이 아니다. 조직분석의 목적은 조직의 강점과 약점이 파악에 있고, 강점과 약점의 분석이란 결국 경쟁자에 대비한 개념이기 때문이다. 즉, 경쟁자분석과 조직분석은 항상 동시에 이루어져야 한다.

더욱이 경쟁자에 대응해서 상내적인 경쟁우위를 확보하려면 제품을 구매하는 구매자가 이를 받아들여야 하므로 고객에 대한 분석이 별도로 이루어져야 한다.

라. 조직의 위치분석

경쟁사, 조직, 고객의 분석을 통하여 조직은 조직의 상대적 위치를 파악하게 되고 경쟁조직보다 우위에서 전략대안을 개발할 수 있게 된다.

구분	사업명	2020년			2021년			2022년		
		시장규모	매출액	M/S	시장규모	매출액	M/S	시장규모	매출액	M/S
合 計										
기존사업	小 計									
	사업1									
	사업2									
	사업3									
	사업4									
	사업5									
신규사업	小 計									
	사업1 (투자비)			000 (000)						
	사업2 (투자비)									
	사업3 (투자비)									
	사업4 (투자비)									

▌그림 4-11▐ 사업영역 작성 탬플릿

■신규 콘텐츠 개발 전략 수립

① 신규사업진출 전략수립의 정의

조직을 둘러싸고 있는 환경은 시시각각 변화하고 있다. 이러한 변화는 단순하게 개별조직에 영향을 주는 것만은 아니고, 제품 라이프사이클 단축, 신산업의 탄생 등 산업의 성쇠에도 영향을 미친다. 이와 같은 환경 하에서 혁신적 조직은 본업에 대신하는 주력사업의 육성이나, 환경변화에 의해 새롭게 발생하는 사업기회를 잡아서 본업을 지원하거나, 또는 제2의 주력사업 육성을 성공적으로 이루기 위한 방향을 설정하는 것이다.

② 신규사업진출 전략수립의 목적

- 신규사업진출을 통한 기존 퇴출사업 대체
- 고부가 가치 사업군 형성

③ 신규사업진출 전략수립의 산출물

- 메가트렌드 분석
- 유망사업 분석
- 유망산업 인식도
- 산업예측 Matrix
- 벤치마킹을 통한 사업기회 분석
- 사업특성 및 진입능력
- 사업매력도 분석
- 사업전망 Matrix
- 산업구조 분석
- 성장추세 분석

- 신규사업 진출전략

④ 신규사업진출 전략수립의 구성요소

- 신규사업 진출가능분야 파악
- 사업전망 분석
- 선정사업 분석

⑤ 신규사업진출 전략수립의 수행방법

신규사업을 개발하는 방법에는 여러 가지가 있다. 핵심역량을 이용한 방법, SWOT 분석을 통한 방법, 선도조직 벤치마킹을 통한 방법 그리고 이를 종합하는 방법 등 조직의 상황에 맞추어 사용할 수 있을 것이다.

본 매뉴얼에서는 가장 일반적으로 사용하는 분석을 중심으로 정리를 한다. 이러한 방법에 사용 가능한 다른 기법들을 혼용하여 사용한다면 더욱 정교한 신규사업진출 전략수립이 가능할 것이다.

가. 메가트렌드 분석

가장 먼저 미래학 서적 혹은 외부 전문가 집단의 의견을 종합하여 미래의 가장 중요한 트렌드를 도출한다. 보통 워크샵(Workshop) 등을 통하여 분석하고 그 결과를 종합하는 형식이 일반적으로 사용된다.

나. 유망사업 선정

메카트렌드 분석에서 도출된 유망산업분야별로 신사업기회를 구체화 함.

미래 유망산업에 대한 임원 또는 팀장 이상 간부들의 인식을 투자시급성과 투자 집중성, 사업전망과 강점 활용 측면에서 분석하며, 이를 전문가 집단에 다시 검증을 받음.

다. 사업전망 분석

사업을 지배하는 일반적인 성격을 분석함으로써 사업의 특성을 파악하여 사업성공을 위한 핵심성공요인을 도출하고 각 핵심성공요인에 대한 조직의 능력평가 기초자료로 이용함. 조직에 대한 능력평가는 강·중·약으로 표시를 하며 가능한 한 각 항목내용을 구체적(계량화)으로 작성하여야 함.

- 사업매력도 분석 : 신규사업 후보군을 일정한 기준에 따라 평가하여, 조직에 매력도가 높은 사업을 선정하기 위한 분석방법으로 각 평가항목에 대하여 5등급 평가기준을 설정하여 평가하고, 각 평가항목별 가중치를 부여하여 최종 평가함. 평가항목에는 보통 시장규모, 성장성, 진입강도, 경쟁강도, 투자규모 등이 보통 사용된다.
- 사업전망 Matrix : 사업전망 Matrix 분석을 통해 유망하다고 판단된 신규사업은 별도로 정리한 후 산업구조분석 및 성장추세 분석을 통해 보다 구체적인 분석을 하고, 추가적으로 사업진입계획 및 매출계획도 함께 작성하여야 한다.
- Five Forces 분석 : Five Forces 분석을 통해 진입장벽 분석, 공급자의 교섭력 분석, 구매자의 교섭력 분석, 대체재의 위협 분석, 기존산업간의 경쟁 분석을 종합하여 그에 따라 회사의 전략방향을 서술한다.

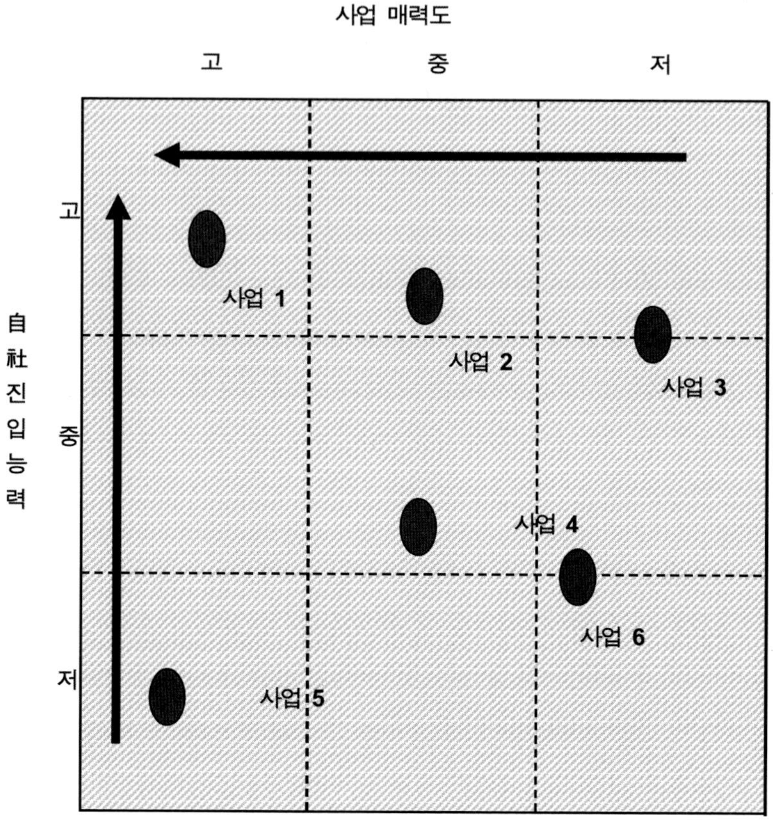

❙그림 4-12❙ 사업전망 Matrix 분석 탬플릿

▪시나리오 작성

① 시나리오작성의 정의

조직의 비전을 수립하고 비전 달성을 위한 중장기 전략을 수립하는 단계에서 조직이 고려해야 하는 사항은 내부, 외부 환경에 상존하는 불확실성에 관한 것이다. 이 때문에 불확실성이 전략에 미치는 의미를 충분히 이해하기 위한 도구로 시나리오 기법이 있다.

시나리오란 조직에 관련된 불확실한 환경적 요인들, 그것이 조직에 미칠 영향 그리고 이에 대응하기 위해 조직이 취할 행동 방향 등을 서술해 놓은 각본을 말한다. 즉 미래상황이 어떤 형태로 전개될 것인가를 미리 예측하여 펼쳐 놓은 것을 시나리오라고 부르는 것이다.

② 시나리오작성의 목적

- 회사가 자신의 현실을 발견함에 있어서 잠재적 환경을 밝히기 위함.
- 서로 다른 각각의 환경내에서 성공을 위하여 요구되는 사항을 밝히기 위함.
- 각각의 환경에 우선하는 핵심지표를 평가하기 위함.
- 장기전략 수립을 지원하기 위함.

③ 시나리오작성의 산출물

- 미래의 산업구조
- 산업의 구조적 매력도에 대한 시사점
- 경쟁조직의 반응
- 쟁우위의 원천에 대한 시사점

④ 시나리오작성의 구성요소

- 환경요인
- 시나리오 구성요인
- 시나리오 전제요인
- 시나리오 참고요인
- 시나리오 축

⑤ 시나리오작성의 수행방법

가. 산업구조에 영향을 주는 불확실성 요인 도출

산업구조에 영향을 미치는 추세만을 고려해서 전략을 수립할 경우 산업 구조에 중대한 변화를 일으킬 수 있는 불연속적인 불확실성을 간과할 수 있다. 때문에 아무리 확률이 낮은 불확실성 요인이라 하더라도 산업구조에 잠재적으로 큰 충격을 줄 가능성이 있다고 판단된다면 무시해서는 안 된다. 때문에 이런 불확실성이 산업구조에 어느 정도로 어떻게 어느 방향으로 영향을 미칠 것인가 등에 대한 분석이 이루어져야 한다.

나. 시나리오 변수의 결정

시나리오는 각 시나리오 변수별로 실현 가능한 가정들에 근거하여 작성 된다. 시나리오는 시나리오 변수에 대한 일련의 가정으로부터 출발하는 것이다. 시나리오 변수를 선택하는 기준으로는 다음과 같은 것들이 있다.

- 전략적 중요성이 높은 시나리오 변수부터 선정한다.
- 불확실성 요인이 발생할 가능성이 높은 시나리오 변수부터 선정한다.
- 불확실성 요인으로 인해 발생한 결과를 예측하기 어려운 시나리오 변수부터 선정한다.
- 보다 근원적인 환경요인부터 시나리오 변수로 선정한다.

다. 시나리오 변수에 대한 가정 도출

시나리오를 작성하기 위한 다음 단계로는 각 시나리오 변수에 대한 여러 가정들을 만드는 것이다. 시나리오 변수에 대한 가정은 미래 산업구조들의 차이점을 노출시키는 동시에 각 변수의 실현 가능한 범위를 제한시킨다.

라. 제반 가정의 일관성 검토

시나리오 변수에 대한 가정의 범위가 결정되면 이러한 시나리오 변수에 대한 가정들이 서로 일관성이 있는가를 검토해 보아야 한다. 흔히 시나리오 변수들은 서로 영향을 주고받기 때문에 그들에 대한 가정들이 내적으로 일관성이 없는 경우도 있으며, 이럴 경우 일관성 없는 가정들로 작성된 시나리오는 분석대상에서 제외되어야 한다.

마. 산업 시나리오 작성 및 분석

바. 각 시나리오 별 최적 경쟁전략 수립

위와 같은 방법으로 도출된 다양한 시나리오 별로 최적 경쟁전략을 수립한다. 하나의 시나리오에서 수립된 전략은 불확실에 대한 위험성이 높다. 그러나 모든 시나리오를 전부 고려하여 전략을 개발하려면 많은 시간과 비용이 소모된다. 또한 서로 다른 시나리오를 가정한 전략은 모순된 결과를 초래하기 쉽다.

조직이 상이한 전략적 시사점을 제공하는 시나리오에 접했을 때 전략을 선택하는 데는 다섯 단계 혹은 다섯 가지 방법을 결합한 기준으로 선택하는 것이 좋다.

- 가장 가능성이 높은 시나리오 선택 : 가장 가능성이 많아 보이는 시나리오를 중심으로 전략을 구성하는 것이다.

- 가장 좋은 미래를 보여주는 시나리오 선택 : 조직이 주어진 경쟁적 위치와 자원으로 가장 지역적으로 장기적인 전략적 우위를 이룩할 수 있는 시나리오에 대해 전략을 구성하는 것이다.
- 위험을 분산하는 방법 : 모든 시나리오, 혹은 최소한 발생 가능성이 있는 것으로 생각되는 모든 시나리오에서 만족스러운 결과를 도출할 수 있는 전략을 선택하는 것이다. 일반적으로 위험분산 효과를 도모하게 되면 어떤 시나리오에도 적절하지 않은 전략을 채택할 위험이 있다. 이러한 위험분산 전략은 일반적으로 하나의 전략적 상황이 아닌 몇 개의 가능한 전략적 상황을 동시에 대비해야 하기 때문에 앞에서 제시한 전략들보다 더 많은 비용이 든다.
- 유연성을 유지하는 방법 : 특정 전략을 위해 자원을 투입하는 의사결정을 일단 보류하고 있다가 불확실성이 해소되면 발생할 것으로 보이는 시나리오를 선택한 후 자원을 집중 투입한다. 그러나 유연성을 유지하는 방법은 산업의 초기 진입 장벽을 만들어 초기 진입으로 인한 이점을 상실할 수도 있다.
- 영향력을 발휘하는 방법 : 불확실성에 대처하기 위해 조직이 바람직하다고 생각되는 시나리오를 실제로 실현시키기 위해 조직의 자원을 이용하는 것이다. 조직이 자신의 전략적 우위를 높여주는 시나리오의 발생 가능성을 향상시키기 위해 시나리오에 내재한 요소에 영향을 미칠 수 있도록 노력하는 것이다.

참고문헌

권태일·이충희, 관광 분야 빅데이터 활용체계 및 실증분석 연구, 한국문화관광연구원, 2017.

김상태, 산업관광 활성화 방안, 한국문화관광연구원, 2009.

김상태·정광민, 지역자원을 활용한 예술관광 활성화 방안, 2015.

김연진, 문화·예술분야 젠트리피케이션 대응을 위한 기초 연구, 한국문화관광연구원, 2016.

김주진 외(2015). 『원도심 활성화를 위한 중심시가지형 도시재생 추진방안』, 한국토지주택공사.

김철원, 지역관광 경쟁력 진단방안 및 활용전략, 한국관광정책(71), 한국문화관광연구원, 2018.

김치선, "장소마케팅전략에 관한 연구 -Tenant 유치전략을 중심으로-", 서울대학교 대학원, 석사학위논문, 1998.

김헌도, 경남랜드마크 개발타당성 조사 및 추진방안, 경남발전연구원, 2009.

김향자, 도시관광 활성화 정책 추진방안, 한국문화관광연구원, 2011.

김향자, 섬관광 활성화 방안 연구, 한국문화관광연구원, 2013.

김향자, 지역관광자원 개발방향 연구Ⅰ, 한국문화관광연구원, 2016.

김홍식, 지역구도심 재생을 위한 도시관광 정책방안 연구, 경기연구원, 2015.

문화체육관광부, 2019 지역관광발전지수 동향분석.

문화체육관광부, 세계경제포럼 관광경쟁력지수 심층분석 및 제고방안연구, 2018.

박복재·우진경, 도시브랜드마케팅, 전남대학교출판부, 2011.

박주영, 농촌마을관광 활성화 방안, 한국문화관광연구원, 2016.

박주영·정광민, "오버투어리즘 현상과 대응방향", 한국문화관광연구원, 2018.

박태원, "도시재생시대에 젠트리피케이션의 쟁점과 정책적 과제", 입법과 정책, 제13호, 2016.

박효연, "서촌 관광 젠트리피케이션 현상에 대한 연구", 관광레저연구 제28권 제11호, 한국관광레저학회, 2016.

반정화, 서울시 도시브랜드 가치제고 전략방향, 서울연구원, 2015.

변일용, 글로벌 랜드마크를 위한 경관사업개발 연구, 울산발전연구원, 2018.

손신욱·박상훈·이나현, "오버투어리즘에 따른 정책적 대응과 지속가능한 관광산업 발전에 관한 탐색적 연구", 관광경영연구 제22권 제4호, 관광경영학회, 2018.

송지은·이용우, 도심의 상업적 젠트리피케이션 대응 방안 연구, 국토연구원, 2016.

신동일, 빅데이터 활용에 따른 제주관광의 효과 및 과제, 제주발전연구원, 2014.

심원섭, 미래 관광환경 변화 전망과 新관광정책 방향, 한국문화관광연구원, 2012.

안소현, 오버투어리즘으로 인한 지역공동체 갈등 해결 사례 연구, 국토연구원, 2019.

안지현·김남조, "관광 젠트리피케이션 현상에 대한 인과순환 구조와 정책지렛대 탐색", 관광학연구 제42권 제1호, 한국관광학회, 2018.

오남현, "도시지역의 장소마케팅 분석", 도시행정학보 제21집 제1호, 한국도시행정학회, 2008.

유지윤, 공연관광 활성화 방안 연구, 한국문화관광연구원, 2015.

이영주, "관광목적지로서 도시공간의 개발방향"서울도시연구 제4권 제2호, 2003.

이영주, 춘천 뉴랜드마크 프로젝트 추진방향, 강원발전연구원, 2014.

이용재, 경상북도 장소이미지 도출방안, 대구경북연구원, 2006.

최일선·홍장원·이정아, 해양관광 경쟁력 지수 개발 연구, 해양수산개발원, 2019.

한국관광공사, 지자체 관광경쟁력 강화 사업.

한국문화관광연구원, 올해의 관광도시 지정방안연구, 2013.

한국컨설팅협회, 경영진단 및 중장기 전략수립 컨설팅 매뉴얼, 2003.

Burtenshaw, D., Bateman, M., Ashworth, G. (1991), The European City: a Western Perspectives, London: David Fulton.

Chan, H. J., Iankova, K., Zhang, Y., McDonal, T., & Qi, X. (2016). The role of self-gentrification in sustainable tourism: Indigenous entrepreneurship at honghe hani rice terraces world heritage site, china. Journal of Sustainable Tourism, 24(8-9).

Denver Convention and Visitors Bureau Annual Report, "Why people visit cities?", in Law, C. M (eds) Urban Tourism: Attracting Visitors to Large Cities. London : Mansell, 1991.

Ginsberg, J., M.H. Mohebbi, R.S. Patel, L. Brammer, M.S. Smolinski and L. Brilliant, "Detecting Influenza Epidemics Using Search Engine Query Data," Nature, Vol. 457, No. 7232(2009), 1012-1014.

Gotham, K. G. Tourism gentrification: The case of new orleans' vieux carre(French quarter). Urban Studies, 42(7), 1099-1121. 2005.

Green, H & Hunter, C, "The Environmental impact Assessment of tourism development", 『Perspectives on Tourism Policy』 Mansell, 1992.

Jansen-Verbeke, M, "Inner-city tourism: Resources, Tourists and Promoters", Annals of Tourism Research, 13(1): 79-100, 1986.

Lynch, K., Reconsidering the image of the city. In T. Banerjee & M. Southworth(Eds.). City sense and city design: 247-256. MA: The MIT Press, 1985.

McKinsey & Company and World Travel & Tourism Council, Coping with success: Managing overcrowding in tourism destinations, 2017.

Page, S. J, Urban Tourism, London and New York, 1995.

Philip Kotler & Kevin Lane Keller, Marketing Management, 12th ed., Pearson Prentice Hall, 2006.

Philo, C. and Kearns, G., "Cultural, History, Capital : A Critical Introduction to the Selling of Place", Keans, G. and Philo, C.(eds.), Selling Places: The City as Cultural Capital, Past and Present, Pergamon Press, 1993.

Seraphin, H., Sheeran, P., & Pilato, M, Over-tourism and the fall of Venice as a destination. Journal of Destination Marketing & Management, 2018.

UNWTO et al, 'Overtourism'? Understanding and Managing Urban Tourism Growth beyond Perceptions. 2018.

Vosen, S. and T. Schmidt, "Forecasting Private Consumption: Survey-Based Indicators vs. Google Trends," Journal of Forecasting, Vol. 3, No. 6(2011), 565-578.

World Economic Forum, The Travel & Tourism Competitiveness Report 2019.

Xuan, W, The research of urban landmark building design. The Proceeding of 3rd International Symposium on Architectural Interchanges in Asia: 774-778. 2000.

http://datalab.naver.com(네이버트렌드)

http://trends.google.com(구글트렌드)

http://www.expedia.co.kr

https://www.weforum.org/reports/the-travel-tourism-competitiveness-report-2019

꿈꾸는 사람들의
도시를 위한
관광 정책

인쇄 2020년 2월 25일
발행 2020년 2월 28일

저　자 박복재·문영수
발행인 정병석
발행처 전남대학교출판문화원

등록 1981. 5. 21. 제53호
주소 61186 광주광역시 북구 용봉로 77
전화 (062) 530-0571~2 **마케팅** 530-0573
팩스 (062) 530-0579
홈페이지 http://www.cnup.co.kr
이메일 cnup0571@hanmail.net

값 15,000원

ISBN 978-89-6849-715-5 (93320)